원당,

조선 왕실의 간절한 기도처

* 이 도서의 국립중앙도서관 출판예정도서목록(CIP)은 서지정보유통지원시스템 홈페이지(http://seoji.nl.go.kr)와 국가자료공동목록시스템(http://www.nl.go.kr/korisnet)에서 이용하실 수 있습니다.
(CIP제어번호: CIP2017027399)

원당,
조선 왕실의
간절한 기도처

탁효정 지음

은행나무

차례

1991년 중학교 3학년 겨울 졸업 여행의 종착점은 순천 송광사였다. 조계산에 도착하자 이미 해는 기울고 진눈깨비마저 흩뿌리고 있었다. 두꺼운 외투를 여미며 어둑어둑한 송광사 경내에 들어서는 순간 대웅전 왼쪽에 서 있는 고즈넉한 전각이 눈에 들어왔다.

어둠에 반쯤 묻힌 그 건물은 내가 알고 있는 어휘로는 표현할 수 없을 만큼 고요하고 아름다웠으며 신비롭기까지 했다. 법당이 이렇게 아름다울 수 있구나, 하는 마음의 울림이 지금도 생생하게 떠오른다.

그로부터 약 10여 년이 흐른 후, 석사 논문을 쓸 무렵에 이르러서야 그 건물이 관음전으로, 왕실에서 제일가는 장인을 파견해 조성한 고종의 원당이라는 사실을 알게 되었다.

불교에서는 불교의 시작점을 신심信心과 원력願力이라고 말한다. 오롯이 믿는 마음과 간절히 바라는 마음은 불교뿐만 아니라 모든 종교의 근원이며, 인간의 가장 밑바닥에 자리 잡고 있는 생명력일 것이다.

그때 내가 성수전에서 만난 것은 무엇이었을까. 신심이었을까, 원력이었을까. 먼 전생으로부터의 기억이었을까. 그것이 무엇이든 작은 인연의 씨앗은 '시절인연'을 만나 싹을 틔우고 원력을 자양분으로 삼아 성장한다. 중3 때 마주친 송광사와의 인연이 나를 불교사로, 원당 연구로 이끌었다고 믿는다.

원당은 신심과 원력이 만들어낸 산물이다. 가장 기도가 잘 드는 곳을 찾아, 가장 청정하고 영험한 곳을 찾아 왕실 사람들은 기도를 올렸고, 그 은덕에 보답하기 위해 원당을 조성했다. 누군가의 간절한 기도를 따라가다 보면 내 안에 절실한 무언가를 발견하게 된다. 그것은 아마 그들의 지극한 마음과 순수한 열정에 동화되어서일 것이다. 이러한 마음은 우리를 온전한 인간으로 만들어주는 가장 큰 원동력이며 우리가 살아가는 이유이기도 하다.

이 책을 펴내면서 이곳에 소개된 대부분의 사찰들을 다시 찾았고, 나에게 왕실 원당이라는 주제를 안겨준 수많은 인연들에게 감사했다. 왕과 비빈들은 최고의 기도처에 자신들의 지극정성을 담았고, 그들의 원력 덕분에 지금도 수행자들이 최상승의 깨달음을 찾는 용맹정진을 이어가고 있다. 나는 그곳에서 왕과 왕비들이 무엇을 기도했을까, 어떤 위로를 받았을까를 알아내려 했다. 그 인연법에 역행하지 않고 그 인연들을 곡해하지 않기를, 그리고 옛 사람들의 마음이 잘 전달되기를 기원했다.

독자들에게도 그 감동들이 조금이나마 전해지기를, 그들의 기도가 어렴풋이나마 들리기를 발원한다.

이 책은 〈불교신문〉에 연재한 '왕실 원당 이야기'를 보완해 엮은 것이다. 책이 나오기까지 많은 이들에게 신세를 졌다. 항상 격려를 아끼지 않은 인당한의원 권기창 원장님, 이학종 미디어붓다 대표, 정해은 선배께 가장 먼저 깊은 감사 인사를 올린다. 또한 이 연재를 처음 시작하게 해준 〈불교신문〉 이성수 차장과 김형주 선배, 북한에 위치하거나 기타 이유로 준비하지 못한 사진을 흔쾌히 제공해주신 안양대 장용철 교수와 불교 사진가 장명확 작가, 그리고 멀리 순천에서 사진 자료와 응원을 동시에 보내준 이종수 학형, 새로운 사료를 찾아낼 때마다 부탁한 감수를 한 번도 마다하지 않은 안승준 선배께도 진심으로 감사드린다. 나의 첫 도반들인 탁희종, 탁선영, 탁진형과 내 안식처 희조 보살에게도 이 자리를 빌려 고맙다는 말을 전하고 싶다.

그리고 부족한 글들을 책으로 엮어준 은행나무출판사에도 감사 인사를 올린다.

나에게 불연佛緣을 맺어주신 외할머니와 부모님은 이 책의 시작점이었다. 그들의 간절한 기도를 알기에 나는 이 책을 쓸 수 있었다.

2017년 가을 청계산 끄트머리에서
탁효정

원당 마루 틈새마다 배어나는
붉은 그리움

인간은 누구나 소원이 있다. 소원이 간절하면 할수록 인간은 나약해질 수밖에 없다. 그 소원이 노력만으로는 이루어지지 않을 때 우리가 선택할 수 있는 방법은 딱 한 가지, 무조건 비는 것이다.

먼 옛날 나무나 바위 혹은 산의 정령에게 소원을 빌던 사람들은 점차 그 바위에 그림을 그리거나 나무로 형상을 만들어 빌게 되었다. 이후 불교가 유입되면서 그 숭배의 대상은 부처라는 절대적 존재로 옮겨 갔고, 절을 지어 그 안에 자신만의 소원을 담은 공간을 만들었다. 그곳이 바로 원당顧堂이다. 원당은 말 그대로 '무언가를 간절히 발원하는 집'이다. 소원을 빌기 위해 위패나 초상화를 모신 법당을 의미한다. 원당이 있는 사찰을 일컬어 '원당 사찰' 또는 '원찰顧刹'이라고 불렀다.

원당의 역사

원당은 동아시아에서 공통으로 발견되는 문화다. 인도 불교가 중국에 유입되면서 변신을 거듭했는데, 그중 하나가 효孝 사상과의 결합이었다. 효를 중시한 중국인들은 부모의 극락왕생을 발원하고자 사찰 안에 원당을 세우기 시작했다. 후한後漢 시대부터 설립되기 시작한 황실 원당은 청 대까지 이어졌다.

우리나라에서는 삼국에 불교가 들어올 때부터 궁궐 안팎에 원당이 건립되었다. 신라 신문왕이 부왕인 문무왕의 명복을 빌기 위해 지은 원당이 바로 감포 앞바다의 감은사다. 지금은 터만 남아 있는 부여 능산리의 능사陵寺도 왕실 원당으로 창건된 사찰이었다. 554년 백제 성왕이 신라와의 전투 끝에 목이 없는 시신으로 돌아오자, 그의 아들 창왕이 피눈물을 흘리며 세운 원당이다.

607년 일본에서는 쇼토쿠 태자가 아버지 요메이 천황을 위해 호류지法隆寺를 세웠다. 그로부터 20여 년 뒤 호류지에 쇼토쿠 태자의 부인이 남편의 명복을 빌며 수놓은 〈천수국만다라수장〉이 걸렸다.

죽은 부모를 위해서, 먼저 떠난 지아비를 위해서, 왕의 무병장수를 위해서, 왕자가 태어나길 빌면서 왕실 사람들은 절 안에 '작은 궁궐'을 지었다.

조선 시대의 왕실 원당

죽음 앞에서 인간의 나약함, 인생의 무상함을 느끼는 것은 재물이 많건 적건, 권력이 있건 없건 모두 다 똑같다. 억불숭유를 내세웠던 조선 시대에도 왕과 비빈들은 사랑하는 사람을 위해 원당을 세웠다. 겉으로는 불교를 배척하던 왕들도 부모나 처자식이 죽으면 내탕금을 털어 절을 지었고, 손수 글씨를 써서 하사했다. 왕자 탄생을 발원하는 왕비나 후궁은 말할 나위도 없었다.

유교에서 아무리 인仁을 강조하고 성인이 되라고 다그쳐도, 인간은 여전히 죽음 앞에 나약하고 의지처가 필요한 존재였다. 1,000여 년간 불교를 통해 죽음에 대한 두려움을 극복하고 내면의 상처를 치유해 온 이들에게 그것을 놓아버리라는 유학자들의 요구는 공염불에 불과했다.

특히 왕실은 더욱 그러했다. 구중궁궐에서 벙어리와 귀머거리로 평생을 보내야 했던 왕실 여성들에게 불교는 종교를 넘어선 하나의 문화였다. 국가에서 아무리 유교를 강조해도 이들은 여전히 절에서 소원을 빌었고 불보살로부터 위로를 받고자 했다. 왕실 비빈들의 깊은 불심은 자연스럽게 아들과 며느리에게 전승되었고, 왕이 된 아들은 어머니와 아내의 영향으로 불교에 친숙할 수밖에 없었다. 그리고 피붙이 하나 없는 대부분의 궁중 여성들은 자신들이 죽으면 절에서 제사를 지내주길 원했다.

왕실의 불교 신앙은 조선 시대 불교가 존속할 수 있는 큰 버팀목이었다. 왕실에서는 원당을 설치한 사찰에 토지를 내리고 하마비下馬碑를 세워 큰 어려움 없이 절이 유지될 수 있도록 도왔다. 왕과 왕비, 후궁들은 물론 이름 없는 나인들까지 재물을 보시했다. 왕실 원당으로 지정된 사찰들이 오늘날까지도 명맥을 유지할 수 있었던 것은 왕실의 보호와 지원이 있었기에 가능했다 해도 과언이 아니다.

조선 중기 이후 사림士林들이 정계에 본격적으로 진출하면서 수륙사水陸社나 소격서昭格署 같은 불교·도교 시설물은 물론 국가적 불교 행사까지 모두 폐지되었지만, 오직 왕실 원당만은 조선이 망할 때까지 존속되었다. 이는 원당이 유교에서 중시하는 효의 심성을 담은 공간이었으며, 왕실의 간절한 소원을 발원하는 곳이었기 때문이었다.

원당의 흔적들

현재까지 온전하게 남아 있는 원당은 그리 많지 않다. 원당의 원형이 가장 잘 남아 있는 곳은 의성 고운사의 연수전이다. 영조의 기로소 입소를 기념하기 위해 세워진 이 건물은 특이하게도 사찰 전각이 아닌 유교식 사당 형태로 건축되었다. 전각 주변에는 담장이 둘러져 있고 전면에는 솟을삼문이 서 있다. 비록 사찰 안이지만 '왕의 공간'이라는 특수성 때문에 사당 형태를 취한 것이다. 영빈 이씨의 원당인 법주사 선희궁 원당도 이와 거의 비슷한 형태다.

영조의 탄생 축원당인 파계사 성전암에는 영조가 쓴 현판이 걸려 있다. 파계사의 현응 스님이 왕자 탄생 발원 기도를 올리고 난 후 영조가 탄생하자, 이에 대한 보답으로 숙종은 파계사에 토지를 하사했고 영조는 자응전慈應殿이라는 현판 글씨를 써서 보냈다.

수원 용주사는 정조가 아버지 사도세자의 묘를 이장하면서 중창한 절이다. 용주사 대웅전 바로 곁에 있는 호성전에는 지금도 사도세자와 혜경궁 홍씨의 위패가 남아 있다. 용주사 입구에는 홍살문이 서 있고 궁궐 대전에서나 볼 법한 박석이 깔려 있다. 비록 뒤주에 갇혀 죽었지만 명복을 비는 공간만큼은 '왕의 격'에 맞춘 것이다.

이처럼 원당을 설치한 사연은 사람마다 제각각이었지만 어느 시대 어느 원당에나 공통의 코드가 있었으니, 그것은 바로 '간절한 마음'이다.

스스로 해소하지 못하는 욕망과 비통함 그리고 한없는 그리움을 부처님 앞에 풀어헤쳤다. 그래서 원당은 사찰이라는 불국토 안에 있는 지극히 인간적인 공간이다.

동서고금을 막론하고 간절한 기도처에는 반드시 드라마틱하고 은밀한 스토리가 있게 마련이다. 그 이야기들은 시간이 흐르면서 역사로 남거나 혹은 전설이 된다.

역사와 설화 사이에서

어느 미술사학자는 사찰의 사지寺誌를 묶어놓은 기록을 보고 앞뒤가 맞지 않아 인용할 가치조차 없다고 했다. 도저히 일어날 수 없는 일들에다 연대도 맞지 않고 무조건 오래되면 좋은 줄로만 아는 형편없는 역사관으로 써졌다는 것이다.

그 학자뿐만 아니라 사찰을 연구하는 상당수의 학자들은 불교계와 불교 자료에 대해 매우 부정적이다. 이는 현재 불교계를 주도하는 승려들에 대한 실망과 더불어 사찰이 부풀려놓은 창건 설화, 전통을 고려하지 않은 중창 불사佛事에 대한 불신이 빚어낸 결과다.

하지만 그 기록들을 깡그리 무시해버린다면, 우리는 어디에서 사찰의 역사와 불심佛心의 흔적들을 발견할 수 있을까. 필자가 쓴 이 글에는 관찬 사료와 사찬 사료, 그리고 절에서 전승되는 설화들이 혼재되어 있다. 혹자는 이를 두고 역사도 아니고 설화도 아닌 잡다한 이야기라고 비난할지도 모른다. 그리고 그 비난이 일부분 맞는 것도 사실이다. 하지만 필자는 그 이야기 속에서 진짜 역사를 찾아내는 것이야말로 역사학자의 몫이라고 말하고 싶다.

필자가 원당에서 발견하고자 한 것은 옛사람들의 간절한 마음이었다. 조선이라는 시대를 살아간 사람들이 가장 간절하게 발원했던 것들과 가장 고통스러워했던 것들, 그 욕망과 아픔을 극복해 나간 방법들을 발견하고 싶었다.

왕실을 중심으로 연구할 수밖에 없었던 것은 유독 왕실 구성원들에 관한 기록만이 다수 남아 있기 때문이다. 비록 왕실 원당에 국한되지만 그들을 통해 조선의 마음을 들여다보고, 조선의 사부대중*이 스스로를 극복해 가는 모습을 만나고 싶었다.

그 시대의 마음을 읽는 것은 역사를 통찰하는 가장 쉽고 재미있는 길이라고 믿기 때문이다.

---

* 四部大衆, 승가를 이루는 기본 집단. 출가한 남녀 수행승인 비구·비구니와 재가(在家)의 남녀 신도인 우바새(優婆塞)·우바이(優婆夷)를 통틀어 가리키는 말.

제1부

조선 전기의

원당

왕조 개창을 예언한
그곳

무학의 위험천만한 해몽 들은 이성계가
의기투합해 개국의 일대사인연을 맺은 장소
조선 500년간 최고의 성지로 추숭되다

'천재일우 현지지가회千載一遇賢智之嘉會.' 현명한 군주와 지혜가 뛰어난 신하가 만날 기회는 천 년에 한 번쯤이라는 말처럼, 영웅이 적절한 때를 만나 훌륭한 조력자와 조우할 기회는 매우 드물다. 그 타이밍에 따라 만세의 영웅으로 추앙되기도, 시대를 배신한 역적이 되기도 한다.

조선왕조의 개창자 이성계에게 천재일우의 시점이 위화도회군이었다면, 그것을 알아차리게 해준 각성자는 무학이었다. 그들의 인연은 함흥에 있는 석왕사라는 작은 사찰에서 비롯되었다.

현자를 만나 천재일우를 알아내다

함흥의 젊은 무장 이성계는 어느 날 매우 찜찜한 꿈을 꾸었다. 다 쓰러진 집에서 자신이 걸어 나오는데 등에 서까래 세 개를 둘러메고 있는 것이었다. 게다가 얼마 뒤에는 거울이 깨지고 꽃비가 내리는 꿈까지 꾸었다. 흉몽에 가까운 꿈이었지만 그 느낌이 여느 날과 워낙 달랐다. 주변에 해몽을 잘한다는 이들에게 물어보았으나 누구도 신통한 해석을 내놓지 못했다. 그런데 한 노파가 말하기를 "지금 석왕사에 기이한 승려가 와 있다 하니 거기 가서 한번 물어보라"고 했다.

이성계가 석왕사를 찾아갔더니 한 젊은 승려가 참선을 하고 있었다. 꿈 이야기를 하자 승려는 이성계의 얼굴을 한참 빤히 쳐다보며, 당신에게 왕업王業이 서려 있다는 위험천만한 이야기를 꺼냈다. 이때만 해도 이성계는 중앙 정계에 발도 못 붙인 이름 없는 무장에 불과했다. 그런데 꿈 하나 가지고 승려는 위험하다 못해 불온하기까지 한 이야기를 하는 것이었다.

해몽이 기가 막혔다. 다 쓰러진 집이 무엇이냐, 낡아서 쓰러지기 직전인 고려왕조를 의미하는 것이요, 등에 짊어진 서까래 세 개가 무엇이냐, 임금 왕王 자를 의미하는 것이다. 거울이 깨진다는 건 요란한 일이 날 거란 것이고, 그 위에 꽃비가 뿌려짐은 한바탕 난리 뒤에 크게 축하할 일이 생긴다는 것이다. 승려는 이성계의 얼굴을 뚫어지게 보더니 말을 이어나갔다.

"당신의 얼굴에는 이미 임금이 될 운이 서려 있소. 하지만 오늘 나에게서 들은 말을 그 누구에게도 발설하지 마시오. 큰일을 하기 전에는 항상 조심해야 하오. 그리고 오늘부터 이곳 석왕사에서 천일기도에 들어가시오."

이 기이한 젊은 승려가 바로 조선 최초의 왕사王師 무학無學이다. 무학의 충고대로 이성계는 석왕사에서 천 일간 500번의 나한재羅漢齋를 개최했다. 나한재는 불교에서 천 가지 재앙을 소멸하고 만 가지 복덕을 성취

1930년대 석왕사 전경

하고자 할 때 개최하는 법석이다. 무학이 창업 기도로 나한재를 택한 것은 왕조 개창을 가로막는 온갖 장애를 소멸하고 찬란한 왕조의 탄생을 발원하기에 더할 나위 없이 좋은 기도이기 때문이다.

그로부터 3년이 흐른 뒤, 조선왕조 개창의 결정적 계기가 된 위화도회군이 발발했다. 이상은 서산대사의 《설봉산석왕사기雪峯山釋王寺記》에 전해지는 이야기다.

왕실 원당 1번지 석왕사

석왕사는 명실상부한 조선 왕실 원당 1번지라 할 수 있는 사찰이다. 대부분의 원당들이 후대에는 불타 없어지거나 왕실과의 인연이 끊어져 원당으로서 기능을 상실했지만, 석왕사만큼은 조선 말까지 왕실 원당으로 유지되었을 뿐만 아니라 일제강점기에 순종이 직접 방문할 정도로 중요하게 여겨져 왔다.

태조는 석왕사를 왕업 기도를 이루어준 도량道場이라고 믿었다. 그래서 왕이 되기 전부터 석왕사를 중수했고, 왕이 된 후에는 조선 최초 왕실 원당으로 지정했다. 이후 500여 년간 석왕사는 조선왕조의 탯줄처럼 여겨졌으며, 태조가 이 나라를 세운 주인공임을 각인시키는 장소로 이용되었다.

후대에 왕권 강화를 도모하던 왕들은 석왕사 중수 공사를 벌였다. 숙종과 영조, 정조가 연이어 이 절에 글씨를 하사하고 어필御筆을 새긴 비석을 세웠다. 지금도 석왕사에는 역대 왕들의 어필각이 남아 있다. 흥선대원군도 섭정 시기에 공명첩*을 하사해 석왕사를 중수했다. 당쟁이 한창이던 시기에 왕들이 연달아 어필을 하사한 것은 단순히 태조를 기리기 위해서가 아니었다. 태조 이성계의 후예인 자신이 바로 이 나라의 주인임을 강조하기 위한 정치적 행위였다. 유교 국가의 군주가 정통성을 강조하기 위한 수단으로 사찰을 중수했다는 것이 다소 아이러니하지만 석왕사는 일개 사찰이 아니라 왕조 개창을 상징하는 성지 중의 성지였기 때문이다.

이성계에게 석왕사는 무학이라는 멘토를 만나게 된 일대사인연의 공간이었고, 조선의 개창을 발원한 '조선 탄생 기도처'였다. 이성계는 무학과의 의리를 죽는 날까지 지켰다.

---

* 절을 짓는 데 드는 비용을 부담하는 사람에게 주는 하급 무직의 임명장.

태조-무학 인연, 조선 불교의 생명력으로 이어져

태조는 조선왕조를 개창한 지 두 달 뒤에 무학을 왕사로 임명했다. 무학이 왕사로 임명되던 날은 태조가 왕이 된 후 처음으로 맞은 생일이었다. 이날 태조는 모든 종파의 대표 승려들을 궁궐로 초청해 왕사 임명식에 참관하고 무학의 법문을 듣게 했다. 조선 불교의 명실상부한 수장이 무학임을 공표한 것이었다.

이날 태조는 국법에도 없는 왕사라는 직함을 무학에게 하사했다. 그리하여 무학은 조선의 최초의 왕사이자 마지막 왕사가 되었다.

두 달 뒤 태조는 무학과 함께 회암사를 방문해 그곳을 무학의 하산소*로 정했다. 회암사는 고려 말 무학의 스승인 나옹이 지공의 유지를 이어받아 개창한 사찰이었다. 무학은 원나라 유학 때 나옹을 만나 제자

---

* 왕사나 국사의 주석처로 국가에서 정해주는 사찰.

가 되었기에, 고려에서 나옹의 제자가 된 이들로부터 견제를 받아왔다. 또한 신왕조의 편에 섰기에 고려 말 불교계의 기득권층에게서도 배척되었다. 이러한 무학을 회암사에 주석하게 했다는 것은 고려 말 지공-나옹으로 이어지는 법통이 무학으로 귀결되었음을 천명하는 의미였다.

태조가 왕위에서 물러난 후에도 이들의 우정은 계속되었다. 태조는 선위한 지 얼마 되지 않아 야반도주하다시피 도성을 떠났는데, 이때 태조가 찾아간 곳이 회암사가 있는 소요산이었다. 이는 태조에게 무학이 어떠한 존재였는지를 뚜렷이 보여준다. 얼마 지나지 않아 태조는 아예 회암사 내에 자신의 행궁을 지었고 그곳에서 무학으로부터 계를 받아 수행 생활에 돌입했다. 태종이 불교계의 토지를 몰수하자 무학의 부탁을 받은 이성계는 육식을 거부하면서까지 이를 저지했다. 또한 이성계는 혹시라도 자신이 무학보다 먼저 죽을 것을 대비해 살아생전 회암사에 무학의 부도까지 만들어주었다.

이성계와 무학의 만남은 개인적으로는 한 시대의 영웅이 자신을 알아주는 평생지기를 만난 것이었지만 긴 역사적 관점에서 볼 때 조선 불교가 생존의 힘을 얻은 일대사인연이었다.

이성계는 원래 고려 말 불교계의 타락에 대해 매우 비판적인 시각을 지니고 있었고, 왕이 된 이후에는 반드시 그 폐단을 청산하겠다는 의지를 갖고 있었다. 하지만 당시 급진적인 유학자들과 달리 이성계는 불교를 완전히 없애려 하지 않았고 불교계의 문제점을 시정하는 정책을 펼쳐나갔다.

이성계는 고려의 유습을 이어 궁궐 내에 불당을 설치했으며 말년에는 자신의 집을 절로 개조할 정도로 불교에 심취했다. 이성계의 불교 신앙은 왕실 내에서 불교가 유지될 수 있는 밑거름이 되었다. 태조가 평생토록 불교 신앙을 지켜갈 수 있었던 것은 무학이라는 평생지기가 곁에 있었기에 가능했다.

조선 초 궁궐에 뿌리내린 불교 신앙은 조선 500년간 단 한 번도 끊어지지 않은 채 명맥을 이어갔다. 이후 왕실 구성원들의 불교 신앙은 절체절명의 위기에 빠진 조선 불교를 구제하는 동아줄이자, 승려들을 지키는 커다란 방패막이 되어주었다.

미비하지만 위대한
조선의 서막

위화도로 간 이무기, 용이 되어 돌아오다
'죽음의 길'에서 '새 왕조 개창'으로 선회
고려 민중의 지지 얻기 위해 각종 불사 벌여

조선이라는, 역사상 가장 견고한 왕조의 시작은 위화도라는 섬에서 비롯되었다.

14세기 말 중국 대륙에서는 원元이 쇠퇴하고 명明이라는 새로운 패자霸者가 등장했다. 명은 공민왕이 수복한 철령 이북 땅을 요구했고, 우왕은 요동이 원래 고려의 영토였으니 결코 내줄 수 없다고 맞섰다. 고려의 반발에도 불구하고 명이 일방적으로 철령위 설치를 통보하자, 결국 우왕은 요동 지역을 정벌하기로 한다. 하지만 대부분의 신하들은 요동 정벌에 반대하는 입장이었다. 이성계도 마찬가지였다. 고려 권문세족들이 원과 친밀한 관계를 유지했던 반면, 고려 말에 새롭게 부상한 신진 사대부와 신흥 무장 세력은 명과 가까이 지내는 외교 노선을 지향했다.

우왕 또한 고려의 요동 정벌이 무리라는 것을 알고 있었다. 그럼에도 우왕은 왜 명과의 전쟁이라는 강수를 둔 것일까.

공민왕의 피살로 갑작스럽게 왕위에 오를 당시 우왕의 나이는 열 살에 불과했다. 우왕의 어머니는 궁인 한씨로 우왕이 어렸을 때 세상을 떠났다. 외가 친족에 양육되던 우왕은 공민왕의 총애를 받는 신돈에게 맡겨졌으며 나중에는 공민왕의 모후인 명덕태후의 집에서 성장했다. 하지만 명덕태후는 우왕이 왕위에 오르는 것에 반대했고, 우왕의 생모마저 세상을 떠난 후였기 때문에 우왕의 정치적 입지는 매우 약할 수밖에 없었다.

게다가 당시 고려는 북원과 명으로부터 압박을 동시에 받고 있었다. 남쪽으로는 내륙까지 쳐들어온 왜구의 약탈에 시달리는 상황이었다. 나라 안팎으로 혼란스러운 정세 속에 즉위한 우왕은 미약한 왕권을 강화하기 위해 최영의 딸을 왕비로 맞이했다. 이어 자신의 정치 기반을 만회하기 위해 요동 정벌이라는 강수를 선택했다.

전쟁에서 패한다면 고려왕조를 위협할 정도로 성장한 신흥 무장 세력을 손쉽게 제거할 수 있었고, 전쟁에서 승한다 해도 이성계를 비롯한 친명 세력들이 치명타를 입을 것은 불문가지였다. 우왕의 요동 정벌 의지는 매우 단호했다. 당시 우왕의 요동 정벌에 반대하는 신하들은 귀양 가거나 처형 당했다.

백척간두에서 새 세상을 열다

우군도통사로 임명된 이성계는 왕명을 받들어 '죽음의 길'을 떠났다. 고려 군이 위화도에 도착한 때는 1388년 음력 5월이었다. 위화도는 압록강 위에 떠 있는 섬으로, 요동 정벌을 명령받은 이성계가 중국 대륙으로 진입하기 직전에 주둔했던 곳이다.

강만 건너면 중국 땅이었지만, 연일 쏟아지는 폭우에 이성계의 군대는 오도 가도 못한 채 불어나는 강물만 바라보고 있었다. 열흘을 주둔하는 동안 탈영병들이 속출했고, 전염병까지 발생하자 병사들의 동요는 극에 달했다. 이성계는 그곳에서 또 한 번 우왕에게 요동 정벌을 포기해달라고 요청했다. 그러나 우왕과 최영은 속히 진군하라는 명령을 내렸다.

이성계는 깊은 고민에 빠졌다. 개경으로 돌아간다, 왕명을 어긴 반역자가 된다. 그대로 요동으로 출발한다, 명을 이길 가능성이 1퍼센트나 될까. 그대로 머물러 있을 수도 없다. 강물은 계속 불어났고, 게다가 전염병까지 돌고 있다. 이성계는 백척간두에서 한 걸음 더 나아가기로 했다. 그리고 스스로 새로운 세상을 열기로 마음먹었다. 백척간두진일보 시방세계현전신百尺竿頭進一步 十方世界現全身을 실행한 것이다.

군사를 돌려 개경으로 돌아온 이성계는 최영 군대와 일전을 벌였다. 결과는 이성계의 대승이었다. 이성계는 최영을 귀양 보내고 우왕을 폐위시키는 한편 우왕의 아들 창왕을 허수아비 왕으로 세웠다.

위화도회군은 이성계가 정치적 실권을 장악하게 된, 사실상 조선왕조의 첫 시발점으로 꼽힌다. 하지만 이성계의 조선 건국은 민중 봉기에 의한 정권 교체도, 군벌 간의 전투 끝에 이루어진 왕조 개창도 아니었다. 고려의 왕씨에서 조선의 이씨로 왕조의 주체만 바뀐 '군부 쿠데타'라는 혹평을 받았다. 600년이나 지난 지금에도 조선 건국에 대한 평가가 극과 극을 달릴진대 당대의 평가는 더욱 가혹했을 것이 분명하다.

이성계에게는 자신의 쿠데타를 정당화할 명분이 절실히 필요했다. 성리학으로 무장한 신진 사대부들을 왕조 개창에 가담시켰고, 대대적인 토지개혁을 단행해 권문세족들의 불법적 토지를 몰수하고 민중들의 지지를 확보했다.

그의 혁명에 필요한 또 하나의 작업은 불교를 통해 민심을 사로잡는 것이었다. 그를 지지하는 사대부들은 유학을 신봉했지만, 여전히 고려는 불교 국가였고 고려의 대다수 민중은 독실한 불교 신자였다.

민심을 얻고자 불사를 벌이다

이성계는 사재를 털어 개경 한복판에 있는 연복사탑을 다시 세웠다. 연복사탑은 원래 고려 태조가 세운 탑으로, 높이가 200척(약 60미터)이 넘어 개경 어디에서나 볼 수 있었다. 고려의 랜드마크와도 같은 이 탑은 수차례 전란을 겪으면서 파괴되었다. 이후 공민왕을 비롯한 여러 왕들이 연복사탑을 중건하려 했지만 재정 문제 등에 부딪혀 계속 연기되어 왔다.

이성계는 그 누구의 보시도 받지 않고 백성들의 노역도 동원하지 않은 채 연복사탑을 세웠다. 새로운 영웅, 새로운 시대의 개막을 알리기 위한 선전물이었다. 또한 혼수 스님과 함께 대장경을 조성해 서운사에 안치하고, 합천 해인사의 탑도 새롭게 장엄해 그 안에 대장경을 안치했다.

조선 개국 후에는 창업 기도처였던 절들을 포상했다. 그중 함경도 안변의 석왕사와 함흥의 귀주사는 이성계가 젊은 시절 공부했던 곳이다. 두 사찰은 조선왕조가 망할 때까지 태조의 성지로 추앙받았다. 왕조 개창 전 백일기도를 올리자 "왕이 될 것이다"는 소리가 들렸다는 전설이 있는 전북 임실의 상이암과 또 다른 백일기도처 경남 남해의 보리암도 원당으로 지정되었다.

그중에서도 도봉산 회룡사는 오랜 벗 무학대사가 이성계를 위해 기도를 올리던 곳이었다. 이성계가 요동으로 출전하자 무학은 도봉산 기슭에 손수 만든 관세음보살을 모시고 이성계의 영달을 축원하는 기도를 올렸다.

　도봉산의 도도한 바위 기운을 머금은 회룡사는 '용이 돌아온 곳'이라는 의미를 담고 있다.

'용의 귀환'에 대한 여러 해석들

회룡사는 도봉산을 대표하는 유명 기도처이지만 역사적 사료는 매우 빈약한 편이다. 《봉선사본말사약지奉先寺本末寺略誌》에는 의상대사가 회룡사를 창건했고 법성사法性寺라는 이름으로 불렀다고 기록되어 있다. 하지만 이 창건 설화를 제하고 법성사나 회룡사에 관한 기록은 전혀 찾아볼 수가 없다. 이로 볼 때 무학이 이성계를 위해 창업 기도를 할 당시 이곳은 절이 아니라 토굴이었거나, 절터만 남은 상태였을 것이라 추측된다.

회룡사라는 절 이름에 관해서는 내용이 약간씩 다른 세 설화가 전해진다. 첫 번째 설화는 1881년 승려 우송이 쓴 〈회룡사 중창기〉에 등장하는 내용이다. 여기에는 회룡사의 창건 연대가 1394년이라고 나와 있다. 당시 무학대사가 정도전의 미움과 시기를 받아 도봉산 토굴에 몸을 숨기고 있었는데, 태조 이성계가 친히 이곳을 찾아와 며칠을 머물렀다가 내려가면서 이곳에 절을 지으라 하고 회룡사라는 이름을 내렸다는 것이다.

두 번째 설화는 함흥차사와 관련된 것이다. 태종이 배다른 동생들을 죽이고 왕위에 오르자 이에 분노한 태조가 함흥에 내려갔다가 다시 한양으로 돌아오기 직전 무학대사가 있는 도봉산을 찾아갔다. 이에 무학이 태조의 환궁을 기뻐하여 회룡사라 이름을 지었다는 것이다.

세 번째 설화는 위화도회군과 관련한 것이다. 1384년(고려 우왕 10) 무학과 이성계가 도봉산에서 함께 창업 기도를 올렸는데, 무학은 무학

김구가 1948년 추석에 왔다갔다는 글씨가 새겨진 회룡사 석굴암 입구

골에서 이성계는 회룡사 석굴암에서 각각 기도를 드렸다. 이성계가 우군도통사로 임명되어 요동 정벌을 떠나자 무학은 홀로 남아 이성계의 영달榮達을 축원했다. 그 후 왕이 된 이성계가 무학의 기도처를 찾아와 절을 짓고 이름을 회룡사라 했다고 한다.

회룡사라는 절 이름이 붙여진 시기에 대해서는 약간씩 다르지만, 무학과 이성계의 인연과 창업 기도의 공덕에 대한 내용은 공통으로 담겨 있다.

회룡사는 이후에도 계속 그 명맥을 유지해 갔다. 1530년(중종 25)에 편찬된《신증동국여지승람》과 1799년(정조 23)에 편찬된《범우고梵宇攷》에도 도봉산 회룡사가 소개되어 있으며, 조선 말에는 왕실 상궁들의 시주로 회룡사의 당우*와 요사**, 탱화 등을 조성했다고 한다.

회룡사는 한국전쟁 당시 절 전체가 전소되고 말았다. 전쟁이 끝난 직후인 1954년 비구니 도준 스님이 중창 불사를 시작해 회룡사는 현재의 사격寺格을 갖추게 되었으며, 지금도 비구니 도량으로 유지되고 있다.

---

* 堂宇, 규모가 크고 작은 건물들.
** 寮舍, 승려가 거처하는 집.

태조의
광화문 연가

목숨처럼 사랑한 아내와 어린 자식 위해
노쇠한 왕이 줄 수 있는 유일한 선물이
도성 한복판에 절을 세우는 일이었으니

"이제 모두 세월 따라 흔적도 없이 변하였지만/ 덕수궁 돌담길에 아직
남아 있어요/ 다정히 걸어가는 연인들"로 시작되는 〈광화문 연가〉는
1990년대에 청춘을 보낸 이들에게 첫사랑 같은 노래다.

덕수궁 돌담길은 일명 '정동길'이라고 불린다. 정동貞洞은 '정릉貞陵이
있는 마을'이란 뜻이고, 정릉은 이성계가 그토록 사랑했던 아내 신덕왕
후의 무덤이다. 지금으로부터 약 600여 년 전 조선의 건국자 이성계가
죽은 아내를 그리워하며 걷던 길이 바로 정동길이었다.

개국을 함께한 충성스러운 신하

조선의 첫 공식 왕비 신덕왕후 강씨는 이성계가 조선을 건국하기까지
최고의 협력자였다. 함흥의 이름 없는 무장에 불과했던 이성계가 고려
귀족 사회에 진입하기 위해서는 권문세족의 협력이 절대적으로 필요했

다. 이때 정략결혼의 상대로 선택된 여인이 스무 살 연하의 강씨였다.

강씨의 본관은 황해도 곡산으로, 곡산 강씨는 고려 후기 부원附元 세력이었다. 원이 고려에 내정간섭할 당시의 강씨 집안은 승승장구했지만, 공민왕이 반원反元 자주화의 기치를 내걸면서 갑자기 숙청 대상으로 전락했다. 이성계가 강씨를 처음 만날 즈음 강씨는 개경이 아닌 곡산에서 살고 있었는데, 이는 곡산 강씨가 중앙에서 쫓겨날 정도로 가세가 기울었음을 의미한다.

이성계는 왜구와 홍건적을 토벌하면서 이름을 떨치기는 했지만, 공민왕이 '초야의 신진'이라 표현할 정도로 출신 집안이 한미했다. 게다가 그는 이미 함흥에서 혼인을 해 부인 한씨와 여섯 아들을 두고 있었다.

따라서 가격家格으로는 비교가 안 되는 스무 살 연상의 무장과 몰락한 귀족 집안 딸의 결혼에는 이성계와 곡산 강씨 각각의 중앙 진출을 노리는 정치적 계산이 깔려 있었다.

정략으로 맺어진 부부였지만 강씨에 대한 이성계의 사랑과 신뢰는 지극했다. 이성계 스스로 강씨를 "개국을 함께한 충성스러운 신하良佐"라고 표현할 정도였다.

자식들 정략결혼으로 정치 기반 확대

이성계가 강씨에게 매료된 데에는 그녀의 젊음이나 미모도 한몫했겠지만 무엇보다 강씨의 총명함이 이성계의 마음을 사로잡았던 것으로 보인다. 이성계가 강씨를 만나지 않았더라면 조선 건국이 가능했을까 싶을 정도로 그녀는 이성계의 뛰어난 정치적 동지였고 최고의 장자방*이었다.

혼인 후 강씨는 탁월한 정치적 수완을 발휘해 이성계를 귀족 사회에 진입시켰다. 또 첫째 부인 소생의 아들 가운데 넷째 방간과 다섯째 방원을 개경으로 데려와 공부시켰다. 그중 다섯째인 이방원은 성균관에 입학했을 뿐만 아니라 몇 년 뒤 문과에 급제했다.

강씨는 딸 하나와 아들 둘을 낳았는데, 강씨가 얼마나 노회한 정치가였는지는 사돈 맺은 집안들을 보면 한눈에 드러난다. 강씨가 외동딸을 시집보낸 곳은 고려 말 최고의 권세가 이인임 집안이었다. 이인임은 한때 이성계를 죽이려 했던 인물이었다. 이 집안과 사돈을 맺음으로써 이성계는 정적政敵 한 명을 손쉽게 자신의 세력으로 끌어들였다. 강씨의 큰아들 방번은 공양왕의 동생 왕우王瑀의 딸과 혼인했다. 고려 최고의 권세가 집안과 사돈을 맺고 왕실과 혼인함으로써 이성계 집안은 명실상부한 귀족 반열에 오르게 되었다.

강씨와 첫째 부인의 자식들 관계는 조선왕조 개국 전까지만 해도 상당히 좋은 편이었다. 강씨가 비록 아버지의 둘째 부인이기는 했지만 고려 귀족이 여러 명의 부인을 두는 것은 그다지 특별한 일이 아니었다. 강씨는 첫째 부인의 아들들을 개경으로 데려와 교육하고 고려의 내로라하는 문벌 집안과 혼인을 맺게 했다.

그중에서도 다섯째 방원(후일 태종)과는 특별히 가까웠다. 강씨는 중대한 사안에 대해 항상 방원과 상의했고, 이성계는 참모 회의가 있을 때마다 강씨와 방원을 함께 배석케 했다. 이성계가 위화도에서 군사를 돌려 개경으로 돌아올 당시 볼모로 잡혀 있던 강씨와 방번·방석 형제를 구출해낸 것도 방원이었다. 《태종실록》에는 "현비顯妃 강씨도 (방원을)

---

* 자신의 주군을 제왕으로 만든 책사(策士)를 일컫는 말.

38

귀하게 여기고 사랑하니, 태종 또한 효성을 다하였다"고 기록되어 있다.

강씨와 방원의 관계는 조선왕조를 개창한 직후 본격적으로 금이 가기 시작했다. 야심만만했던 강씨는 자신의 소생으로 하여금 조선왕조를 잇게 만들고 싶었다. 이를 위해서는 태조의 장성한 아들 중에서도 왕조 개창의 공이 가장 큰 방원을 제거해야만 했다. 방원의 사병들을 몰수해 군사권을 약화시킨 데 이어, 신권정치臣權政治를 꿈꾸는 정도전과 손을 잡고 방원의 정치력을 축소시켰다. 신덕왕후의 뒤에는 고려의 구 귀족 세력이 포진해 있었고 정도전의 영향력도 대단했기 때문에, 당시로서는 방원이 별달리 손쓸 방도가 없었다.

하지만 조선 개국 4년 뒤부터 신덕왕후는 시름시름 앓기 시작했고, 결국 아들 방석이 보위에 오르는 모습을 보지 못한 채 1396년(태조 5) 마흔의 나이로 세상을 떠났다.

죽은 아내 위해 도성 안 사찰 창건

이성계는 아내의 영혼이나마 가까이에 두고 싶어서, 도성 내에 능을 조성하고 그 곁에 큰 절을 지었다. 도성 어디에서나 볼 수 있을 정도의 높다란 사리탑도 세우게 했다.

태조가 조성할 당시의 정릉과 흥천사는 정동에 있었다. 광화문 대로를 따라 도보로 10분 거리에 있는, 육조거리*가 끝나는 지점이었다. 현재 서울시의회 자리가 흥천사 터였으며, 영국 대사관 자리에 정릉이 있었다.

흥천사 공사가 시작되자 이성계는 아침저녁으로 흥천사에 들러 공양

---

* 조선시대 6개 중앙관청이 있던 대로. 광화문 앞에서 광화문 사거리까지의 거리.

을 올렸고, 정릉의 경쇠 소리를 듣고서야 수라를 들었다. 매일 흥천사의 공사 현장을 점검하고, 정동길을 따라 올라가 정릉을 참배하고 오는 것이 이성계의 일과였다.

이성계가 정릉 건설과 흥천사 창건에 그토록 지극정성을 다한 것은 비단 죽은 아내에 대한 그리움 때문만은 아니었다. 원래 이성계는 자신의 능이 조성될 자리 바로 곁에 신덕왕후의 능을 조성하고 싶어 했다. 하지만 그 계획을 취소시키고 도성 한복판, 그것도 경복궁과 마주한 지점에 능을 조성했다. 이는 신덕왕후가 남긴 어린 자식들, 즉 방번과 방석 그리고 경순공주를 보호하기 위해서였다. 죽은 왕후의 존재를 천하에 드러내는 것, 신덕왕후를 명실상부한 조선 최초의 국모로 드높이는 것은 어린 세자를 위해 늙은 아비가 꺼낼 수 있는 유일한 카드였다.

하지만 그토록 정성을 기울이던 흥천사의 완공을 이성계는 지켜보지 못했다. 신덕왕후가 죽은 지 이태 뒤, 방원은 제1차 왕자의 난을 일으켰다. 신덕왕후 소생의 두 아들 방번과 방석, 사위 이제李濟까지 모조리 살해되었다. 얼마 후 이성계는 둘째 아들 방과(정종)에게 왕위를 물려주고 한양을 훌쩍 떠났다. 이성계는 도성을 떠나기 직전 홀로 남은 막내딸 경순공주를 살리고자 비구니가 되게 했다. 《정종실록》에는 "공주의 머리를 깎을 때가 되자 태상왕의 눈에서는 주르르 눈물이 흘렀다"고 기록되어 있다.

왕위에서 물러난 이성계는 전국의 사찰을 찾아다녔다. 낙산사에 며칠 머물다 개성 관음굴로, 며칠 뒤엔 양주 회암사로 옮겨 다니던 어느 날, 백운사의 늙은 승려 신강을 만나 탄식하며 말했다.

"방번과 방석이 다 죽었다. 아무리 잊으려 해도 잊을 수가 없구나!"

그러자 신강이 말했다. "성상께서는 너무 슬퍼하지 마십시오. 그들의 불행과 당신의 불행은 모두 스스로 취한 것입니다."

이에 태상왕은 "나도 그렇게 생각한다"고 말하며 고개를 떨구었다. 《정종실록》이 전하는 이 이야기는 세상 전부를 얻었다 놓쳐버린, 아내와 자식들을 한꺼번에 잃어버린 한 사내의 심정을 그대로 보여준다.

불사 벌이며 말년을 보내다

1402년(태종 2) 회암사에서 수행에 열중하는 줄로만 알았던 이성계가 돌연 함경도 동북면으로 돌아갔다. 이는 태종을 크게 긴장시키는 일이었다. 동북면은 이성계의 본거지로, 아직 이성계를 따르는 무리들이 포진하고 있었다. 태종이 우려했던 대로, 신덕왕후의 친척이자 태조의 측근인 안변부사 조사의趙思義가 동북면에서 군사를 일으켰다.

역사서에는 이 사건이 조사의의 난으로, 야사에는 함흥차사 설화로 전해지고 있지만, 사실상 이는 이성계를 지지하던 세력들이 태종을 쫓아내고자 벌인 사건이었다. 약 5,000여 명의 군사들이 평안도의 덕천·안주를 거쳐 한양으로 내려오던 중 고맹주(지금의 평남 맹산군)에서 관군에게 격파당함으로써 조사의의 난은 일단락되었다. 함흥차사 설화에서는 태종의 명으로 박순이 태조를 알현하기 위해 함흥으로 갔다가 태조의 화살을 맞아 죽었다고 전해지지만, 실제로 박순은 조사의의 난을 조사하기 위해 동북면에 파견되었다가 죽임을 당했다.

조사의의 난이 진압된 후 이성계는 한양으로 환궁했다. 말이 좋아 환궁이지 사실상 연금 상태에 들어간 것이나 다름없었다. 이후 이성계는 죽은 아내와 아들의 명복을 빌기 위해 기도처를 전전하며 보냈다.

이성계는 자신이 살던 연희방의 집을 흥덕사興德寺라는 절로 개조해 아들 방번과 방석, 사위 이제의 명복을 비는 절로 삼았다. 무학이 머물고 있던 양주 회암사, 왕비와 함께 기도하러 다니던 개성 관음굴 등 한양 인근의 기도처를 돌아다니며 세월을 보내던 이성계는 1408년(태종 8) 향년 73세의 나이로 파란만장한 삶을 마감했다.

원주願主의 운명 그대로 답습한 흥천사

이성계가 세상을 떠나자 태종은 참고 참아왔던 신덕왕후에 대한 복수를 실행에 옮겼다. 태종은 어느 날 신하들과 정사를 보다가 말고, "계모가 무엇이냐"라고 넌지시 물었다. 질문의 의도를 간파한 신하들은 "어미가 죽은 다음에 들어온 자를 계모라고 합니다"라고 답했다. 그러자 태종이 다시 물었다. "그렇다면 강씨가 내 계모가 되느냐?" 이에 신하들은 "그때 신의왕후가 승하하지 않았으니, 어찌 계모라고 할 수 있겠습니까?"라고 말했다. 태종은 "나는 강씨에게 조금의 은의恩義도 없다. 내가 어머니 집에서 자라났고 장가를 들어서 따로 살았으니, 어찌 은의가 있겠는가? 다만 부왕이 애중하시던 의리를 생각하여 제사를 어머니와 다름없이 했을 뿐이다"라고 했다.

태종의 복수는 지독하고 잔인했다. 신덕왕후의 위패는 종묘에서 치워졌고, 하루아침에 첩의 지위로 강등되었다. 또 그의 능(정릉貞陵)은 도성 밖으로 쫓겨났다. 태종은 정릉을 사을한沙乙閑 골짜기(오늘날의 성북구 정릉동)로 이장할 것을 명했다. 그리고 정릉의 석물들을 청계천의 돌다리(광통교)로 만들어 사람들이 밟고 지나다니게 했다. 그 후 200여 년간 정릉은 버려지다시피 방치되었다. 선조 대에 신덕왕후를 복위하자는 논의가 제기되었을 당시 아무도 정릉이 어디에 있는지 몰라 곤욕을 치

200여 년간 방치되다가 현종 대에 왕비릉으로 다시 추숭된 정릉

를 정도였다.

　홍천사의 역사도 신덕왕후의 능만큼이나 파란만장하다. 정릉이 옮겨진 뒤에도 홍천사는 약 100여 년간 도성 안에 그대로 남아 있었다. 비록 수호 능침은 도성 밖으로 이전되었지만, 왕실의 복을 비는 원당 역할을 지속했다.

　그러나 젊은 유생들에게 홍천사는 눈엣가시였고, 악의 축이나 다름 없었다. 연산군 대에 홍천사에 큰불이 났는데 사리각을 제외한 나머지 전각이 모두 불타 없어졌다. 원인은 밝혀지지 않았지만 유생들의 방화로 추측된다. 1510년(중종 5)에 또다시 불이 나서 사리각까지 전소해 홍천사는 폐허가 되어 버렸다. 이때는 화재 원인이 유생들의 방화로 밝혀졌다. 왕실의 불교 신앙을 상징하는 흥천사를 없애는 것은 젊은 유생들에게 영웅 행위와 다름 없었다. 이로써 태조가 조성한 정릉도, 정릉의 능침사도 모두 사라지고 정동길이라는 이름만 남게 되었다.

흥천사와 정릉이 다시 역사서에 등장한 것은 260여 년이 지난 현종대였다. 1669년(현종 10)에 송시열의 건의로 신덕왕후가 복권되면서 정릉 또한 왕비릉의 격에 맞게 복구되었다. 이때 정릉 인근에 있던 암자를 능역 밖으로 옮기고 이 절로 하여금 정릉을 보호·관리하게 했다. 이때의 절 이름은 신흥사新興寺였다. 흥천사를 새롭게 세웠다는 의미다.

이후 신흥사는 조선 말까지 정릉을 수호하는 임무를 이어나갔다. 당시 신흥사에 신덕왕후의 위패를 모신 어실御室이 조성되었는지는 확실하지 않다. 다만 신흥사와 더불어 인근의 경국사·봉국사도 정릉을 관리하는 조포사 역할을 담당했는데, 그중에서도 오직 신흥사만은 능사陵寺로 불렸다는 사실이 확인된다.

흥천사가 다시 옛 이름을 찾게 된 것은 흥선대원군에 의해서였다. 흥선대원군은 섭정을 하던 1868년(고종 2) 신흥사를 중창하고 절 이름을 원래대로 고쳐 부르게 했다. 현재 흥천사 경내에는 흥선대원군이 조성한 대방과 지장전이 남아 있다. 대방에 걸린 '흥천사興天寺' 편액은 대원군의 친필로 전해진다.

세월이 흐르면서 정동길에는 흥천사도 정릉도 모두 사라지고 지금은 그 흔적조차 찾아볼 수 없다. 하지만 서울 성북구 정릉동에는 아직도 흥천사라는 절이 남아 신덕왕후의 명복을 빌어주고 있다. 이성계가 흥천사를 지으면서 이루려 했던 정치적 꿈은 모두 수포로 돌아갔지만, 그가 발원했던 기도만은 아직도 살아 있는 셈이다.

불교를 가장 싫어한 왕도
원당 짓다

태종, 불교를 싫어했지만
아비의 죽음 앞두고 불전에 무릎 꿇다

조선 시대 왕 중에서 불교를 가장 싫어한 왕은 태종이었다. 다른 왕들처럼 유학자들을 달래려고 겉으로만 싫어한 게 아니라 진짜로 불교를 마뜩찮아 했다. 불교에 대해 이야기할 때면 태종은 늘 "허황되고 망령된, 혹세무민하는 종교"라고 비난했다.

그는 불교의 영험담도 싫어했다. 아들 세종에게 "내가 죽은 뒤 내 무덤 근처에는 절대로 절을 세우지 말라"고 신신당부할 정도였다. 조선 시대 사원전*을 10분의 1로 줄인 것도, 전국의 사찰 242개만 남기고 모두 혁파한 것도 태종이었다.

그렇다고 태종이 특별히 나쁜 경험이 있어서 불교를 싫어한 것은 아니었다. 태종은 젊은 시절 횡성 각림사覺林寺에서 공부했는데, 왕이 된

---

* 寺院田, 절에 딸린 논밭이나 토지.

이후 "꿈에 그 절과 산천이 자주 나타난다"고 할 정도로 각림사를 그리워했다. 1414년(태종 14)에는 각림사에 직접 거둥했고, 재위 기간 내내 토지와 노비·곡식 등을 하사했다. 그럼에도 태종은 각림사를 끝내 자신의 원당으로 삼지 않았다.

태종이 불교를 싫어한 이유는 어렸을 때 성균관에서 받은 유교식 교육과 타고난 냉혹한 성정, 통치 수단으로써 유학의 필요성 때문으로 추측된다. 그런 태종이 재위 6년째인 1406년, 돌연 궁궐 안에 불당을 지으라고 명했다. 한양으로 재천도한 뒤 창덕궁 안에 인소전仁昭殿을 지으면서 그 옆에 부속 불당을 설치한 것이다.

불교를 싫어한, 특히 기복 신앙을 멀리했던 태종이 왜 궁궐 안에 불당을 지으라고 한 것일까. 이유는 생모 신의왕후의 명복을 빌기 위해서였다. 인소전은 신의왕후의 초상화를 모신 진전眞殿으로, 태종은 어머니를 위한 추숭 시설로 창덕궁 안에 진전과 원당을 마련한 것이다.

생모 위해 궁궐 안에 불당을 짓다

신의왕후 한씨는 이성계가 왕이 되기 전에 세상을 떠났기 때문에, 실제로 왕비였던 적이 없었다. 태조가 신덕왕후의 막내아들 방석을 세자로 삼았던 것도 이 점이 크게 작용했다. 엄밀히 말해 조선의 첫 번째 왕비는 신덕왕후이므로, 그의 소생이 조선왕조의 후계자가 되어야 한다는 논리였다.

따라서 신의왕후의 소생인 정종과 태종은 자신들의 생모 추숭에 노력을 기울이지 않을 수 없었다. 신의왕후를 정실부인으로 높이고 신덕왕후를 후첩으로 강등시키면, 자연히 자신들은 적자가 되고 방간과 방

석은 첩의 자식이 되는 것이었다. 태종이 이성계가 죽은 후 신덕왕후를 첩으로 강등시키고 종묘에서 위패를 치워버린 것도 이 때문이었다. 하지만 이성계가 살아 있는 동안에는 차마 신덕왕후를 첩으로 만들 수 없었기 때문에, 자신의 생모를 추숭하는 방식을 택했다. 정종은 왕위에 오르자마자 신의왕후의 능침사인 연경사衍慶寺를 중창했고, 태종은 인소전을 지으면서 불당을 마련해 생모의 추숭 시설로 삼았다.

태종이 궁궐 안에 내원당을 설치한 또 하나의 이유는 대부분의 왕실 의례가 여전히 불교식으로 진행되었기 때문이다. 생모의 추숭 시설에 조금의 소홀함도 없게 하고 싶었던 태종은 진전, 즉 죽은 이의 초상화를 모신 사당에 부속 불당을 설치하는 고려의 풍습을 그대로 받아들였다.

이런 경향을 보인 것은 태종뿐만이 아니었다. 조선 건국을 주도한 유학자 관료들도 비록 몸은 조선에서 살아가고 있었지만, 정신세계는 여전히 고려에 머물러 있었다. 신진 사대부들이 받아들인 유학은 아직 학문적 수준에 불과했고, 조정에 나와서 불교가 이단이니 미신이니 하고 떠들었지만 집으로 돌아가서는 불교식 제사를 지냈다. 부모가 죽었을 때도 스님들을 모셔와 장례를 치렀다. 태종이 조정 대신들을 보고 "지금 불사를 행하지 않는 자는 오직 하륜河崙뿐이다. 그 나머지 유학자들 중에 남몰래 불사를 행하지 않는 자가 없다"고 힐난할 정도였다.

조선 전기 《실록》에는 불교가 아닌 유교식으로 장사를 지낸 사람이 있으면 그를 칭송하는 글이 실렸다. 이를 뒤집어 보면, 그만큼 유학자 집안에서도 불교식 상장례가 일반적이었다는 의미다. 태종도 자신의 어머니에 대한 추숭 시설만큼은 어찌할 수 없던 것처럼, 조선 시대 사대부들도 부모의 장례나 제사를 불교식으로 지낼 수밖에 없었던 것이다. 이는 조선 전기에 원당이 꾸준히 설치되었던 주된 요인이기도 했다.

아버지 죽음 앞에 무릎 꿇은 억불 군주

불교의 영험담에 콧방귀를 뀌던 태종을 불전 앞에 무릎 꿇린 것은 아버지 이성계의 죽음이었다.

이성계-이방원 부자의 관계는 애증 그 자체였다. 방원은 이성계의 그 어느 자식보다 똑똑해 아버지를 우쭐하게 한 자랑스러운 아들이었다. 함흥의 한미한 무인 집안에서 최초로 고려 성균관에 들어간 이가 방원이었으며, 이성계가 위화도에서 회군할 당시 가솔들을 책임졌던 이도 방원이었다. 방원이 문과에 급제하자 이성계는 너무 기쁜 나머지 눈물을 글썽거리며 합격증에 적힌 내용을 읽고 또 읽게 했다. 그리고 집에 손님들이 방문할 때마다 방원을 소개하며 아들 자랑을 늘어놓았다. 이후 정몽주를 비롯한 이성계의 정적들을 제거하고 조선왕조의 기틀을 세운 최고 공신도 방원이었다.

하지만 그 잘난 아들은 배다른 형제와 처남을 모조리 죽이고, 아비를 허수아비 왕으로 만들었다. 이후 왕위에서 물러난 태조는 도성을 떠나 전국을 주유하면서 살았다. 말년에 도성으로 돌아와서는 "세상 사람들이 나를 보고 비웃을까 두렵다"며 밤에만 돌아다녔다.

아비에 대한 마음은 방원 또한 마찬가지였다. 아버지가 자신의 사병을 모조리 빼앗았을 때, 공신 명단에서 자신의 이름만 쏙 뺐을 때, 열한 살짜리 배다른 동생을 세자로 임명했을 때, 그 아비에 대한 배신감은 이루 말할 수 없었다. 결국 아버지를 원망하던 아들은 아버지가 가장 사랑하는 이복동생들을 죽이고, 아버지의 왕관을 빼앗아 스스로 머리 위에 올렸다.

그러나 그 아버지가 죽음을 목전에 두자, 아들은 부처님 앞에 꿇어앉아 머리를 조아렸다. 이성계의 병세가 위급하다는 소식을 들은 태종은 자신의 팔뚝에 향을 올리고 살을 태우는 연비 의식을 진행했다. 그때 사용된 향이 자그마치 열두 개로, 살이 타는 냄새가 궁궐 마당에 진동할 정도였다고 한다.

또한 자신의 아들들을 데리고 며칠 밤낮을 새워 염불하였고 승려 백여 명을 불러 약사정근을 하며 이성계의 병환이 나아지기를 기도했다. 그 기도가 정말 하늘을 감복시켰는지, 태상왕의 병환은 며칠간 차도가 있었다.

얼마 뒤 이성계가 세상을 떠나자, 태종은 건원릉 인근에 개경사를 창건하고 아버지의 극락왕생을 발원했다. 그리고 아버지가 살아생전 원당으로 삼았던 사찰에는 대대손손 왕실의 보호가 이어지도록 조치했다.

불교를 배척하고 냉혹한 전제군주를 자처했던 태종이 예외적으로 불사를 벌인 것은 단 두 번, 모두 부모를 위한 것이었다. 한 번은 창덕궁 인소전에 설치한 생모의 원당이었으며, 또 한 번은 아버지 이성계를 위한 것이었다. 신하들에게 남몰래 불사를 행하지 않는 자가 없다고 욕을 퍼붓던 태종조차 별수 없는 고려 사람이고, 부모의 몸을 빌려 태어난 사람의 아들이었기 때문이다.

자비로운 절의
씁쓸한 역설

오직 남편의 영달을 위해 혼신 다했건만
조강지처에게 돌아온 건 비정한 남편의 배신
막내아들 죽자 궁궐서 나와 대자암으로 떠나

조강지처 불하당糟糠之妻不下堂. '술지게미와 쌀겨를 함께 먹은 부인은 버릴 수 없다'는 뜻으로, 중국 후한 시대부터 전해지는 고사성어이다. 이 말이 지난 2,000년간 이어져 왔다는 것은 역설적으로 조강지처를 버린 사내들이 예나 지금이나 많다는 뜻일 게다.

남편의 조강지처 배신은 티브이 드라마에서도 단골 메뉴다. 〈청춘의 덫〉의 이종원이나, 〈장밋빛 인생〉의 손현주, 〈아내의 유혹〉의 변우민 등 나쁜 남편에게 복수하는 드라마는 어김없이 대박이 난다. 수천 년간 이어져 온 아줌마들의 애한을 대변해서가 아닐까 싶다. 조선 시대에도 조강지처를 버린 대단한(?) 남편들이 여럿 있는데, 그중 한 명만 꼽으라면 단연 태종 이방원이다.

원경왕후 민씨는 남편을 왕으로 만든 일등 공신이라 해도 과언이 아니다. 민씨의 친정은 고려 말의 명문가인 여흥 민씨 가문으로, 대표적인 신진 사대부 집안이었다. 원경왕후의 아버지 민제는 젊은 시절 성균관 사성*을 역임했는데, 이방원은 그 밑에서 공부하던 학생이었다. 이방원의 영특함을 일찍이 알아본 민제는 자신의 둘째 딸과 혼인을 시켰다.

여흥 민씨 집안의 막강한 권력과 재산 그리고 사회적 영향력은 후일 이방원이 왕위에 오르는 데 결정적인 힘이 되었다. 태조와 신덕왕후가 이방원의 사병들을 몰수하자 몰래 비자금을 조성하고 군사를 키운 건 민씨의 친정 형제들이었다. 제1차의 왕자의 난 당시 반대파의 기미를 미리 알아채고 정보를 귀띔해준 것도 민씨 형제들이었다.

열녀비를 세워도 모자랄 현모양처

남편을 향한 민씨의 지극정성은 열녀비를 세워도 모자랄 정도였다. 이방원이 제1차 왕자의 난을 일으켰을 때 몰래 숨겨놓았던 갑옷을 꺼내주었다는 이야기가 전해질 정도로, 민씨는 남편에 대한 절대적인 지지와 존경을 아끼지 않았다. 제2차 왕자의 난이 발발했을 당시 방원이 타고 나갔던 말이 활을 맞은 채 집으로 돌아오자, 직접 원수를 갚겠다고 나서다가 남편이 살아 있다는 소식을 듣고 돌아왔다는 일화도 있다.

그런데 왕위에 오르자마자 태종은 한눈을 팔기 시작했다. 그 시대에 사내가 첩질을 하는 게 뭐 그리 대수인가 할 수도 있지만, 하필이면 그 상대가 민씨의 여종이었다. 태종이 왕이 된 지 채 1년도 지나지 않아 벌어진 일이었다. 이때 심증만 있지 물증이 없는 채로 추궁하자, 태종은 펄쩍 뛰면서 그런 일 없다 싹 잡아뗐다. 오히려 불같이 화를 내며 왕비

---

* 司成, 성균관에서 유학을 가르치던 종삼품의 벼슬.

의 몸종들을 모두 궐에서 쫓아내버렸다.

태종은 한 수 더 떠서 앞으로 합법적으로 후궁을 들일 것이며 후궁을 들일 때 혼례까지 올리겠다고 공표했다. 민씨는 태종을 찾아가 울며 매달렸다.

"상감께서는 어찌하여 예전의 뜻을 잊으셨습니까? 제가 당신과 더불어 온갖 어려움을 넘기고 국가를 차지하였사온데, 이제 나를 잊음이 어찌 여기에 이르셨습니까?"

그날부터 민씨는 하루 종일 울었다. 밥도 먹지 않고 계속 울기만 했다. 아들들이 줄줄이 쫓아가 애원하자, 태종은 그제야 "혼례를 취소하겠다"고 했다. 하지만 식만 취소했을 뿐 후궁은 예정대로 맞이했다. 권홍의 딸을 필두로 12명이나 되는 후궁들이 줄줄이 들어왔다.

후궁 문제로 부부 싸움을 벌이던 와중에, 민씨를 반쯤 미치게 만든 사건이 발생했다. 예전에 태종이 절대 아니라고 발뺌했던 그 여종이 태종의 아이를 임신했다는 소식이 들려온 것이다. 자존심이 상할 대로 상한 민씨는 여종이 아이를 낳는다는 소식을 듣고 동생들을 시켜 한겨울 차가운 광 속에 여종을 가두어버렸다. 이 사건은 후일 원경왕후의 집안이 풍비박산 나는 데 결정적 빌미가 된다.

방해물이 된 대단한 처갓집

후궁 문제로 태종과 원경왕후가 대대적인 부부 싸움을 벌인 지 5년이 지난 후 태종은 난데없이 양녕대군에게 양위하겠다는 선언을 한다. 그런데 며칠 뒤, 하겠다던 양위는 하지 않고 돌연 민씨의 남동생들을 잡아들이라는 명을 내리는 게 아닌가. 양위하겠다고 하자 다른 대신들은 모두 만류하는데 민씨 형제인 민무구와 민무질만 유독 얼굴에 기뻐하는 빛을 드러냈다는 것이었다. 이로 인해 무구와 무질은 불충죄라는 명목으로 유배를 갔다.

귀양을 갔던 무구와 무질 형제는 2년 뒤에 쿠데타를 일으키려 했다는 누명을 쓰고 죽임을 당하고 만다. 태종의 말에 따르면, 민씨 형제들이 누나와 작당하여 자신을 폐위시키고 양녕대군을 왕위에 올리려 했다는 것이다. 이것이 진짜 원경왕후가 배후에서 조종한 것인지, 태종의 자작극인지는 아직까지 미스터리로 남아 있다. 원경왕후의 대단한 성격으로 볼 때 남편에게 당하고 있지만은 않았을 것 같기도 하지만, 한편으로는 죽은 후에라도 민씨 일가가 양녕대군을 쥐고 흔드는 모습을 보고 싶지 않았던 태종의 복안이었을 가능성 또한 농후하기 때문이다.

태종의 외척 견제는 여기서 끝나지 않았다. 민씨에게는 아직 두 명의 동생, 무휼과 무회가 남아 있었다. 태종은 예전에 민씨가 태종의 아이를 밴 여종을 차가운 광 속에서 출산하게 했던 사건을 들추어냈다. 그리고 이를 살인미수로 둔갑시켰다. 왕의 씨를 죽이려 한 역적이라는 것이다. 이 사건으로 무휼과 무회마저 죽임을 당했고, 원경왕후에게는 단 한 명의 형제도 남지 않게 되었다. 자신들이 왕으로 만든 사위 덕에 고려 최고의 문벌 귀족 여흥 민씨는 결국 멸문지화를 당하게 된 것이다.

방원이 이렇게 '치사한' 덫을 놓은 것은 왕이 된 후 원경왕후의 대단한 집안이 정치적 부담으로 다가왔기 때문이다. 강력한 전제군주 국가를 꿈꾸는 태종에게 외척 세력은 반드시 제거해야 할 대상이었다. 따라서 민씨 집안은 더 이상 이용 가치가 없어진, 아니 왕이 가고자 하는 길에 방해가 되는 걸림돌일 뿐이었다.

원경왕후의 마지막 귀의처, 대자암

원경왕후의 몰락은 이게 끝이 아니었다. 그녀를 마지막 구렁텅이로 몰고 간 것은 눈에 넣어도 아프지 않을 막내, 성녕대군의 죽음이었다. 전쟁을 방불케 하는 부부 싸움 와중에, 이 눈치 저 눈치 살피며 부모 사이에 메신저 역할을 하던 막둥이가 그만 열네 살의 나이로 죽어버린 것이다. 성녕대군은 왕비가 마흔한 살에 낳은, 왕비를 궁궐에 붙잡아두었던 유일한 즐거움이었다.

막내아들의 죽음으로 원경왕후는 더 이상 바랄 것도, 버릴 것도 없는 처지가 되어버렸다. 자식 잃은 어미에게 바람난 지아비가 무슨 소용이며, 허울 좋은 국모의 자리가 무에 중요하랴. 원경왕후는 막내아들이 죽자 궁궐에서 나왔다. 그리고 아들의 묘 옆에 암자를 짓고, 그곳을 오가며 여생을 보냈다.

원경왕후가 성녕대군의 묘 옆에 지은 절은 고양의 대자암大慈庵이었다. 한 서린 여인이 지은 절의 이름이 '큰 자비를 베풀라'는 의미라니, 씁쓸한 아이러니가 아닐 수 없다.

평생 남편과 자식들을 위해 살았지만 처절하게 배신당했던 원경왕후에게 대자암은 그들을 향한 일말의 미련까지 내려놓을 수 있는 마지막 귀의처였다. 아마 이름 붙여준 이 또한 원경왕후가 남편마저도 용서할 수 있는 대자대비大慈大悲를 품기를, 모든 고통이 자비심에 의해 녹기를 발원했으리라.

원경왕후의 대단한 남편 태종은 역사가들이 한마디로 평가하기에 매우 어려운 인물이다. 정치사적 관점에서 볼 때 태종은 유례없이 뛰어난 군주임이 분명하다. 중국사에서도 해결하지 못했던 외척과 환관의 전횡

성녕대군의 사당 대자사

이라는 두 위험 요소를, 조선은 이미 태종 대에 제거했다. 세종이 한국 최고의 성군이 된 것도, 조선왕조가 500년을 지속할 수 있었던 것도, 태종이 그린 밑그림이 있었기에 가능한 일이었다. 하지만 여성사의 입장에서 볼 때 태종은 조강지처를 가장 지독하게 배신한 역사에 길이 남을 나쁜 남자다.

대자암의 어제와 오늘

대자암은 조선 초까지만 해도 왕실의 크고 작은 불사를 도맡아 치를 정도로 매우 큰 절이었다. 하지만 이후 수차례 폐사와 중창을 반복하다가 지금은 절터로 추정되는 자리만 남아 있다.

오늘날에는 대자사大慈祠라는 사당만이 성녕대군의 묘 아래에 세워져 있다. 성녕대군 묘가 위치한 곳은 경기도 고양시 대자동으로, 지명을 통해 한때 이곳 인근에 대자암이 있었음을 알 수 있다. 성녕대군의 묘 앞에 펼쳐진 들판 일대에 대자암이 있었던 것으로 보인다.

대자암은 임진왜란 당시 전소되어 폐사된 것으로 알려져 있다. 하지만 조선 후기 문집에 대자암을 방문한 문인들의 글이 남아 있어 대자암이 18세기경까지 유지되었음을 짐작할 수 있다.

《송사집松沙集》에는 조선 후기 문인 최명옥崔鳴玉이 대자암에서 겪은 일화가 기록되어 있다. 최명옥은 어린 시절 대자암에서 독서를 했는데 폭우가 쏟아져 밖으로 나왔더니 바위가 무너져내렸고, 그 바위가 대자암을 강타해 암자에 거주하던 승려들이 모두 죽었다고 한다. 대자암은 이즈음에 완전히 폐사된 것으로 추정된다.

왕 노릇 못 해 먹겠다!
세종이 그랬다고?

조선 최고의 성군 세종이
내불당 다시 세우고 불교에 심취한 것은
성리학 도그마 깨뜨리기 위한 방편 아니었는지

얼마 전 조선 시대 전공자 몇이서 함께 밥을 먹던 중 고문서 대가인 안 박사 왈, 조선 역사상 최고의 독재자는 세종이었고 그다음이 영조였단다. 이에 정치사 전공자인 임 박사가 맞받아치길, 독재를 했으니까 그 정도 업적이 나왔지, 아니면 왕 한 명이 그렇게 많은 사업을 벌일 수가 없다니깐. 경제사 전공자인 이 박사도 한마디. 민주적인 왕이나 대통령치고 대단한 업적을 세운 지도자는 없었지. 민주주의와 경제성장을 한꺼번에 이루기란 불가능한 게 아닐까. 이에 불교사 전공자인 탁 박사는 "아!" 하는 소리만 연달아 내뿜고 있었다. 한 번도 세종을 독재 군주라 생각해본 적이 없었던지라 곰곰이 따져보니, 적어도 내불당을 건립할 때의 세종은 고집불통에다 벽창호, 유아독존적인 군주가 분명했다.

세종의 불교 심취와 내불당 건설

세종이 불교에 심취하게 된 계기는 1446년(세종 28) 소헌왕후가 죽은 이후 마음의 상심이 깊어서라고 《세종실록》에 나와 있다. 하지만 실제로 세종은 소헌왕후가 죽기 훨씬 전부터 불교에 깊이 빠져 있었다.

1438년(세종 20)에 흥천사에 있던 불사리를 몰래 궁궐로 들였다가 신하들의 벌떼같은 항의를 받은 적도 있었고, 흥천사 경찬회에서 읽는 글(소문疏文)에는 "보살계를 받은 제자菩薩戒弟子 조선 국왕"이라 서명하고 인장까지 찍었다. 공공연히 승려를 불러 궁궐 안에서 법회를 열고, 병석에 누워서까지 신미 스님과 독대하며 불교에 대해 토론하기를 즐겼다. 나중에는 대놓고 "나는 불교를 좋아하는 왕이다. 그럼 나도 이단이냐?"라고 신하들에게 반문하기까지 했다.

이미 십여 년간 불교 공부에 깊이 심취해 있던 세종은 1448년(세종 30) 궁궐 안에 불당을 짓겠다고 선언했다. 광평대군과 평원대군이 연이어 요절한 데다 소헌왕후마저 세상을 떠나면서, 세종의 불교 신앙은 더욱 깊어졌던 것으로 보인다. 또 재위 30년쯤 되니 신하들 눈치볼 필요도 없고 해서 아예 불당을 차리겠다고 선언한 것이었다.

하지만 내불당을 건립하는 것은 단순한 문제가 아니었다. 이는 왕조 국가의 표상인 왕실 내에 불교 신앙을 다시 허용한다는 선언이었다. 수십 년간 왕실과 싸워 겨우 없앤 내불당을 재건한다고 하자, 영의정부터 말단 관리까지 하나같이 반대 상소를 올리고 사직 성명을 냈다. 성균관 유생들은 단식투쟁에 돌입한 채 출강을 거부하고, 사부학당 학생들까지 수업 도중 모두 해산해버렸다.

결국 세종이 꺼내 든 카드는 "왕 노릇 못 해 먹겠다"였다. 세종은 정말

짐을 싸들고 넷째 아들 임영대군의 집으로 가버렸다. "큰아들에게 왕위를 물려줄 테니, 잘들 해보라"는 말과 함께 말이다.

신하들 입장에서 보면 적반하장도 유분수요, 방귀 뀐 놈이 성내는 격이었다. 그래도 어쩌겠나, 왕조 국가의 주인은 왕인 것을. 결국 신하들이 잘못했으니 돌아오라고 빌면서, "혹시 내불당 위치라도 궁궐 담벼락 바깥으로 옮길 생각 없냐"고 타협안을 내놓았지만, 세종은 원안 그대로 내불당을 경복궁 안에 세웠고 원하던 날짜에 완공시켰다.

한글 창제에 깔린 불교 인본주의

세종을 독재 군주라 가정한다면, 훈민정음은 대표적인 독재의 산물이다. 내불당으로 파란을 일으키기 5년 전 세종은 이미 훈민정음 창제로 조정을 발칵 뒤집어놓은 바 있었다. 궁궐에 불당 하나 짓는 일과 새로운 문자를 창제하는 일은 비교할 바가 아니었다. 한자를 대신해 새로운 문자를 창제한다는 것은 유교 경전에 근거한 국가의 기강, 지식층의 기득권에 정면으로 맞서는 것이었다.

쉬운 글자를 짓는다고 하면 얼마나 큰 반대에 부딪힐지 알고 있었던 세종은 극비리에 한글 창제 프로젝트를 진행시켰다. 당시 집현전 학자들조차 모르게 진행시켰기 때문에, 갑자기 《세종실록》에 등장한 훈민정음 창제의 주체가 누구인지에 대해서는 아직도 학계 의견이 분분하다.

세종이 직접 지었다는 설도 있고, 성삼문·정인지 등 집현전의 일부 학자들이 특명을 받아 제작했다는 설도 있으며, 세종의 왕사였던 신미가 티베트어에 근거해서 지었다는 주장도 제기된 바 있다.

한글이 누구의 작품인지는 여전히 미스터리이지만, 한글의 창제 및 유포 과정에 세종의 불교 신앙이 크게 영향을 미쳤던 것만은 분명한 사실이다. 훈민정음 반포 직후 《용비어천가》가 지어진 다음 제작된 《월인천강지곡》《월인석보》《석보상절》은 모두 불교 문헌이며, 왕실 출판사 역할을 하던 간경도감에서는 수많은 불교 경전들을 언해본으로 간행했다. 세종 대부터 연산군 대까지 발간된 훈민정음 문헌의 65퍼센트 이상이 불교 문헌이었던 반면 유교 문헌은 5퍼센트에도 미치지 못했다.

또 한 가지 흥미로운 점은 훈민정음과 관련된 숫자들의 상당수가 불교의 세계관을 상징하고 있다는 것이다. 《훈민정음 해례본》은 총 33장으로 구성되어 있는데, 33은 불교에서 33천天을 뜻하며, 이는 수미산 위에 있는 신들의 세계를 상징한다. 《훈민정음 해례본》 맨 첫머리에 "나랏말쓰미 듕귁에 달아"로 시작되는 세종의 어지御旨는 108자이고, 《월인석보》의 맨 앞에 실린 세종 어지의 글자 수 또한 총 108글자다. 《월인석보》 제1권의 면수도 108쪽이다. 108이라는 수는 중생이 인간 세상에서 느끼는 모든 번뇌를 합한 수다.

이처럼 훈민정음과 관련된 문헌들 속에 불교적 우주관이 담겨 있었다. 한글 학자들이 "세종의 한글 창제 작업은 하나의 불사였다"라고 일컬을 정도로, 훈민정음 반포 직후 지어진 글들은 불교적 메타포로 가득하다.

그런데 여기에서 주목해야 할 부분은, 세종은 왜 쉬운 글자를 지어 백성들에게 유포하고자 했을까 이다.

세종이 훈민정음을 반포하자 당시 집현전 부제학 최만리를 비롯한 유학자 관료들은 장문의 상소를 올려 훈민정음 창제가 옳지 않음을 주장한다.

(훈민정음이 유포되면) 수십 년 후에는 한자를 아는 자가 반드시 적어져서, 비록 언문으로써 능히 이사(吏事)를 집행한다 할지라도, 성현의 문자를 알지 못하고 배우지 않아서 사리의 옳고 그름에 어두울 것이오니, 언문에만 능숙한들 장차 무엇에 쓸 것이옵니까. 우리나라에서 오래 쌓아 내려온 우문(右文)의 교화가 점차로 땅을 쓸어버린 듯이 없어질까 두렵습니다. 옛것을 싫어하고 새것을 좋아하는 것은 고금의 우환이온데, 이번의 언문은 새롭고 기이한 한 가지 기예(技藝)에 지나지 못한 것으로서, 학문에 방해됨이 있고 정치에 유익함이 없으므로, 아무리 되풀이하여 생각하여도 옳은 점을 찾아볼 수 없사옵니다.

_《세종실록》 26년 2월 20일

최만리의 주장인즉, 쉬운 글자를 익히게 되면 성현의 뜻을 배우지 않으려는 풍조가 만연할 것이니 이로 인해 풍속이 저급해지고 학문에 방해된다는 것이 요지다.

하지만 세종의 뜻은 이와 정반대였다. 세종은 "사람들이 스승이 없어도 글을 읽게 되면 성현의 뜻을 스스로 알게 될 것이며, 아직 알지 못하는 도리까지 깨닫게 될 것"이라 주장했다.

최만리와 세종의 견해 차이는 인간을 바라보는 시각 차이에 있었다. 최만리는 인간을 교화시켜야 할 무지의 대상으로 바라본 반면, 세종은 글을 읽게 되면 누구나 내면의 빛을 발견할 수 있는 존재로 바라보았다. 이는 유학자인 조정 대신들과 불교 신자였던 세종의 세계관의 차이라고도 할 수 있을 것이다.

불교에서는 인간은 모두 불성佛性을 지닌 존재이므로, 스스로 마음속의 때를 거두면 그 안의 밝은 거울을 발견할 수 있다고 주장한다. 이는 누구나 익히고 배울 수 있게 되면 스스로 내면의 빛을 발견할 수 있게 되고, 좀 더 나은 인간이 되고자 한다는 세종의 주장과 일맥상통한다. 즉 세종의 한글 창제 밑바닥에 깔려 있는 사상은 바로 불교적 인본주의 였던 것이다.

세종은 훈민정음을 반포한 직후 여러 불경을 찍어 전국에 배포했다. 당시 백성들의 대다수가 불교 신자인 상황에서 한글을 가장 빨리 손쉽게 유포할 수 있는 방법은 한글 불경의 간행이라고 판단했던 것이다. 이후 수많은 언해본 불경들이 쏟아졌다.

그 결과 불교 신자의 수는 전대와는 비교할 수 없을 정도로 늘어났고, 기층민들까지 불법의 가르침을 직접 읽고 말할 수 있게 되었다. 조선 시대에 사경寫經 수행이 급격히 늘어났던 것도 한글의 유포 때문에 가능한 일이었다. 한글을 통해 조선 불교는 명실상부한 민중 종교가 될 수 있었다.

세종은 왜 불교에 심취했을까

유교 국가를 표방하는 나라에서 스스로 최고의 성군이 되길 바란 세종은 왜 그렇게 내불당 건립에 열심이었을까. 아니, 그보다도 왜 불교를 좋아하는 군주가 되었을까. 아마 그것은 세종이 매우 명석한 두뇌를 지닌, 높은 영성의 소유자였기 때문이라고 생각된다.

세종은 재위 초까지만 해도 철두철미한 유교 군주임을 표방했다. 전국의 36개 사찰을 제외한 모든 사찰을 폐지하라 명했고, 나머지 사찰의 토지와 노비는 국고로 귀속시켰다. 조선 불교가 결정적 타격을 입은 계

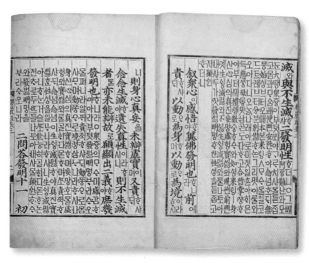

한글의 초기 모습을 알 수 있는 《능엄경 언해본》

기가 세종의 36사 정비였다고 평가될 정도로 그의 억불 정책은 매우 강력한 것이었다.

하지만 세종은 재위 중반부터 불경을 읽기 시작했고, 말년에는 노골적으로 불교를 신앙하기에 이르렀다. 세종이 가장 열심히 읽은 경전이 《능엄경》이라는 사실은 그가 선(禪)을 통해 무애의 지점을 맛보았음을 단적으로 보여준다. 《능엄경》은 불교의 여러 경전 중에서도 선의 요체를 가장 잘 드러내는 경전으로 꼽힌다. 세종이 훈민정음 창제 후 최초로 언해를 명한 경전 또한 《능엄경》이었다.

세종은 박식한 학문과 예리한 통찰력으로 성리학의 도그마를 스스로 깨트렸다. 세종의 내불당 건립은 자신이 경험한 사고의 전환을 대중들에게, 특히 성리학이라는 독단적 신념에 빠진 관료들에게 보여주기 위한 방편이 아니었을까.

'독재 군주' 세종은 전혀 민주적이지 않은 방법으로 내불당을 건립했고, 유교 국가의 이단을 자처했다. 세종의 독단과 고집불통으로 인해 오늘날의 한국인들은 한글과 불교라는 위대한 문화유산을 이어받을 수 있게 되었다.

"군주에게 가장 중요한 일은 나라를 지키고 번영시키는 일이다. 일단 그렇게만 하면, 그렇게 하기 위해 무슨 짓을 했든 칭송받게 되며, 위대한 군주로 추앙받게 된다"는 마키아벨리의 말처럼, 과거 군주에게 가장 중요한 덕목은 탁월한 통찰력과 강력한 추진력이었다. 세종이 한국을 대표하는 왕이 된 이유 또한 여기에 있다.

내원당과 내불당의 위치는 어디였을까?

태종이 신의왕후를 위해 세운 불당과 세종이 말년에 설치한 불당은 각각 다른 장소에 있었다. 태종이 1405년(태종 5)에 설치한 내원당은 본래 창덕궁에 있었다. 인소전仁昭殿이 창덕궁 북쪽에 마련되면서, 인소전의 부속 불당인 내원당은 인소전 곁에 설치되었다. 이후 1408년(태종 8) 태조가 승하하자 태조의 초상화가 인소전에 함께 모셔지게 되면서 인소전은 문소전文昭殿이라는 이름으로 바뀌었고, 이에 따라 부속 불당 역시 문소전 불당이라 불리게 되었다. 그 위치는 오늘날의 창덕궁 후원 입구로 추정된다.

1433년(세종 15)에 이르러 문소전은 경복궁으로 이전했다. 선왕과 선후의 초상화가 문소전과 광효전 두 곳에 각각 흩어져 있는 것을 신료들이 문제삼자, 세종은 창덕궁에 있던 문소전을 경복궁으로 이전하면서 문소전과 광효전의 영정들을 모두 문소전에서 보관하게 했다. 이때 문소전의 불당은 폐지시키고, 불당 안에 있던 불상과 기물은 모두 흥천사로 옮기도록 했다.

이후 세종이 재위 30년에 다시 불당을 건립할 때 불당 위치는 경복궁 문소전 바로 옆이었다. 이 불당은 주로 내불당이라 불렀다. 당시 문소전과 내불당은 경복궁 동북쪽 후원에 위치해 있었다.

따라서 태종의 내원당은 창덕궁 북쪽에 있었던 반면, 세종의 내불당은 경복궁 동북쪽에 위치하고 있었다. 세종이 세운 불당은 태종이 세

66

운 문소전 부속 불당을 복설한 것이었지만, 그 명칭은 각각 내원당內願堂
과 내불당內佛堂으로 달리 불렸다. 태종이 세운 불당을 내원당이라 부른
것은 이 건물의 주된 용도가 원주(신의왕후)의 명복을 비는 원당이었기
때문이다. 반면 세종이 세운 불당은 기도나 법회 등 신앙적 공간으로서
의 용도가 컸기 때문에 궁궐 안의 불당이라는 의미로 내불당이라 더 자
주 불렸다.

일편단심
세종의 순애보

충녕의 등극으로 졸지에 왕비가 됐으나
정작 친정은 풍비박산
하지만 남편 복, 자식 복은 차고 넘쳐

마누라가 죽으면 변소 가서 세 번 웃는다는 속담이 있다. 가족이 죽었으니 사람들 앞에서 웃을 수는 없지만, 새 장가를 들게 되어 아무도 없는 곳에서 기뻐한다는 것이다. 100여 년 전 프랑스 시골에서는 부인이 죽으면 관 옆에서 마을 남자들이 밤새 축제를 벌이고 그날 밤에 모은 돈으로 홀아비를 재혼시키는 풍습이 있었다고 한다. 동서고금을 막론하고 어리고 이쁜 마누라는 남자들의 영원한 로망인가 싶다.

조선 시대 왕들은 수많은 후궁과 나인들을 거느렸음에도 왕비가 죽으면 양갓집 규수를 물색해 새 왕비로 간택하는 것이 일반적이었다. 하지만 세종은 달랐다. 《세종실록》에는 의정부와 예조가 새로이 중궁을 들일 것을 청하자 세종이 한 대답이 기록되어 있다.

임금이 나이가 들면 비빈도 늙어서 얼굴빛이 나빠지고 자연히 총애가 점점 없어짐은 인지상정인데, 만약 다시 어린 여자에게 장가들면 애정이 깊어지는 것은 틀림없다. 그런데 그 사이에 아들이라도 태어나면 서자가 적자를 누르고 적자 노릇을 할 징조가 있을 것이다. 옛 사람이 예禮를 정하여 제후는 두 번 장가가지 못하게 하였으니, 어찌 깊은 뜻이 없으랴.

'조선판 국민 남편'으로 추앙할 만한 지아비가 아닌가. 하지만 이 훌륭한 남편을 둔 소헌왕후가 행복한 여자였느냐? 사실 '그렇다'고 선뜻 답할 수가 없다. 소헌왕후라는 인물을 이야기할 때마다 항상 딜레마에 빠진다. 이 여인을 불행하다고 해야 하나, 복 받았다고 해야 하나.

왕비 자리와 맞바꾼 친정의 몰락

소헌왕후는 원래 왕비감으로 간택된 여자가 아니었다. 왕과는 거리가 먼 태종의 셋째 아들과 결혼을 했는데 어쩌다 남편이 덜컥 왕이 되어버렸다.

그런데 태종이 어떤 왕인가. 조선 건국에 방해된다는 이유로 정몽주를 선죽교에서 철퇴로 죽이고, 자신의 왕위 등극에 반대한 정도전과 배다른 동생들을 죽인, 게다가 자신을 왕으로 만들어준 처남들까지 모조리 죽여버린 인물이 아닌가. 그의 무자비한 외척 제거는 아들의 처가, 즉 청송 심씨 집안에까지 이어졌다.

태종은 양녕을 폐위하고 충녕을 세자로 책봉한 지 두 달 만에 왕위에서 물러나겠다고 선언한다. 신하들이 만류하고 세자가 눈물로 명을 거두기를 청했지만 태종은 일주일 만에 양위 절차를 모두 마쳤다.

충녕을 세자로 만들 때부터 태종은 또 다른 밑그림을 그리고 있었다.

아버지 이성계와 자신은 개국을 위해 온갖 피를 뿌렸지만, 아들 대부터는 수성守成의 군주로서 문치주의文治主義의 기틀을 마련해야 한다는 것이 태종의 복심이었다. 태종이 셋째인 충녕대군을 후계자로 택한 가장 큰 이유는 그가 항상 책을 가까이하고 학문을 사랑했기 때문이었다.

태종은 형을 대신해 왕위를 이어받은 충녕이 분명히 위기를 맞이하게 될 것이라 예견하고 있었다. 외가 세력을 모두 숙청했지만 여전히 양녕대군의 지지 세력이 강력했고, 또 다른 외척인 소헌왕후의 집안도 위험 세력으로 남아 있었다. 살아생전 세종의 통치 기반을 공고히 다져주기 위해 태종은 신속히 양위를 결정했다.

그런데 아들에게 왕위를 물려주면서도, 군사권만은 여전히 태종이 지니고 있었다. 겉으로는 세자가 아직 어리기 때문이라고 둘러댔지만 사실상 자신이 해야 할 일이 아직 남았기 때문이었다. "모든 죄는 내가 지고 간다"는 것이 상왕 태종의 결심이었다. 그가 맡은 마지막 악역은 아들에게 외척이라는 짐 더미를 남겨주지 않는 것, 즉 소헌왕후의 친정 집안에 대한 숙청이었다.

하지만 세종의 처가는 태종의 생각을 전혀 읽지 못하고 있었다. 세종이 왕위에 오르면서 장인 심온은 청천부원군에 봉작되는 동시에 영의정으로 임명되었다. 태종은 양위 직후 심온을 사은사로 임명하여 명에 다녀오게 했다. 명 황제에게 조선의 세자 교체와 세종 즉위의 고명을 받기 위함이었다. 신흥 권력으로 부상한 심온이 사행을 떠난다고 하자 배웅하는 사람들이 구름처럼 몰려들었다. 이 소식을 전해 들은 태종은 불편한 심기를 드러냈고, 심온이 조선에 없는 틈을 이용해 자신의 계획을 실행에 옮기기로 했다.

70

심온이 명으로 떠난 직후 '강상인姜尚仁의 옥사獄事'라는 사건이 발생했다. 사실 이 사건은 발생했다기보다는 기획되었다는 말이 정확하다. 당시 병조참판 강상인이 궁궐을 지키는 군사를 반으로 나누어 태종이 머무는 수강궁과 세종이 거처하는 경복궁을 수비하게 하자는 의견을 내고 세종의 인가를 받았다. 아버지의 안위를 위한 일이니 별생각 없이 세종은 이를 허락했다. 하지만 태종은 군사를 움직이는 문제에 자신을 배제하고 세종의 인가만 받았다는 이유로 크게 화를 냈고, 병조참판 강상인을 잡아들이라는 명을 내렸다.

강상인은 자신의 죄가 무엇인지도 모르는 채 고문을 당했다. 강상인이 고문에서 풀려나게 된 것은 심온의 동생인 동지총제 심정이 연루되었다는 허위 진술을 하고 나서였다. 강상인이 "군사軍事와 관련된 일은 마땅히 한곳에서 나와야 한다고 하자, 심정은 그 말이 옳다고 했다"라고 말을 지어낸 것이다. 곧이어 심정이 의금부로 끌려가 고문을 받았고, 형 심온을 배후로 지목하면서 고문에서 벗어날 수 있었다. 심정은 두 차례의 압슬형 끝에 "형의 집에 갔더니 (형이) 군사는 당연히 한곳에서 나와야 한다고 했다"고 허위 자백을 했다. 태종이 기다리고 기다리던 대답이 드디어 튀어나온 것이다. 당시 심온은 사은사로 갔다가 돌아오지 않은 상태였으므로 대질심문도 할 수 없는 상황이었다.

심온은 명에서 돌아와 체포되었다. 태종의 의중을 알아차린 심온은 "모든 불충의 책임은 나에게 있다"고 증언했고 곧바로 사사되었다. 심온의 관직과 녹훈이 모두 박탈된 것은 물론 소헌왕후의 어머니 안씨와 그 일족들 모두 지방관아의 노비로 전락했다.

이 모든 일이 소헌왕후가 왕비가 되었기 때문에 발생한 일이었다. 국

한글로 풀이한 석가모니의 일대기 《석보상절》

모가 되는 바람에 졸지에 친정이 멸문을 당했으니, 왕비 자리의 대가치고는 너무도 잔인하고 끔찍했다.

남편 복 자식 복은 차고 넘쳐

그런데 소헌왕후를 마냥 불행한 여자라고 하기에는 남편 복, 자식 복이 너무 넘쳤다. 세종은 젊은 시절 후궁도 들이지 않을 정도로 왕비를 아꼈고, 소헌왕후와의 사이에 8남 2녀를 거느릴 만큼 금슬이 좋았다. 후일 세종이 여러 후궁을 들인 것은 왕실이 번성하려면 자손이 많이 태어나야 한다는 태종의 독촉 때문이었다.

세종은 왕비가 세상을 떠나자 수양대군에게 《능엄경 언해》를 한글로 번역하고 《석보상절》을 짓게 했다. 《월인천강지곡》은 세종이 소헌왕후의 명복을 빌기 위해 손수 지은 찬불가다.

소헌왕후의 행장에는 "왕후가 인자하고 어질고 성스럽고 착한 것이 천성에서 나왔는데, 중전에 오른 뒤로는 더욱 스스로 겸손하고 조심하였다"고 기록되어 있다. 소헌왕후에게 인내는 선택이 아니라 필연이었다. 그 품성 덕분에 그녀는 살아남을 수 있었고, 왕비 자리를 보전할 수 있었으며, 왕의 아내이자 왕의 어머니 그리고 왕의 할머니가 될 수 있었다.

한국 역사상 가장 존경받는 왕이 수절守節을 하고, 자신을 위해 지은 불경이 수백 년 뒤 교과서에까지 실렸으니, 조선 시대 여인으로서 더 이상의 명예가 있을까. 하지만 그 대가가 친정아버지의 죽음이라는 치욕이었으니 참으로 이율배반이 아닐 수 없다.

소헌왕후는 살아생전 친정 집안이 다시 명예를 되찾는 모습을 지켜보지 못했다. 세종의 치세 동안 신하들이 심온의 죄를 삭제하고 관직을 회복해달라는 청을 수차례나 올렸지만 세종은 이를 받아들일 수 없었다. 선왕의 유지를 거스르는 일이었기 때문이다. 아내의 친정이 몰락되는 것도, 장인이 누명을 쓰고 죽는 것도 막지 못했던 세종은 그들의 명예조차 회복시켜 줄 수 없었다. 유교 국가의 군주이자 태종의 아들이 감당해야 할 업이자 굴레였다.

아내에 대한 미안함 담아 사찰 중건

대신 세종은 불교식으로 미안함을 전하고자 했다. 세종은 1428년(세종 10) 지청송군사知靑松郡事 하담河澹에게 명하여 청송 보광사를 중수케 했다. 보광사는 청송 심씨의 시조인 심홍보의 묘에서 약 1킬로미터 떨어진, 대대로 청송 심씨 집안의 원찰로 내려오던 절이었다. 이 절의 추모재와 만세루는 '심씨 집안의 사위' 세종이 지어준 것으로 전해진다. 친정의 몰락을 지켜봐야 했던 아내에 대한 세종의 작은 위로였다. 심홍보의 묘에

서 보광사가 보이기 때문에 예로부터 청송 심씨 집안에서는 묘제 때 비가 오면 만세루에서 제사를 지냈다고 한다. 조선 말까지도 보광사는 청송 심씨 집안의 원당으로 유지되었다.

소현왕후 집안이 다시 명예를 되찾은 것은 왕후의 아들들에 의해서였다. 큰아들 문종은 즉위 직후 외할아버지 심온의 직첩을 돌려주고 안효공安孝公이라는 시호를 내렸다. 세종은 부왕의 뜻이기에 처가를 복권시킬 수 없었지만, 한 대를 건넌 문종은 가능했다.

둘째 아들 세조는 청송 심씨 가문의 자제들을 특채로 등용해 다시금 명문 사대부 집안으로 자리매김할 수 있도록 독려했다. 이후 청송 심씨 가문은 조선 시대에 과거 급제자를 가장 많이 배출한 가계 중의 하나로 발돋움할 수 있었다.

또한 세조는 대군 시절 세종의 명을 받아 양평 용문사를 소헌왕후의 원당으로 조성했다. 이때 대웅보전을 새로 지어 그 안에 소헌왕후의 초상화를 모셨다. 수양대군은 꿈에 만난 어머니의 부탁대로, 대웅보전에 두 부처님과 여덟 보살상을 조성했다. 두 명의 딸과 여덟 명의 아들을 낳아준 고마움의 표시였다.

사료에 등장하는 소헌왕후는 항상 참고 인내하며 자신에게 닥친 고통을 감내하는 전통적인 어머니상이다. 세종은 소헌왕후에 대해 다음과 같이 평했다.

우리 조정 이래로 가법(家法)이 지극히 바로잡혔고, 내 몸에 미쳐서도 중궁의 내조에 힘입었다. 중궁은 매우 성품이 유순하고 언행이 훌륭하여 투기하는 마음이 없었으므로 태종께서 매양 나뭇가지가 늘어져 아래에까지 미치는 덕이 있다고 칭찬하셨다. 이런 까닭으로 궁 안이 지금까지 화목하였다.

평생 참고 인내하며 살다간 아내와 어머니를 위해 세종과 그 자식들은 언문으로 불경을 집필해 소헌왕후에 대한 고마움을 만세에 전했다. 그 불경들은 훗날 한글과 더불어 불교가 민중 속에 뿌리내리는 데 밑거름이 되었다.

경기도의 금강산, 용문산

소헌왕후의 원당 사찰 용문사가 위치한 용문산은 산세가 매우 수려하고 풍광이 아름다워 '경기도의 금강산'으로 불린다. 이 산은 조선 왕실의 산악 신앙처라 해도 과언이 아닐 정도로 조선 초기부터 왕실의 특별한 보호를 받았다. 이곳에 위치한 용문사, 상원사, 사나사, 수종사가 모두 왕실 원당으로 지정된 사찰이다.

그중 상원사는 효령대군의 원당이자 세조가 직접 관세음보살을 친견한 사찰로 유명하다. 그 장면은 《관음현상기》라는 책 속에 판화로 새겨져 있다.

남양주 수종사 팔각오층탑 23불 가운데 일부

수종사에는 태종과 의빈 권씨의 딸인 정혜옹주의 부도탑이 있다. 이는 세종의 여섯째 아들 금성대군의 시주로 1439년에 조성된 것이다. 의빈은 태종이 세상을 떠난 직후 비구니가 되었는데, 훗날 소헌왕후가 세상을 떠나자 세종은 의빈에게 어린 금성대군을 보살펴줄 것을 부탁했다. 금성대군은 의빈을 어머니처럼 의지하며 성장했다.

의빈의 유일한 자식인 정혜옹주는 1424년(세종 6)에 요절했는데, 오랜 세월이 흐른 후 금성대군이 정혜옹주의 부도탑을 조성해 의빈에 대한 고마움을 전한 것이다.

수종사 팔각오층탑에서는 층별로 왕실 여성들이 조성한 불상들이 발견되었다. 탑의 가운데 부분에는 1493년(성종 24) 성종의 후궁 숙용 홍씨 등이 봉안한 금동불과 불감이, 옥개석과 하단부에서는 1628년(인조 6) 인목대비가 조성한 23구의 불상군이 봉안되었다.

수종사 금동석가삼존불좌상

용문사 앞에는 수령 1,100년이 넘는 한국에서 가장 오래된 은행나무가 서 있다. 이 나무는 신라의 마지막 태자인 마의태자가 심었다고 전해지며 현재 천연기념물 제30호로 지정되어 있다. 절 바로 앞에 서 있는 나무가 1,100년간 유지될 정도로 용문사는 땅의 기운이나 주변 풍경이 매우 수승한 곳이다. 하지만 절의 전각들은 수차례 전소되어 현재 남아 있는 건물들은 대부분 최근에 지어진 것들이다.

이는 양평과 용문산이 교통의 요지에 있어 임진왜란과 한국전쟁 당시 양평 일대에서 큰 전투가 벌어진 결과다. 특히 1907년 용문산이 의병들의 근거지로 사용되자 일본군이 용문사에 방화를 해 절이 전소되는 참화를 겪었다. 또 한국전쟁 때에는 용문산 전투와 지평리 전투로 인해 용문산 일대가 전쟁터였다. 이때 종루 등 몇 개의 건물을 제외한 대부분의 전각들이 불에 타는 피해를 입었다. 현재의 건물들은 대부분 1980~1890년대에 중창 불사를 통해 조성된 것들이다. 그 와중에도 유독 은행나무는 1,100년이 넘는 세월 동안 그 자리를 지켜왔다.

둘째의 설움 담은 이름,
연주

누가 있어 이 서러움을 알리
형에 치이고 동생에 치받치고
절로 달려가 종일 북 두드리는

둘째는 항상 서럽다. 형한테 치인 것도 서러운데, 동생이 치받고 올라온다. 둘째의 서러움으로 줄을 세우자면, 조선 왕실에서 이보다 더한 이가 또 있을까.

효령대군 이보李補. 양녕 다음에 태어났다는 이유 하나만으로 왕은 꿈도 못 꿔봤건만, 형을 폐위시키더니 이제는 동생 충녕이 왕의 재목이란다. 에라이 더러운 세상, 머리나 깎아버리자. 그렇게 효령대군은 스님이 되었다?

어린 시절에 읽은 《세종대왕》 전기에 등장하는 효령대군은 붉은 가사를 걸친 채 삭발한 모습이었다. 2012년에 개봉한 영화 〈나는 왕이로소이다〉에서도 효령대군이 등장하는데, 머리를 빡빡 깎은 채 목탁을 치면서 "절이 싫으면 중이 떠나면 되지" 하고 엉터리 염불을 외고 있었다.

그런데 어찌 된 일인지, 만나는 전주 이씨마다 자신이 효령대군파란다. 효령대군이 스님이었다는데 전주 이씨 중에서도 가장 번성한 파가 효령대군파라니, 앞뒤가 맞지 않는 말 아닌가.

직업 정신을 십분 발휘하여, 효령대군과 관련된 사료들을 샅샅이 찾아보았다. 하지만 조선 시대 기록 어디에도 효령대군이 머리를 깎았다거나 가사를 걸쳤다는 대목은 발견할 수 없었다. 1427년(세종 9) 효령대군의 첩이던 기생 계궁선이 이성계의 조카 이담과 몰래 간통했다가 발각된 사건을 봐도, 첩까지 거느린 효령대군이 출가를 했다는 이야기는 앞뒤가 맞질 않는다.

효령대군은 91세까지 장수하면서 왕실의 대소사를 주관하는 큰 어른의 역할을 했으므로 말년에 출가를 한 것도 분명 아니다. 그는 부인 정씨와의 사이에서 6남 1녀를 두었고, 측실에게서 1남 1녀를 두었다.

효령대군의 불교 신앙과 불사

그렇다면 효령대군은 왜 스님이 되었다는 오해를 받아온 것일까. 그런데 《성종실록》에 실린 〈효령대군 졸기〉를 들여다보면 승려로서 살았다는 오해를 받아도 할 말이 없을 정도다.

효령대군은 젊었을 때는 부처를 좋아하여 중들을 모아 불경을 강의하고, 불교를 혹신하여 (그의 집은) 머리 깎은 사람들의 집합 장소가 되었으며, 무릇 나라 안팎의 사찰은 반드시 앞장서서 영건(營建)하였다. 말년에는 따로 떠집*을 지어 겨우 무릎이나 움직일 수 있을 정도로 해

---

* 짚이나 새 따위로 지붕을 인 초라한 집. 모정(茅亭)이라고도 한다.

놓았는데, 아무리 추위나 더위가 맹렬하다고 해도 늘 거기에서 거처하였다.

효령대군은 스스로를 '부처님의 제자'라 밝혔고, 저잣거리에는 '효령대군은 살아 있는 부처[생불生佛]'라는 유언비어가 떠돌았다. 평생토록 수많은 불사를 일으켰는데, 세조, 문정왕후와 더불어 조선 시대에 가장 많은 불사를 벌인 왕족으로 세 손가락 안에 꼽힐 정도였다. 사실 왕의 친형이 불사를 벌인다는데 왕인들 말릴 수 있겠으며, 신하인들 막을 수 있었겠는가.

간혹 신하들이 지탄한다 해도 전혀 개의치 않고 불사를 벌였다. 효령대군은 조선 역사상 가장 화려하고 성대한 수륙재*를 한강에서 개최했다. 이때 수륙재를 반대하는 상소문이 산을 이룰 지경이었다. 이에 아랑곳없이 효령대군은 성대하게 7일간의 수륙재를 개설했다. 《세종실록》에는 "승려 1,000명에게 공양을 올렸고, 길가는 행인들에게까지 음식을 대접했으며, 나부끼는 깃발과 일산日傘이 강을 덮었고, 북소리와 종소리가 하늘을 뒤흔들고, 도성의 선비와 부녀자들이 구름같이 모여들었다"고 전한다.

이때 세종은 형이 수륙재를 벌인다는 소식을 듣고 귀한 향을 보냈다. 나중에는 세종까지 불교에 심취해, 형제가 번갈아가며 불사를 벌였으니 신하들의 말문은 더욱 막힐 수밖에 없었다.

---

* 水陸齋, 물과 뭍에서 외로이 떠도는 모든 영혼들에 시식(施食)을 베풀어 영혼을 천도(薦度)하는 의식. 수륙무차평등재의(水陸無遮平等齋儀)라고도 한다.

효령대군은 1429년(세종 11) 관악사를 중창하고 약사여래상, 미륵본상, 삼층석탑을 조성한 것을 시작으로 전국 방방곡곡에서 불사를 벌였다. 월출산 무위사, 만덕산 백련사, 곡성 태안사, 양주 회암사, 양평 상원사 등 전국 곳곳의 사찰을 중창했다.

효령대군의 대표적 원찰인 양평 상원사는 효령대군 사패지* 내에 있던 사찰로, 효령대군이 조성한 동종이 전해지고 있다. 또 상원사 인근에는 효령대군의 후손들이 오늘날까지 집성촌을 이루며 살고 있다. 국내 유일의 《월인천강지곡》 상권(국보 제320호)이 발견된 부안 실상사도 효령대군이 세조를 위해 조성한 사찰이었다. 효령대군이 직접 발원문을 작성해 전국에서 보시를 받아 절을 중창했다. 이 절의 불상 안에 들어 있던 《월인천강지곡》은 효령대군이 기증한 것이다.

조선 시대 사람들은 효령대군이 열심히 불사를 벌이는 것을 두고 '왕이 되지 못한 둘째 왕자의 한恨'으로 이해했다. 《연려실기술》에는 "효령이 장차 자신이 왕이 될 것이라 짐작하고 열심히 글을 읽었는데, 양녕이 들어와 책상을 발로 걷어차면서 말하기를 '너는 충녕에게 성덕聖德이 있는 것을 알지 못하느냐'라고 꾸짖었다. 효령이 크게 깨닫고 곧 뒷문으로 나가 절로 뛰어가서는 두 손으로 북 하나를 하루 종일 두드렸다"고 전한다.

왕이 되지 못하면 궐 밖으로 나가야 하는 처지. 가장 높은 지위에 있지만 관직에는 오를 수도 없는 신분. 왕의 형이지만 왕 아래에 위치한, 화려한 용상 아래 가장 그늘진 자리가 바로 왕이 되지 못한 왕자의 운

---

* 임금이 내려준 논밭

명이었다.

효령대군은 조카 세조가 단종을 쫓아내고 왕이 되자 그의 즉위를 지지했고, 나중에는 병든 세조를 위해 여러 원당을 조성했다. 둘째 아들 세조의 설움을 효령대군이 가장 잘 이해했기 때문이 아닐까 싶다.

차남들의 영웅, 효령대군

효령대군의 원당은 지금까지 알려진 곳만 해도 수십여 곳이 넘는다. 그중에서도 가장 대표적인 곳은 관악산 연주암이다.

연주암이 위치한 관악산은 개성의 송악산, 파주의 감악산, 포천의 운악산, 가평의 화악산과 더불어 경기 5악의 하나로 꼽히는 곳이다. 관악산의 대표 사찰인 연주암의 본래 이름은 관악사였다. 관악사가 연주암으로 바뀐 것은 16세기경으로 추정된다.

관악산 중에서도 절경으로 꼽히는 곳이 바로 연주대이다. 기암절벽이 솟아오른 죽순 같은 그곳의 연주戀主, '임금을 그리워하는 봉우리'라는 이름은, 고려 멸망 직후 고려의 신하들이 이곳에서 송도를 바라보며 통곡했다 하여 붙여진 것이라 한다. 효령대군이 관악사에 원당을 설치한 후에는 연주라는 이름을 효령대군의 한으로 해석하는 설화들이 생겨나기 시작했다. 연주암 대웅전 앞 삼층석탑은 효령대군이 세운 것으로 전해진다.

연주암은 조선 말 명성황후의 시주로 또다시 중창되었는데, 이때 지어진 건물이 극락전과 용화전이다. 효령대군의 영정을 모신 효령각은 1996년에 지어졌다.

효령대군은 불사를 워낙 많이 해서 스님이 되었다는 오해까지 받았지

관악산 연주암

효령각 내 효령대군 영정

만, 실제로 출가를 한 적은 없었다. 또 연주암이라는 이름을 지은 이도 효령대군이 아닌 후대의 사람들이었다. 그럼에도 효령대군이 오늘날까지 스님이라는 오해를 받는 이유는 뭘까.

깊은 번뇌와 고통을 이겨냈다는 극복담은 뭇사람들에게 깊은 위로를 주기 마련이다. 조선 시대 사람들에게 둘째의 설움, 왕이 되지 못한 한을 불심으로 승화시킨 드라마의 주인공이 바로 효령대군이었다. 효령대군이 스님이었다는 오해에서 수백 년간 벗어날 수 없었던 것은 둘째의 서러움을 잘 아는 차남들이 스스로를 위로하기 위해 이야기를 지어냈기 때문이 아니었을까.

후궁들,
비구니 되다

선왕 죽자 후궁들 줄지어 출가
'억불' 신료들 반대 빗발쳤지만
왕조차 말리지 못해

1422년(세종 4) 5월 10일 태종이 세상을 떠난 직후 궁궐 안에서는 의빈 권씨를 비롯한 태종의 후궁들이 은밀히 모였다. 그들은 일제히 삼단 같은 머리를 자르고 승려계를 받았다. 궁궐 밖의 누구도 이 사실을 몰랐다.

열흘 뒤 뒤늦게 이를 알게 된 조정은 발칵 뒤집혔다. 《세종실록》은 "의빈 권씨와 신녕궁주 신씨가 임금(세종)에게 알리지도 않고 머리를 깎고 비구니가 되자, 그 뒤를 이어 후궁들이 서로 경쟁이라도 하듯 머리를 깎고, 염불하는 기구를 준비하여 아침저녁으로 불법佛法을 행했는데, 임금이 금하여도 듣지 아니하였다"고 전한다.

그로부터 30여 년이 지난 후, 세종이 죽은 바로 그날 밤 또다시 10여 명의 후궁들이 머리를 깎았다. 각 궁에서 수를 잘 놓는 나인들을 불러 모아 부처를 수놓게 하고, 밖에서 최고의 장인을 수소문해 불상을 제작하게 했다. 신하들은 또 "임금이 하는 일은 비유하자면 해와 달이 중천에 떠오름과 같으니 (후궁들의) 그릇된 일들을 막으시라"고 간했으나, 문종은 난색을 표시했고 비구니가 된 후궁들은 들은 척도 하지 않았다.

문종이 죽은 후에도 똑같은 일이 반복되었다. 문종의 후궁들은 일제히 비구니가 되었고, 집현전 학사들의 저지는 사후약방문이 되고 말았다. 세조와 성종이 죽고 난 이후에도 후궁들은 스스로 머리를 깎고 비구니가 되었다.

비구니 사찰로 둔갑한 궁궐

조선 전기에 왕실 후궁들이 머리를 깎을 때마다 조정에서는 큰 소동이 벌어졌다. 나라에서는 억불숭유를 주장하면서 불교를 탄압하고 유교를 치켜세울 궁리만 하는데, 왕의 여자들이 일제히 머리를 깎고 비구니가 되면 국가의 위신이 뭐가 되느냐는 것이었다.

이때마다 왕들의 대답은 한결같았다. "선왕의 후궁들이 선왕의 명복을 빌기 위해 벌인 일인데 내가 어찌 왈가왈부할 수 있겠는가?"

선왕의 후궁들은 새로 즉위한 왕에게 종통상 모친에 해당하는 촌수다. 따라서 어머니가 머리를 깎는 일에 대해 아들이 간섭을 하는 것은 예禮가 아니었다. 간혹 만류를 한다 해도 후궁들이 왕의 청을 들어준 일은 조선 시대를 통틀어 단 한 번도 없었다. 친아들이 애걸복걸해도 마찬가지였다.

세종의 후궁 신빈 김씨가 머리를 깎자 아들 의창군이 단종에게 달려가 "우리 어머니 좀 말려달라"고 애걸했다. 신빈이 비구니가 되고 나서도 한참이 지난 2년 뒤의 일이었다. 그동안 아무리 어머니를 말려도 듣지 않자 결국 조정에까지 달려온 것이다. 이에 단종과 의정부가 한목소리로 "비빈妃嬪의 예에 맞지 아니하니 머리를 다시 기르라"고 사정했지만, 신빈 김씨는 들은 척도 하지 않았다.

왕이 죽으면 선왕의 후궁들은 일제히 궁궐 밖으로 나가야 하는 것이 궁중의 법도였다. 후대에 이르면 왕으로부터 하사받은 저택에서 독자적인 궁방을 운영하며 살아갔지만, 조선 전기까지만 해도 궁궐 수가 부족해 비구니가 된 후궁들은 자수궁을 비롯한 몇몇 궁에 모여 살곤 했다. 이곳은 겉만 궁궐이었지 속은 사실상 절이었다. 불당을 마련해 불상을 모시고, 종루를 만들어 범종을 달고, 수시로 스님들을 초청해 법석을 벌였다. 아침저녁으로 궁궐 안에서 범패 소리가 들린다고 할 정도였다.

태종 대부터 성종 대까지 후궁들의 집단 출가가 이어지면서 궁궐 안 비구니 사찰도 계속 유지되었다. 이곳은 선왕의 후궁이나 늙은 궁녀들이 말년을 보내는 곳으로 이용되었다.

그중에서도 인수궁과 자수궁은 조선 후기까지 계속 비구니원으로 유지되었다. 다른 궁궐들은 잠시 사찰로 개조되었다가 다시 궁궐로 복구되거나 아예 없어졌지만, 인수궁과 자수궁만은 그 명맥이 이어진 것이다. 이름 또한 조선 후기에 이르러 인수원, 자수원으로 바뀌었다.

동서양 비빈들의 출가 전통

고려 시대까지만 해도 왕이 죽은 후 후궁들이 출가하는 일은 지극히 자연스러운, 칭송받아 마땅한 일이었다. 따라서 조선 전기 후궁들의 입장에서, 선왕이 죽은 후 비구니가 되는 일은 전혀 이상할 게 없는 일이었다. 하지만 유학자들에게 이는 왕실의 불사 행위와 더불어 가장 먼저 타파해야 할 악습에 해당했다. 비구니가 된 후궁들과 유학자 관료들의 갈

등은 조선 중기까지 계속되었다.

선왕의 비빈들이 출가하는 유습은 중국에서 유래한 것이었다. 중국에서는 이미 당나라 때부터 선황제의 후궁과 궁녀들이 황제의 원찰로 들어가는 풍습이 있었다. 당 고종이 태종 이세민의 원당 사찰인 감업사感業寺에 참배하러 갔다가 태종의 재인才人에게 반해 후궁으로 맞이했고, 나중에는 그녀가 황제까지 되었다는 일화의 주인공이 바로 측천무후이다.

서양 중세에도 왕이 죽으면 왕비나 공주를 수도원으로 보내는 경우가 종종 있었다. 이들이 아이를 낳으면 왕실의 후계에 큰 변화가 생길수 있었기 때문이다. 또한 공주가 결혼하면 왕실에서는 막대한 지참금을 지불해야 했으므로 이들을 수녀원에 보내 평생을 살게 했다. 그래서서양 동화에는 탑에 갇힌 공주나 왕비의 이야기가 자주 등장한다. 왕이죽고 그 아들이 아닌 다른 후계자가 왕위에 오른다거나, 혹은 새로운 여자에게 빠진 왕이 합법적으로 이혼하기를 원할 때에도 왕비들은 수녀원으로 보내졌다.

이처럼 동양이나 서양에서 왕실 여성이 비구니 혹은 수녀가 되는 것은 대부분 정치적 위험인물로 인식되어 반강제적으로 이루어진 것이었다. 이에 비해 조선의 후궁들은 자발적으로 비구니가 되었다. 오히려 비구니가 되지 말라고 간청을 하고 협박을 해도 몰래 머리를 깎고 출가자가 되었다. 이는 조선 초 왕실에서 불교 신앙이 얼마나 뿌리 깊게 자리잡고 있었는지를 보여주는 한 대목이라 하겠다.

궁궐 안 비구니원의 역사와 위치

조선 전기에 선왕의 후궁들이 살던 궁은 대부분 사찰로 개조되었다. 그렇지 않은 경우에도 내부에 불당이 설치되었다. 기록상으로 확인되는 궁궐 안 비구니원은 자수궁과 인수궁, 수성궁, 창수궁, 수진궁이다.

자수궁은 원래 태조의 일곱째 아들인 무안대군 방번의 집이었다. 무안대군이 이방원에 의해 살해된 후, 무안대군 부인 왕씨는 자식도 없이 홀로 살았다. 무안대군 부인이 1449년 세상을 떠나면서 이 집은 왕실로 귀속되었다. 그 이듬해 문종은 이곳을 세종 후궁들의 거처로 삼고 자수궁이라 이름 붙였다. 이때가 세종이 세상을 떠난 지 3개월 뒤로, 세종 사후 일제히 머리를 깎았던 비구니들이 이곳에 모여 살게 된 것이다. 이후 자수궁은 후궁들이 불교를 신행하며 말년을 보내는 곳으로 유지되었다. 자수궁에는 종루와 나한전도 있었다.

자수궁은 임진왜란 때 전소되었으나 광해군에 의해 재건되었다. 이후에도 자수궁은 선왕의 후궁이나 늙은 궁녀들이 말년을 보내는 별궁으로 이용되었고, 왕실 비구니 사찰 역할을 했기에 자수원慈壽院이라 불렸다. 1661년(현종 2)에 인수원과 함께 철폐되었다. 자수궁의 위치는 서울 종로구 옥인동 일대로 추정된다.

인수궁은 본래 이방원이 잠저 시절에 살던 집이었다. 이곳이 언제부터 사찰로 개조되었는지는 알 수 없지만, 태종의 후궁들이 일제히 머리를 깎고 비구니가 되었을 당시였을 것으로 추정된다. 이후 인수궁은 선왕의 후궁들을 위한 별궁이자 궁인들이 요양을 하는 질병가로 이용되었다. 비구니가 된 후궁들이 머물면서 자연스레 사찰로 개조된 것으로 보인다. 명종 대 인수궁은 정업원 터에 대대적으로 중창되었는데, 당시 수렴청정을 하던 문정왕후의 지원으로 이루어진 일이었다. 인수궁의 중창 공사는 표면적으로는 후궁들의 거처 마련이었지만, 실제로는 왕실 비구니원의 부활이었다. 문정왕후는 인수궁을 중창하면서 그 안에 정업원淨業院을 부활시켰다. 정업원은 연산군 대에 폐사되었는데, 문정왕후가 유학자 관료들의 비판을 피하기 위해 인수궁의 부속 불당이라는 명분으로 복구시킨 것이다. 이후 인수궁은 명실상부한 왕실 비구니원으로 기능하게 되었고, 그 전통은 조선 후기까지 이어졌다.

인수궁은 임진왜란 때 전소되었고, 전쟁이 끝난 후에도 재건되지 않았다. 하지만 옛 인수궁 터에 비구니들이 모여 살면서 정업원 혹은 인수원이라 불렀던 사실이 확인된다. 1661년(현종 2)에 자수원과 함께 철폐되었다. 문정왕후가 인수궁을 중창할 당시 창덕궁 인근에 위치해 있었으며, 조선 후기에도 계속 창덕궁 인근에 있었던 것으로 추정된다.

세종의 후궁 혜빈 양씨가 거처하던 혜빈궁도 한때 불당으로 기능했으나, 1455년(단종 3) 혜빈 양씨가 귀양을 가면서 국고로 귀속되었다.

수성궁은 문종의 후궁들이 거처하던 곳으로, 문종 사후 비구니가 된 후궁들이 이곳을 불당으로 개조한 것으로 보인다.

창수궁은 근빈 박씨가 거주하던 궁방이었다. 근빈 박씨는 세조의 유일한 후궁으로, 세조 사후 비구니가 되어 자수궁에 거주하고 있었다. 성종은 그녀가 자수궁에 거처하는 것이 미안하다고 하여 창수궁을 별저로 내렸는데 근빈 박씨 살아생전에 불당으로 이용되었다.

수진궁은 수진방(오늘날의 종로구 수송동)에 있던 궁으로 예종의 둘째 아들인 제안대군의 저택이었다. 수진궁은 비구니가 된 후궁들의 거처로 잠시 사용되었다가 조선 중기 이후에는 봉작을 받기 전에 요절한 대군과 왕자, 공주, 옹주 등을 합사하는 사우祠宇로 변했다.

청상고부의 비원 서린
강남 큰절

청상이 된 광평대군 부인과 며느리 연이어 출가

대군 묘 인근에 으리으리한 절 중창

수년 전 티브이 드라마 〈뿌리 깊은 나무〉에서 광평대군이 꽃미남 왕자로 등장하여 장안의 화제가 되었다. 드라마 속에서 광평대군은 한글 창제에 깊이 관여하다가 한글 반대 세력인 밀본에 의해 목숨을 잃는다.

광평대군이 밀본에 살해된 것도, 한글 창제에 깊이 관여했다는 것도 허구이지만, 스무 살 꽃다운 나이에 요절한 것은 사실이다. 광평대군은 어학과 음률, 산수에 뛰어나 세종이 매우 총애한 왕자였다. 또한 서예와 격구*에도 능한 그야말로 조선판 엄친아였다고 한다. 그가 문예에 특별한 재능을 보였다는 사실에 착안해, 드라마에서는 그가 한글 창제에 참여했을 것이라는 상상력을 동원한 것으로 보인다.

《세종실록》에 따르면 광평대군은 창진을 앓다 죽었다. 온몸에 수포가

---

* 擊毬, 말을 타거나 걸어 다니면서 막대기로 공을 치던 무예.

부풀어 오르는, 일명 호환 마마라 불리던 천연두가 바로 창진이다. 당시 광평대군에게는 부인 신씨와 태어난 지 여섯 달밖에 되지 않은 갓난아기 영순군이 있었다. 돌도 되지 않은 아들과 함께 남겨진 스무 살의 청상과부. 게다가 때는 조선 시대요, 신분은 왕가의 며느리였다. 이 처량한 여인에게 '일체개고*'라는 말 외에 무엇으로 인생을 설명할 수 있을까.

광평대군 부인의 출가와 사찰 조영

남편이 죽은 직후 광평대군 부인은 어린 아들을 남겨둔 채 '혜원慧園'이라는 법명의 비구니가 되었다. "세종이 어린 영순군을 보고 '포대기에서 빽빽 울어대니 더욱 불쌍하다'며 다섯 살이 될 때까지 궁중에서 길렀다"는 《세종실록》의 기록으로 보아, 영순군은 궁궐 안에서 세종과 소헌왕후의 보살핌을 받으며 성장했던 것으로 보인다. 영순군이 다섯 살이 되던 해에 세종이 세상을 떠났는데, 그 후 영순군은 궁을 나와 안암동 광평대군방에서 살았다.

세종은 살아생전 세자와 수양대군에게 "이 아이를 항상 어루만지고 보살펴라"고 간곡히 당부했다. 세조의 각별한 보호를 받으며 영순군은 매우 준수한 청년으로 성장했다. 왕실 종친들 가운데 최초로 문과중시에 장원급제할 정도로 학문에 뛰어난 재주를 보였고, 세조의 특명으로 《경국대전》 편찬에도 참여하였다. 그런데 안타깝게도 스물일곱의 나이에 갑자기 병이 들어 요절하고 말았다.

젊은 나이에 과부가 된 영순군 부인 최씨 또한 선유善柔라는 법명의

---

* 一切皆苦. '세상의 모든 것은 괴로움'이라는 뜻으로, 불교의 기본 교의 중 하나.

비구니가 되었다. 나란히 비구니가 된 고부는 평생 수행하고 불사를 벌이며 살아갔다. 광평대군 부인과 며느리가 특정 사찰로 들어간 것은 아니었던 것으로 보인다. 광평대군 부인이 광평대군방 인근에 위치한 토당사土堂寺를 자주 찾아 불공을 올렸다는 기록으로 볼 때, 비구니로 살아가기는 했지만 여전히 광평대군방에 기거했음을 알 수 있다.

광평대군 부인은 남편의 묘 근처에 있던 견성암이라는 작은 암자를 대대적으로 중창하는 불사를 벌였다. 《성종실록》에 따르면 이 절은 "높은 집과 아로새긴 담에 금벽金碧이 빛나고, 승려 300~400명이 재齋 닦고 경經 읽기를 하루 종일 그치지 아니하였다"고 한다.

광평대군 부인은 견성암을 중창하면서 1,000여 구口의 노비와 70결의 토지를 희사했다. 이는 광평대군방에 속해 있던 재산의 절반에 해당했다. 70결을 요즘 기준으로 환산하면 최소 20만~50만 평에 달하는 면적으로 실로 어마어마한 규모였다. 오늘날에도 강남의 20만 평이면 엄청난 재산인데, 농지 반 결結만 가져도 도시 중산층에 해당되던 조선 시대에 70결은 관료들의 입도 떡 벌어질 넓은 면적이었다.

결국 이 사건은 조정에까지 올라갔고, 광평대군 부인을 처벌해야 한다는 상소가 빗발쳤다. 물론 왕의 처벌은 없었다. 선대 왕들이 그토록 안타까워했던 광평대군과 영순군을 위해 절을 지었는데, 성종인들 어찌 나무랄 수 있겠는가. 사실 조정 대신들이 문제삼은 것은 왕실 재산을 절에다 갖다 바친 것이었다.

봉은사라는 이름으로 재탄생

견성암에 관해서는 이 사건 이후 기록을 전혀 찾아볼 수가 없다. 그렇다면 사원전이 20만 평에 달하고 노비가 1,000구나 되던 으리으리한 절이 갑자기 어디로 사라진 것일까?

강남 수서동 부근에 있던 암자. 광평대군 무덤과 가까운 거리의 재사齋舍. 왕실의 토지를 대거 소유한 사찰. 눈치 빠른 독자들은 이미 짐작했겠지만, 이 암자는 그 후 봉은사라는 이름의 사찰로 재탄생했다.

광평대군의 묘는 원래 강남구 삼성동에 있었는데, 이곳에 성종의 능(선릉)이 들어서면서 대군의 묘는 대모산 자락(강남구 일원동)으로 옮겨졌다. 광평대군의 묘를 대모산으로 옮긴 것은 이곳에 무안대군 방번의 무덤이 있었기 때문이었다. 광평대군은 생전 세종으로부터 태조의 일곱째 아들 무안대군의 시양자가 되라는 명을 받았다. 무안대군이 열여덟 살에 후사 없이 죽었기 때문에 광평대군으로 하여금 그의 제사를 받들도록 한 것이다. 현재 서울 강남구 일원동에 있는 광평대군 묘역(서울시 유형문화재 제48호)에는 무안대군 부부와 광평대군 부부, 영순군 부부의 묘와 함께 광평대군 후손들의 묘가 조성되어 있다.

광평대군의 무덤을 옮긴 이후에도 견성사는 한동안 그 자리에 남아 있었다. 원래 왕릉의 5리 이내에 있는 건물이나 무덤은 모두 이전되어야 했지만, 정현왕후는 견성사를 선릉의 능침사로 삼아 그 자리에 두도록 조치했다.

하지만 절이 워낙 왕릉의 가까이에 있었던지라 조정에서 끊임없이 잡음이 발생했다. 특히 성종 대에 사림들의 정계 진출이 활발해져, 조정에는 그 어느 때보다 불교식 의례를 철폐하라는 목소리가 높아지고 있었다. 수년간 조정 신료들은 연산군에게 견성사를 폐사하라는 주청을 올렸지만, 연산군은 대비의 뜻을 거스를 수 없다며 번번이 이를 거부했

무안대군과 광평대군의 묘

다. 그러나 집요한 사람들의 요구는 그칠 줄을 몰랐다. 결국 정현왕후는 1498년(연산군 4)에 절을 능역 밖으로 이전하기로 결정했다. 절을 옮겨 지으면서 절 이름 또한 바꾸었으니, 선왕의 은혜를 받든다는 의미로 봉은사奉恩寺라 개칭했다.

선근 공덕을 중생과 더불어 나누다

이처럼 봉은사의 역사는 광평대군 부인의 불사에서 비롯되어 정현왕후의 선릉 능침사 지정으로 이어졌다. 이후 중종의 정릉靖陵도 이곳으로 옮겨지면서 문정왕후에 의한 봉은사 중창이 이루어졌다. 하지만 오늘날 모든 기록에 등장하는 봉은사의 역사는 광평대군 부인과 며느리의 이야기는 쏙 빠진 채 정현왕후와 문정왕후의 불사로만 채워져 있다. 그러나 선릉의 능침사로 조성되기 전부터 봉은사는 대토지를 소유한 견성암이라는 이름의 절로 존재했으며, 이는 요절한 남편을 위해 광평대군 부인이 지은 것이었다.

견성암과 관련된 자료들은 김수온(金守溫, 1410~1481)의 문집인《식우집拭疣集》에 상당수 남아 있다. 여기에는 견성암에서 스님들의 안거安居를 위한 의식을 치렀다는 내용이 자주 나온다. 광평대군 부인은 절기마다 스님들을 초청해 견성암에서 안거를 지내게 했고 그에 드는 비용 전액을 부담했다.

당시만 해도 스님들이 하안거나 동안거를 나기 위해서는 몇 년에 걸쳐 전국을 돌아다니며 모연금을 마련해야 했다. 광평대군 부인은 견성암을 견성사로 중창하여 스님들이 아무런 걱정 없이 수행에 전념하게 했다. 이것이야말로 남편의 명복을 비는 가장 수승한 기도라고 믿었기 때문이었다. 아들 영순군이 요절한 뒤에는 법회의식용 책을 찍어 전국의 사찰에 배포했다. 그 책이 바로 보물 제1105호로 지정된《수륙무차평등재의촬요水陸無遮平等齋儀撮要》이다.

광평대군 부인에 관한 사료를 찾다 보면, '회향廻向'이라는 말의 의미를 새삼 떠올리게 된다. 불교에서 회향이란 자기가 지은 선근 공덕을 다른 중생에게 돌려 이로움을 함께 나눈다는 의미다. 남편을 잃은 슬픔을 수행의 토대로 삼고, 아들을 잃은 고통을 복전福田의 발판으로 마련한 광평대군 부인의 삶은 회향의 본래 의미를 실천한 보살행의 연속이었다.

세종도 못 말린
며느리

부왕의 명으로 헤어졌으나
개성 뚜렷 매력 톡톡 첫사랑 어찌 잊으리
무엇으로도 막을 수 없던 불멸의 사랑 깃든 절

부모의 반대로 첫사랑과 헤어지고 다른 여자와 결혼했지만, 떠나간 연인을 잊지 못해 결국에는 부인을 버리고 옛 연인과 다시 만난다. 드라마에 나와도 너무 자주 나오는 첫사랑 신드롬. 티브이를 꺼버리고 싶을 정도로 진부한 드라마 속의 부모가 세종이고 첫사랑을 다시 만나는 주인공이 세종의 아들이라면, 이걸 막장 드라마라고 해야 할까, 대하드라마라고 해야 할까.

세종의 여덟 번째 아들 영웅대군은 두 번이나 이혼했다. 그중 한 번은 아버지의 등쌀에 밀린 것이었다. 영웅대군은 1444년(세종 26) 여산 송씨 가문의 규수와 혼인하나, 5년 뒤 이혼한다. 그리고 곧바로 해주 정씨 규수를 두 번째 부인으로 맞이했다.

《세종실록》에는 영웅대군의 첫 부인 송씨에게 병이 있어 궁에서 내보냈다고 기록되어 있다. 하지만 이를 곧이곧대로 믿는 역사학자는 거의 없다. 송씨는 환갑이 넘도록 전국 명산대찰을 찾아다니며 온갖 불사를 벌일 정도로 건강하게 살았기 때문이다.

그렇다면 송씨는 왜 궁에서 쫓겨났을까. 그것은 바로 송씨가 궁궐의 엄격한 분위기와는 전혀 어울리지 않는 여자였기 때문이었다. 또한 영응대군에 대한 세종의 애정이 지나쳤던 것도 적잖이 작용한 것으로 보인다.

영응대군은 세종이 가장 예뻐한 아들이었다. 영응대군은 세종이 서른여덟 살, 소헌왕후가 마흔 살에 낳은 막내아들이었다. 늘그막에 얻은 막둥이를 너무도 사랑한 나머지 왕실의 진귀한 보물을 모두 영응대군에게 주었을 뿐만 아니라, 영응대군의 집을 너무 화려하게 지어 조정에서 논란이 불거질 정도였다.

세종의 막내아들 사랑은 거의 '조선판 아들 바보'에 가까웠다. 세종이 얼마나 영응대군을 사랑했는지는 《실록》에 매우 자세하게 묘사되어 있다. 한번은 세종이 아들들을 데리고 평강현 벌판에 사냥을 갔다. 이때 다른 왕자들은 모두 이리저리 말을 달리고 활을 쏘면서 사냥했지만, 겨우 아홉 살인 영응대군은 그리할 수가 없었던 모양이다. 그래서 세종이 연*을 타고 다니다가 쫓기다 지친 짐승을 발견하면 영응대군에게 일러주어 활을 쏘게 했다. 한번은 강원도 관찰사에게 특별히 명해 날다람쥐 두 마리와 독수리 새끼 두 마리를 잡아 바치게 했는데, 이 또한 영응대군을 즐겁게 해주기 위해 벌인 일이었다.

세종이 영응대군을 특히 편애한 것은 마흔 가까이에 얻은 늦둥이였기도 하지만, 영응대군이 겨우 열세 살에 엄마를 잃었기 때문일 것이다.

---

* 輦, 임금이 거동할 때 타고 다니던 가마.

세종이 마지막으로 눈을 감은 곳도 영응대군의 집이었다.

아버지 몰래 전처와 바람피우다

눈에 넣어도 아프지 않을 것 같은 아들에 비해 며느리가 시아버지 눈에
영 차질 않았다. 며느리가 발랄한 정도를 넘어서, 아들을 좌지우지할 정
도로 드세었던 것이 세종의 눈에는 매우 거슬렸던 모양이다. 막내며느
리가 탐탁지 않았던 세종은 아들을 강제로 이혼시켰고, 해주 정씨 가문
의 규수를 골라 서둘러 재혼하게 했다. 이때 세종이 며느리 후보감들을
친견하여 며느리를 뽑았다.

그런데 문제는, 송씨를 잊지 못한 영응대군이 아버지 몰래 전 부인을
만나러 다닌 것이다. 게다가 그 사이에 딸을 둘이나 낳았다. 영응대군이
송씨와 결혼한 것은 열한 살, 그들이 이혼한 것은 막 열여섯 살이 되었
을 때였다. 차마 아버지의 명을 어기지 못해 헤어지기는 했지만 영응대
군에게 송씨는 아련한 첫사랑이었고, 함께 성장한 누이였으며, 일찍 세
상을 떠난 어머니 소헌왕후를 대신하는 존재이기도 했다. 더구나 송씨
는 두 번째 부인 정씨와 달리 개성이 뚜렷하고 톡톡 튀는 매력이 넘치는
여자였다.

송씨는 상호군 송복원의 딸로, 고려 말 대귀족인 여산 송씨 집안이었
다. 단종 비 정순왕후 송씨의 고모이기도 하다. 최근 해주 정씨 집안의
문서를 발굴한 안승준 장서각 책임연구원에 따르면, 여산 송씨는 고려
의 대귀족 가문으로 여자들의 발언권이 강하고 불교적 성향이 강하며
상당히 자유로운 분위기의 집안이었다. 이에 비해 해주 정씨 가문은 조
선 건국과 함께 새롭게 부각된 신흥 사대부 가문으로, 유교적 성향이 짙

고 집안 분위기 또한 엄숙하고 점잖았다고 한다.

각각의 집안 분위기로 비추어볼 때 송씨 부인은 자유분방한 고려 기질이 강한 여자였고, 정씨 부인은 점잖고 현숙한 조선 여자였다고 할 수 있다. 즉 고려의 구舊 귀족 집안에서 자란 송씨가 매우 적극적이고 의사 표현이 분명한 여자였던 반면, 신진 사대부 집안에서 자란 정씨는 유교식 가정교육을 받은 기품 있는 여자였던 것이다.

송씨의 자유분방하고 거침없는 성격이 시아버지 세종의 눈에는 매우 버르장머리 없고 제멋대로로 비쳤을 것이다. 하지만 영응대군은 현숙한 두 번째 부인에게서는 정을 느끼지 못한 반면 발랄한 첫 번째 부인은 끝내 잊지 못했고, 결국 전 부인과 바람을 피우는 처지가 되었다. 영응대군은 1453년(단종 1) 정씨 부인에게 이혼을 통보하고 송씨 부인을 다시 맞이했다. 이에 조정에서는 춘성부부인 정씨에게 봉작한 사령장를 거두고, 송씨 부인을 대방부부인으로 봉작했다.

영응대군이 세종의 눈을 피해 전 부인을 만나러 다닐 수 있었던 것은 둘째 형 수양대군이 아버지 몰래 도와주었기 때문이었다. 세종은 살아생전 수양대군에게 영응대군을 특별히 당부했다. 그래서 수양대군은 막냇동생을 다른 동생들보다 훨씬 더 끔찍이 여겼고, 음으로 양으로 동생의 뒤를 봐주었다. 세종이 죽고 3년 뒤 영응대군과 송씨의 재결합은 둘째 형의 지원이 있었기에 가능했다.

세종으로부터 상당한 유산을 물려받은 영응대군은 도성에서도 손꼽히는 부자로 살았다. 세조가 총애하는 동생인데다 부인의 쾌활한 성격 덕분에 영응대군의 집은 살롱을 방불케 했다. 영응대군의 저택에서는 왕실 친인척들의 연회가 잇따랐고, 영응대군 부부가 주최하는 불교 법회가 개최되었다. 훗날 성종이 되는 잘산군과 한명회의 딸(후일 공혜왕후)이 친영親迎을 한 곳도 영응대군의 집이었다.

불사 벌여 스캔들의 여왕으로 등극

하지만 영응대군이 두 번 이혼한 경력은 죽을 때까지 꼬리표처럼 따라다녔다. 〈영응대군 졸기〉에는 "부왕의 명령 때문에 송씨를 버렸고, 정씨는 버릴 만한 죄가 없는데도 사랑과 미움으로 내쫓고 송씨를 받아들였으므로 당시 사람들이 이를 단점으로 삼았다"고 기록되어 있다.

송씨의 자유분방한 성격 또한 말 많은 사관들의 뒷담화 소재가 되었다. 송씨 부인은 영응대군이 죽은 후 양주의 범굴사를 원당으로 삼았고, 전국의 사찰을 찾아다니며 불공을 올렸다. 또한 왕실과 사대부 집안의 여성들을 불러모아 대대적인 불사를 벌이기도 했다.

이 같은 불교 행사들은《실록》에 기록될 때 '문란한 여성의 은밀한 사생활'로 둔갑했다.《실록》에 등장하는 왕실 여인들의 스캔들 중에서도 송씨와 관련된 스캔들이 가장 많은데, 대부분은 하드코어 수준이다. 오죽하면《실록》에 "영응대군 부인 송씨가 군장사窘長寺에 올라가 법法을 듣다가 시비侍婢가 깊이 잠들면 학조와 사통을 했다"는 내용까지 등장할까. 이 내용은 후일 무오사화의 빌미를 제공한 김일손이 공초한 내용으로, 당시 사람들이 왕실 여성들의 불교 신앙에 얼마나 적대적이었는지를 단적으로 보여준다. 또한 왕실의 여성 불자들 중에서도 가장 통제불가능한 인물이 송씨였음을 알 수 있다.

범굴사, 오늘날 대성암으로 재탄생

영웅대군 부인 송씨는 조정 대신들의 표적이 될 정도로 불사에 열심이었지만 송씨의 원당으로 알려진 사찰은 거의 없다. 왕과 왕비가 설치한 원당과 달리 대군이나 공주 집안의 원당은 후대로 갈수록 기록이 거의 사라졌고, 사찰과의 인연도 미약해졌기 때문이다. 그나마 조정 대신들이 송씨를 욕한 내용들이 《실록》에 남아 있는 덕분에 송씨의 행적을 일부나마 알 수 있는 형편이다.

송씨가 불사에 열심이었던 것은 그녀의 깊은 불심이나 적극적인 성격 때문이기도 했겠지만, 무엇보다 아들이 없었기 때문이 아닐까 싶다. 송씨는 영웅대군과 재결합한 후 여러 아들을 낳았지만 모두 요절하고 말았다. 결국 영웅대군의 제사는 영웅대군의 첩이 낳은 아들이 이어받았다.

영웅대군 집안의 원당으로 확인되는 유일한 사찰은 아차산 범굴사이다. 원래 이 근방에 영웅대군의 무덤이 있었기 때문에 영웅대군 부인이 이곳을 남편의 원당으로 조성한 것으로 보인다. 《예종실록》에는 "영웅대군이 졸卒하자 송씨가 보물을 모두 팔아서 불찰佛刹을 영건營建하니, 그 경비가 1백만이었다"는 기록이 나온다. 아마 범굴사도 이때 영웅대군 원당으로 조성된 것이리라. 영웅대군의 집에서 혼례를 올렸던 성종은 왕이 된 후 영웅대군의 원당인 범굴사와 영웅대군 집안의 경외京外 노비들에게 잡역雜役을 면제해주었다.

영웅대군은 1467년(세조 13)에 세상을 떠나 동구릉 근방인 양주 아차산 자락(오늘날의 구리시 군자동)에 묻혔다. 당시 세조는 막냇동생의 죽음을 슬퍼하며 형조판서 서거정*으로 하여금 국가에 소속된 지관**들을 데리고 가서 장지를 정하라고 명했으며, 무덤에 석실까지 지어서

장사를 후하게 지내라고 지시했다. 서거정의《사가집四佳集》에는 범굴사에 관한 시가 등장한다.

마침내 태초(太初), 승경(升卿)과 함께 범굴사를 유람하다

긴 강물 한 줄기가 맑디맑게 돌아 흐르고
강가의 푸른 산은 백 층이나 솟아 있는데
절이 허무한 데 있어 푸른 놀과 연했기에
돌 두렁길 헤쳐 가며 등덩굴을 부여잡았네
향불 피는 전각에 와서 부처님께 예배하고
햇살 밝은 창 앞에서 스님과 애기 나누노라
화겁은 아득하고 속세는 하도 작은 거라
백일에 신선되어 승천할 인연이 없구려

이 시에서 묘사된 그대로, 범굴사는 아차산에서도 매우 아름다운 절경 속에 위치해 있다.

아차산은 바위와 흙이 적당히 어우러져 바위산의 기암괴석과 흙산의 포근함을 동시에 갖고 있는데, 그중에서도 범굴사는 한강과 아차산, 서울과 구리시의 접점 지대에 위치해 있다. 범굴사에서 서쪽을 바라보면 남한강과 북한강이 팔당댐에서 큰 줄기를 이루어 서울로 유입되는 모습

* 徐居正, 1420~1488. 성리학을 비롯하여 천문·지리·의약에 정통하고, 문장과 글씨에 능했던 조선 전기 학자.
** 地官, 풍수설에 따라 집터나 묏자리 따위의 좋고 나쁨을 가려내는 사람.

범굴사 불량시주기

이 보이며, 정면으로 한강 너머 풍경이 한눈에 들어온다. 또한 절 뒤편에는 자연 생성된 바위굴이 있어 수행처나 기도처로 천혜의 자리다. 이토록 아름답고 수승한 명찰이었으니, 조선 팔도를 돌아다니던 영웅대군 부인의 눈에 사랑하는 남편의 원당으로 낙점되었던 것이리라.

하지만 영웅대군 묘는 고종 대에 이장되어, 현재는 경기도 시흥시 군장리에 있다. 영웅대군 묘가 있던 자리가 홍릉의 터로 낙점이 되는 바람에 그 인근에 있던 수십 기의 왕실 무덤들이 모두 경기 외곽으로 이전되었던 것이다.

범굴사가 언제까지 영웅대군의 원당으로 유지되었는지는 알 수 없다. 수차례 화재로 전소되고 중창되기를 반복해 남아 있는 기록이 거의 없기 때문이다. 다만 절 뒤편 바위에는 '범굴사 불량시주기'라는 글이 암각되어 있는데, 경술년에 작성되었다는 기록을 통해 1790년, 혹은 1850년,

아니면 1910년에 각명했다는 사실이 확인된다. 여기에는 당시 범굴사 중창에 동참했던 시주자들의 명단이 기록되어 있다. 그 중에는 궁중의 상궁이나 나인들의 이름도 남아 있다. 이를 통해 범굴사가 조선 말까지도 왕실의 기도처로 유지되었음을 알 수 있다.

죽음을 불사하고
가고 싶은 그곳

금강산 구경시켜달라는

일본·중국 사신들

금강산에만 있는 담무갈보살 성지

1485년(성종 16) 일본에서 앙지仰之라는 노스님이 조선에 사신으로 왔다. 당시 일본은 불교 국가였기 때문에 사신단 가운데 스님이 한두 명씩 포함되곤 했다. 앙지 스님은 성종에게 금강산 유점사를 한번만 구경하게 해달라고 간곡히 부탁했다.

성종은 단호하게 거절했다.

"연세도 많으신데 길이 너무 험하니 그냥 다른 좋은 데나 구경하시지요."

하지만 이 스님은 막무가내였다.

"일흔이 넘은 노승이 어찌 감히 대국에 다시 오겠습니까. 금강산을 구경하다가 눈 속에서 죽더라도 여한이 없겠으니, 제발 보내만 주십시오."

조정 신료들은 앙지 스님의 시봉으로 온 상좌에게 스승을 말려달라 부탁했다. 그러자 이 시봉은 한술 더 떠 "비록 우리 스승과 한 구덩이에

1929년의 유점사

서 같이 죽더라도 금강산을 한번 가보고 싶다"고 애원했다.

결국 성종과 조정 대신들이 백기를 들었고, 앙지 스님은 꿈에 그리던 금강산 유람을 떠났다.

외국 사신들이 금강산에 가겠다고 떼를 쓴 게 이때가 처음이 아니었다. 태종 때 조선에 온 명 사신단은 국경을 넘어서면서부터 "금강산, 금강산에 한 번만 가봤으면" 하고 노래를 불렀다. 태종을 접견한 명의 사신들은 "우리나라에는 '고려국에 태어나 금강산을 꼭 한번 가보고 싶다(원생고려국 친견금강산願生高麗國 親見金剛山)'는 속담이 있습니다. 금강산에 꼭 한번 갈 수 있게 해주십시오"라며 한목소리로 애원했다. "왜 이런 속담이 생겨났냐"고 묻자 대답하기를, "금강산에는 담무갈보살(법기보살)이 상주하기 때문"이라고 했다.

담무갈보살의 오리지널 상주처

금강산은 동아시아 불교사에서 매우 특별한 의미가 있는 산이다. 오대산, 보타산, 용문산, 아미산 등 보살 상주처의 '오리지널'이 대부분 중국에 있는 것과 달리 금강산은 조선 유일의 불교 성지였기 때문이다.

《화엄경》〈제보살주처품〉에는 "동북방의 바다 가운데에 금강산이 있으니, 담무갈보살이 일만 이천의 보살들과 더불어 항상 《반야심경》을 설법하는 곳"이라는 내용이 나온다. 중국인들은 《화엄경》에서 말하는 동북쪽의 담무갈보살 상주처를 조선의 금강산이라 믿었다.

금강산이 중국 황실에서도 주목하는 기도처로 부각된 것은 고려 말로 거슬러 올라간다. 고려 출신의 공녀 기씨가 원 순제의 황후가 되면서 고려는 황후를 배출한 나라로 일약 격상한다. 원 조정의 최고 실세로 부상한 기황후는 황실의 물자와 장인들을 보내 금강산의 대표 명찰인 장안사를 대대적으로 중창하게 했다.

원이 패망한 이후 명의 황제들도 조선으로 가는 사신에게 번*과 기旗를 내려 금강산 사찰에 봉안하라고 명했다. 그래서 조선 국경을 넘어서는 그 순간부터 사신들은 금강산, 금강산하고 노래를 부르다시피 했다. 황제의 특명을 받았으니 조선에 파견된 사신들은 금강산에 갈 온갖 명분을 대고 나중에는 협박까지 할 정도였다.

하지만 조선왕조 입장에서 외국 사신들의 금강산 유람은 매우 불편한 사안이었다. 사신들이 금강산에 들르게 되면 경유하는 지방관아나 민가에 끼치는 재정 피해가 막대했을 뿐만 아니라 여행 과정에서 국가

---

* 幡, 부처와 보살의 성덕을 나타내는 깃발.

기밀이 유출되거나 간첩 활동이 발생할 우려가 있었다. 따라서 조선 정부는 사신들이 유람을 떠나기 전에 각 관아의 문서와 사찰의 사적을 모두 감추고 문제가 될 만한 건물의 현판까지 철거하게 했다.

조선 왕실의 대표 기도처로 추앙

금강산은 외국 사신들뿐만 아니라 조선 시대 유학자들에게도 꿈에 그리던 명소였다. 사대부라면 살아생전 꼭 한번 금강산은 다녀와야 한다고 할 정도로 금강산 유람은 크게 유행했다. 금강산에 다녀온 이들은 글과 그림을 남겨 자신이 직접 다녀왔다는 사실을 자랑했다. 수많은 금강산도와 금강산 유람기가 남아 있는 것은 이 때문이다.

조선 왕실도 금강산을 매우 특별한 성지로 추앙했다. 금강산에 있는 사찰들은 조선 시대 내내 왕실의 보호를 받았다. 금강 4사, 즉 금강산의 대표 사찰 유점사, 장안사, 신계사, 표훈사가 조선왕조 500년간 사세를 유지한 것은 왕실의 전폭적인 지원이 있었기에 가능한 일이었다.

금강산 사찰에 마련된 어실御室에는 역대 왕들의 위패가 모셔졌고, 왕비나 대비전에서 보낸 용상과 촛대, 향로, 연輦 등이 안치되었다. 사위전*과 사패지가 지급된 것은 물론이거니와 사찰 중수 때마다 수백 장의 공명첩이 하사되었다. 금강산의 '금전벽우**'는 실로 왕실 비빈들의 불심의 흔적이라 아니할 수 없다.

조선 전 시기에 걸쳐 왕실의 비호를 받은 금강산은 조선 불교의 산실

---

* 국가에서 제사 비용으로 사찰에 내려준 논밭.
** 金殿碧宇, 화려한 금당 불상과 단청으로 장엄한 절집.

정선의 '신묘년 풍악도첩' 중 장안사

로 기능했다. 조선 불교계를 대표하는 수많은 고승들이 금강산에서 배출되었는데, 허응당 보우, 사명당 유정 등 조선 전기 스님들부터 만해, 한암, 경봉 등 근현대의 스님들까지 숱한 고승들이 있다.

이는 우연의 일치가 아니었다. 금강산에는 이미 고려 시대부터 상당한 규모의 사찰이 들어서 있었고, 승려들이 교학을 공부할 수 있는 강원 제도가 일제강점기까지 유지되었다. 물론 다른 사찰들에도 강원이 있었지만, 금강산만은 다른 강원들과 달리 경제적 부담 없이 공부를 할 수 있는 곳이었다. 전국의 승려들이 강제 노역에 동원되고 막대한 잡역을 담당해야 했던 반면, 금강산에는 왕실의 경제적 지원과 더불어 중창 공사 때마다 공명첩이 하사되었기 때문에 승려들이 힘겨운 승역*에서 벗어나 공부에 전념할 수 있었던 것이다. 금강산 승려들도 고위 관료들의 가마꾼 노릇을 하느라 고충을 전혀 겪지 않았던 것은 아니지만, 다른 지역 사찰들이 겪었던 막대한 승역에는 비할 바가 아니었다. 금강산에 대한 조선 왕실의 전폭적인 지원은 금강산을 조선 불교의 산실로 만들었다.

아! 금강산, 금강산이여!

하지만 이것만으로 금강산에서 수많은 고승들이 배출된 이유를 다 설명할 수는 없을 것이다. 조선의 화가들이 가장 많은 그림을 남기고 조선의 문인들이 가장 많은 시를 남긴 곳, 위로 세조부터 아래로 기생 황진이까지 조선을 살아간 사람이라면 누구나 가보고 싶어 했던 그곳에는 무엇과도 비교할 수 없는 특별한 것이 있기 때문이다.

필자는 수년 전 금강산 만물상 일대를 방문한 적이 있었다. 태어나 처음으로 산이 사람을 빨아들인다는 말을 그곳에서 느끼게 되었다. 산속으로 들어가면 갈수록 잡념이 사라지고 정신은 고요해졌다. 만물상 정상에 올라섰을 때, 바람이 몸과 마음을 관통하던 그 순간을 무어라 형언할 수 있을까. 금강산의 그 큰 울림을 과연 설명해낼 수 있을까.

---

* 승려들이 담당하던 부역으로, 직접 노동력을 제공하거나 왕릉에 필요한 물품을 납부하는 행위.

금강산에서 '금강'은 인도어 바즈라Vajra를 음역한 것이다. 바즈라는 그 무엇으로도 깨트릴 수 없는 지혜를 의미한다. 녹음이 푸르르면 신선들이 사는 곳처럼 아름답다 하여 봉래산蓬萊山이라 불리고, 단풍이 들면 불이 난 듯 찬란하다는 의미로 풍악산楓嶽山이라 불리며, 잎이 다 떨어지면 기암괴석으로 둘러싸인 바위산이 앙상한 뼈를 드러낸 것 같아 개골산皆骨山이라 불리는 절경의 금강산이 풍경에서 비롯된 이름들 대신 금강金剛이라는 이름으로 가장 많이 불리는 까닭은, 담무갈보살이 상주할 정도로 천혜의 수행처이기 때문이며, 엄청난 에너지가 뿜어져 나오는 수승한 땅이기 때문일 것이다.

금강산이 내뿜는 맑고 고매한 기운은 조선 불교의 젖줄이자 강인한 생명력으로 이어졌다.

금강 4사의 오늘

조선 시대 금강산에는 약 백 여 개의 사찰과 암자가 밀집되어 있었다. 그중에서도 가장 대표적인 사찰은 금강 4사라고 불리던 유점사, 장안사, 신계사, 표훈사이다.

이 네 사찰은 모두 조선 시대에 왕실 원당으로 지정되었고, 조선 말까지 왕실의 크나큰 지원을 받으며 유지되었다. 하지만 한국전쟁 당시 금강산을 중심으로 대대적인 전투가 벌어지면서, 금강산 안에 있던 대표 사찰들은 대부분 전소되고 말았다.

유점사는 '금강산 제일 가람*'으로 꼽힐 정도로 큰 사찰이었으며, 금강산 내 모든 사찰들의 본사 역할을 하는 31본산 가운데 하나였다. 《유점사본말사지榆岾寺本末寺誌》에는 유점사의 창건과 관련해 다음과 같은 설화가 전해진다.

석가모니 부처님이 입적한 후 인도 사위성 사람들은 부처님의 모습을 그리워하며 금을 모아 53구의 불상을 조성했다. 이 불상들을 배에 싣고는 바다에 띄우면서 인연이 닿는 나라(유연국토有緣國土)로 갈 것을 발원했다.

이 배는 신령스러운 용에 의해 바다를 항해하다가 월지국에 닿았는데 월지국 왕이 전각을 지어 불상을 봉안했다. 하지만 원인 모를 불이 나서 전각이 모두 타 버렸다. 왕이 다시 전각을 짓고자 했으나 왕의 꿈

---

* 伽藍, 승려가 살면서 불도를 닦는 곳. 승가람, 또는 승가람마라고도 한다.

에 부처님이 나타나서 "이곳을 떠날 것이니 수고하지 말라"고 당부했다. 월지국 왕은 53불을 배에 태워 다시 바다로 띄웠다. 이 배는 그 후 약 900여 년 동안 여러 나라를 떠돌다가 신라 안창현 포구에 닿았다. 소문을 듣고 안창현감 노춘魯椿이 바닷가로 가 보니 불상은 온데간데없고 바닷가의 나뭇잎이 모두 금강산을 향해 뻗어 있었다. 나뭇잎이 가리키는 방향을 따라갔더니 큰 느티나무 아래에 있는 못가에 53불이 있었다. 이 사실을 조정에 보고하자 왕이 그곳을 찾아가 53불이 서 있는 그 땅에 절을 짓고 유점사라고 했다고 한다. 유점사楡岾寺라는 이름은 '느티나무 고개에 있는 절'이라는 의미이다.

이후 유점사는 고려 왕실의 시주를 받아 500여 칸에 달하는 대찰로 중건되었다. 조선 초에는 효령대군이 백금 2만 냥을 들여 3,000칸으로 중건했다. 또 1595년(선조 28)에 사명대사 유정이 인목왕후로부터 받은 내탕금으로 중건했다. 조선 후기의 문신 신익성이 유점사를 들른 기록에는 "왼쪽 응진전에는 나한상을 안치하였고, 오른쪽 해장전에는 여러 불승 및 대비의 글씨, 정명공주가 손으로 옮겨 적은 불경 등이 매우 많았다"는 내용이 남아 있다. 여기에서 대비는 인목대비이며, 정명공주는 대비의 딸이다. 또 영조 대에는 유점사에 명례궁과 어의궁의 원당이 설치되었고, 선조와 인조, 현종의 영정을 봉안했다. 하지만 한국전쟁 때 파괴되어 지금은 그 터만 남아 있다.

장안사는 원나라 기황후가 중창한 이래 금강산의 대표 명찰로 유지되었다. 특히 1466년(세조 12) 세조가 이 절에 직접 행차하여 대웅전을 중수한 뒤로는 조선 왕실의 원당으로 추앙되었다. 하지만 이 절 또한 한국전쟁 당시 전소되어 절터만 남아 있다.

1930년대 신계사

신계사는 한국전쟁 때 전소되었다가 2004년에 남북한 불교계가 합작해 복원한 사찰이다. 금강산의 대표 사찰 가운데 신계사가 최초로 복원된 이유는 이곳이 외금강, 즉 금강산의 바깥쪽에 위치해 있기 때문이다. 장안사와 표훈사가 내금강에 있기 때문에 남한에서의 접근이 어려운데 반해 신계사는 남한과의 거리가 가깝고 물자 수송도 용이해 복원공사가 비교적 쉽게 이루어질 수 있었다. 이 절은 세조의 원당이었을 뿐만 아니라 정조가 세손 시절 아버지 사도세자의 원당으로 삼았던 절이기도 하다. 현재의 신계사는 어실각도 복원되어 있다.

표훈사는 금강 4사 가운데 유일하게 남아 있는 사찰이다. 이 절도 1466년 세조의 행차 당시 왕실 원당으로 지정된 이래 조선 후기까지 역대 왕들의 위패를 모셨던 사찰이었으며, 선조의 생부 덕흥대원군의 명

오늘날의 표훈사

복을 비는 사찰이기도 했다. 신익성은 "(표훈사 법당 안에) 비단에다 금물을 들여 그린 부처 영정이 있는데 그 아랫부분에 소인이 있었다. 그 소인은 덕흥대원군 부인이 대원군의 명복을 빌고 아울러 여러 왕손의 장수를 기원하는 내용인데 선조 임금의 어렸을 때의 이름으로 썼다"고 했다. 선조의 이름이 하성군으로 쓰여 있는 것으로 보아 선조가 즉위하기 전 덕흥대원군 집안에서 표훈사의 불화를 조성했음을 알 수 있다.

조선판 마녀사냥,
왕실 여인의 스캔들

절에만 가면 바람난 여인네 취급
그래도 신실한 불심은 난공불락

《조선왕조실록》에는 왕실 여성들을 둘러싼 갖가지 스캔들이 등장한다. 그중에서도 가장 자주 등장하는 사건은 승려와 왕실 며느리의 연애 스캔들이다.

스토리는 대개 이렇다. 왕의 사촌 제수씨가 절에 자주 들락거리는데 이는 필시 그 절의 주지와 사통하기 때문이라던가, 왕의 며느리가 어느 절에 크게 불사를 했는데 이는 분명히 그 절의 승려와 연애 중이기 때문이다는 식이다. 한마디로 절에만 갔다 하면 도매금으로 싸잡아 바람난 여인네 취급을 한 것이다.

조선의 유학자들은 《경국대전》에 "부녀자로서 절에 올라가는 자는 장 100대에 처한다"는 조항을 포함시켰다. 하지만 《경국대전》이 반포된 이후에도 여성들의 사찰 출입은 계속 이어졌다. 이 법을 쉽게 어기는 여성들에게는 대부분 믿는 구석이 있었다. 왕실과 친인척 관계라던가, 남편이나 친정 부모의 권력이 대단했던 것이다. 이들은 법조문에 뭐라 적혀 있든 아랑곳하지 않고 사찰을 출입하며 불사를 벌였다.

조선 전기 왕실 여인들은 국가 이데올로기가 억불숭유로 바뀌든 말든 친정에서 배운 그대로, 시어머니가 하던 그대로 자신들의 불교 신앙을 이어나갔다. 석가탄신일이 되면 절에 올라가 기도를 올렸고, 집안에 큰일이 생겨도 절에 올라갔으며, 남편이 죽으면 절을 지어 명복을 빌었다.

조선 초 여성들은 남편 말을 고분고분 듣는 순종적인 아내와는 거리가 멀었다. 조선 여성들이 남자에게 예속되기 시작한 것은 17세기 중반 이후 딸의 재산 상속권이 박탈되면서부터라 할 수 있다. 아들 위주로 재산 상속이 이루어지면서 여자들의 경제권은 크게 약화되었고 발언권 또한 작아질 수밖에 없었다. 중종 대 이후 유교 문화가 사회 곳곳에 뿌리내리기 시작하면서 칠거지악이나 삼종지도 같은 '여성 통제 시스템'도 본격적으로 가동되었다.

하지만 이는 16~17세기 이후의 일이었고, 여전히 고려식 생활 방식이 통용되던 조선 전기까지는 여자들의 발언권이 강했다. 특히 친정이나 시가의 후광이 든든한 여자들은 국법에 아랑곳없이 자유롭게 사찰을 오갔다. 민간의 여성에게 장 100대를 때리겠다고 하면 진저리를 치겠지만, 왕실 여성들은 사정이 달랐다. 어떤 간 큰 위인이 감히 왕 며느리의 옷을 벗겨 곤장을 칠 수 있겠는가. 이 기세등등한 여자들에게 족쇄를 채우는 가장 효과적인 방법은 그들의 명예를 훼손시키는 것, 즉 승려와 스캔들이 났다고 뒤집어씌우는 것이었다.

사림들, 청상과부 대상으로 괴담 제조

그런데 잘 들여다보면 스캔들의 주인공 가운데 남편이 있는 여자는 거의 없었다. 주로 남편이 죽고 난 후에 불사를 크게 벌이는 청상과부들이 입방아에 오르내렸다.

1451년(문종 1) 조정에서 수양대군 부인(후일 정희왕후)과 광평대군 부인이 논란이 되었다. 조정 대신들은 "수양대군 부인은 남편과 함께 용문사에 갔다가 절 아래 농가에서 잤던 반면 광평대군 부인은 집 근처 토당사에 가면 절에서 잤다"며 대놓고 광평대군 부인만 욕했다. 그러나 양평 용문사까지 가서 대대적인 불사를 벌인 수양대군이나, 절에서 내려와 농가에서 잔 수양대군 부인이나, 집 근처에 있는 토당사를 드나든 광평대군 부인이나 오십보백보 아닌가.

'나는 새도 떨어트린다'는 수양대군과 부인은 차마 건들지 못하고 과부인 광평대군 부인만 문제삼았으니, 바람막이가 없는 만만한 상대만 골라서 공격한 것이다. 조정 대신들은 광평대군 부인과 절 주지의 관계가 의심스럽다는 말까지 살포시 얹었고, 사관은 이것을 그대로 받아 《실록》에 적었다.

왕실 여성을 둘러싼 최악의 스캔들은 월산대군 부인 박씨의 임신설이다. 월산대군은 성종의 친형으로, 월산대군 부인은 연산군의 큰엄마다. 어린 시절 엄마 잃은 연산군을 친아들처럼 돌보며 길러주었던 이가 바로 월산대군 부인이었다. 어릴 때 잔병치레가 잦았던 연산군은 월산대군의 집으로 자주 피접을 갔고, 나중에는 연산군의 세자도 월산대군의 집에서 자라게 했다. 연산군과 월산대군 부인은 모자지간이라 해도 과언이 아닐 정도로 가까운 사이였다.

월산대군 부인은 광평대군 부인, 영응대군 부인과 함께 가장 불사를 열심히 한 왕실 며느리 중 하나였다. 독실한 불교 신자였던 박씨는 30대 초반에 청상이 된 이후 불사를 하며 세월을 보냈다. 남편의 무덤 곁에 흥복사를 창건한 것을 필두로 전국 면면촌촌을 다니며 보시를 하고 불사를 벌였다. 박씨의 불사는 조정 대신들의 지탄의 대상이 되곤 했다. 1498년(연산군 4) 흥복사에서 석가탄신일을 기해 연등회를 성대하게 열자 이를 규탄하는 내용이 《실록》에 등장한다.

4월 8일에 사족(士族)의 부녀들이 월산대군의 재궁(齋宮)에 모여들어 밤을 새워 관등을 하고, 비구니들과 같이 거처하니 더러운 풍속이 이보다 심할 수 없습니다. 또 대군의 집이 사찰 바로 곁에 있어서 부인이 승려들을 인솔하고 출입함이 절제가 없으며, 또 금을 녹여 부어 천당과 지옥의 형상을 만들어 요사스럽고 허망한 일을 하고 있사오니, 청컨대 불사를 철거하고 부인의 왕래를 금단하옵소서.

월산대군 부인이 성대하게 절을 짓는 것도 모자라 사대부 여성들까지 인솔해서 법회를 열고 불사를 벌이니 조정 신료들의 눈에 곱게 보일 리가 없었다. 하지만 연산군은 "월산대군 부인을 어찌 일반인과 같이 대접할 수 있느냐"며 신료들의 청을 거절했다.

월산대군 부인은 1506년 52세의 나이에 병으로 세상을 떴다. 그런데 박씨가 죽고 두 달 뒤에 중종반정이 일어나면서, 월산대군 부인은 돌연 연산군과 간통하던 사이로 둔갑했다. 《실록》에는 월산대군 부인이 죽은 이유가 연산군의 아이를 임신했기 때문이라는 불확실한 추문까지 실렸다.

세상을 떠나기 바로 직전 연산군이 어의까지 보낼 정도로 중병을 앓던 52세의 여성이 임신을 했다는 주장은 그 저의가 매우 의심쩍을 수밖에 없다. 더구나 월산대군 부인은 잦은 불사로 줄곧 사람들의 비난을 받아온 터였다.

월산대군 부인의 임신설을 의심할 수밖에 없는 가장 큰 이유는 그녀의 친동생 박원종이 중종반정의 핵심 세력이었다는 것이다. 박원종에게 있어서 자신의 누나가 연산군을 친아들처럼 키웠다는 사실이나 연산군이 박씨를 극진하게 대우했다는 사실은 반정공신으로서 매우 불리한 요소임에 분명했다. 따라서 자신의 입지를 마련하기 위해 누나가 폐주로부터 치욕스러운 일을 당해 목숨을 끊었다고 각색한 것이 아닐까 하는 추론이 학자들 사이에 꾸준히 제기되고 있다.

중종반정을 관철해낸 이들에게 월산대군 부인은 여러모로 껄끄러운 존재였다. 누구보다 불사에 열심이던 여성에 대한 반감과 친자식처럼 키운 연산군을 폐위시킨 불편한 심정을 담아 이들은 조선 왕실 역사상 최악의 스캔들을 만들어냈다.

조선판 마녀사냥의 희생양

갖가지 날조된 스캔들이 왕실 여인들에게 치명적인 오점이었을 법한데, 그런 스캔들이 난 후에도 대군 부인들의 사찰 출입과 불사는 사그라들지 않았다. 이는 달리 말해 관료들의 뒷말 정도는 가볍게 무시할 정도로 여성들의 배짱이 두둑했음을 보여준다.

하지만 듣기 좋은 꽃노래도 한두 번이라고, 관료들의 공격이 거듭되자 여성들은 점차 사찰 출입을 조심하기 시작했다. 조선 중기를 지나면서 왕실 여성들은 직접 사찰에 가는 대신 상궁이나 나인 등을 보내거나 보시만 동참하는 등 사찰 출입을 자제했다.

서양 중세에도 기세등등한 여자들을 억누르기 위해 동원된 방법이 있었으니, 이른바 '마녀사냥'이었다. 예쁜 여자, 홀로 사는 돈 많은 여자, 기가 드센 여자들이 마녀사냥의 주요 타깃이었다.

왕실 여성들의 추문은 좁게 보면 여성과 불교에 대한 마녀사냥이라고 할 수 있지만 넓은 측면에서 유불 이데올로기가 교체하는 격변기의 현상이라 볼 수 있다. 왕실 여성들의 추문이 집중적으로 나타나던 성종~중종 대는 사림들의 정계 진출이 본격화된 시기였다. 이들은 불교계의 대화주이자 정치적 보호자인 왕실 여성들을 공격함으로써 불교의 방패막을 부수고 성리학적 이데올로기를 구축하고자 했다. 이에 따라 여성들의 신앙 행위는 음지에서 이루어질 수밖에 없었고 조선 불교는 점점 더 은밀한 영역으로 밀려나게 되었다.

꿈마저 잃어
금몽이라 했나

영월 산골짜기 작은 암자에
조선의 가장 슬픈 역사가
발 없는 작은 새처럼 깃들다

단종은 태어난 지 하루 만에 생모 현덕왕후를 잃고, 왕위에 오른 후에
는 친어머니 같았던 할머니 혜빈 양씨를 버려야 했다. 열일곱 해를 살다
간 단종의 짧은 삶은 '발 없는 새'의 여정과 흡사했다.

세종은 며느리가 원손을 낳은 직후 세상을 떠나자, 자신의 후궁 혜빈
양씨에게 핏덩이를 맡겼다. 혜빈은 단종을 친자식처럼 보살폈고, 단종
또한 항상 혜빈의 품에서 잠들기를 청할 정도로 혜빈을 따랐다고 한다.

단종이 열두 살 되던 해에 문종마저 병으로 세상을 떠났다. 눈을 감
기 전 문종은 혜빈에게 어린 아들을 지켜줄 것을 간곡히 당부했다. 혜
빈은 목숨을 걸고 그 약속을 지켰다.

세종이 죽은 직후 혜빈은 여러 후궁들과 함께 비구니가 되었다. 비구니
가 된 후궁들은 별궁에 따로 거하면서 왕실의 일에서 손을 떼는 것이 관
행이었다. 하지만 혜빈은 비구니가 된 후에도 계속 단종 주변에 머물며 궁

안 살림을 주도했고, 단종이 폐위되는 그날까지 방패막이가 되어주었다.

혜빈은 금성대군과 손을 잡고 수양대군 세력을 계속 견제했다. 금성대군은 수양의 친동생이지만, 형의 왕위 찬탈에 반대하는 입장이었다. 혜빈과 금성대군이 이처럼 가까워진 것은 단종을 지켜야 한다는 데 뜻을 같이한 것도 있지만, 둘 사이에는 태종의 후궁 의빈 권씨가 있었기 때문이다.

혜빈은 세종 사후 머리를 깎고 의빈궁으로 들어갔다. 그곳에는 자신보다 먼저 비구니가 된 의빈이 살고 있었다. 당시 의빈궁 내부가 사찰로 조성돼 있었기 때문에 그곳으로 간 것이 아닐까 추측된다. 금성대군은 의빈에게 문안을 드리기 위해 자주 의빈궁을 방문하곤 했다. 금성대군은 어릴 때 의빈의 보호를 받으며 성장했는데, 세종이 병약한 소헌왕후를 대신해 의빈에게 대군의 양육을 부탁했기 때문이었다. 금성대군은 장성한 후에도 의빈을 친할머니처럼 공경하며 수시로 의빈궁에 문안을 드리러 찾아갔다. 이 때문에 금성대군과 혜빈은 의빈궁에서 자주 마주치곤 했다. 그렇게 둘은 긴밀한 관계를 유지하며 단종을 지킬 방안을 강구했다. 하지만 이들의 힘으로 수양대군을 막기에는 역부족이었다.

죽을힘을 다해 단종 지킨 혜빈

1453년(단종 1) 10월 10일 밤 수양대군이 단종의 처소를 습격했다. 김종서를 철퇴로 쳐 죽인 직후였다. 잠자던 단종이 깜짝 놀라 일어나서 "삼촌, 살려주세요"라고 하자, 수양대군이 대답하기를 "그것은 어렵지 않습니다. 신이 처리하겠습니다" 하고는, 곧 임금의 이름으로 여러 신하들을 소집했다.

수양대군은 호위 무사들로 하여금 궁궐 문 앞에 몰래 숨어 있다가 부라부랴 궁으로 들어오던 원로대신 황보인, 조극관 등을 줄줄이 칼로 베게 하고, 정분과 조수량 등은 귀양을 보냄으로써 권력을 완전히 장악했다. 이른바 계유정난이다.

이때부터 조정의 실권은 수양대군에게 넘어갔고, 단종은 허수아비 왕으로 전락했다. 그럼에도 혜빈은 끝까지 단종의 보호자를 자처하며, 수양대군과 대립각을 세웠다. 수양대군의 입장에서 볼 때, 혜빈은 눈엣가시일 수밖에 없었다.

계유정난 2년 뒤인 1455년 윤6월 11일 수양대군은 혜빈 양씨와 금성대군을 역적으로 지목하며 단종에게 이들을 숙청할 것을 요구했다. 수양대군의 위세에 눌린 단종은 혜빈 양씨를 청풍으로, 금성대군을 삭녕*으로 귀양 보내라고 명했다. 단종의 자형인 영양위 정종鄭悰도 영월로 유배를 보냈다. 일설에 의하면, 수양대군이 옥쇄를 거두려고 하자 혜빈 양씨가 막아서며 "옥쇄는 국왕의 중보重寶이다. 선왕의 유훈遺訓에 '세자와 세손이 아니고는 전할 바가 아니라' 했기에 비록 내가 죽더라도 내놓지 못한다"고 말해 귀양을 가게 되었다고 한다. 그로부터 5년 뒤 혜빈은 교수형에 처해졌다.

혜빈이 유배형을 받던 바로 그날, 단종은 수양대군에게 양위를 하고 창덕궁으로 거처를 옮겼다. 이는 단종에게 마지막 남은 방패막이 혜빈과 금성대군이었음을, 이들마저 잃은 단종에게는 더 이상 아무것도 남지 않았음을 알려준다.

---

* 경기도 연천과 강원도 철원 지역의 옛 지명.

조선의 가장 슬픈 역사가 된 소쩍새

그로부터 2년 뒤인 1457년(세조 3) 단종은 노산군으로 강등되어 영월로 유배를 갔다. 성삼문을 비롯한 사육신이 단종을 복위시키려다 발각되었기 때문이었다. 단종은 영월에 유배된 후 넉 달 뒤에 사사되었다.

단종이 유배 생활을 한 곳은 청령포라는 곳이다. 영월 청령포는 삼면이 서강으로 막혀 있고 뒤쪽에는 절벽이 들어서 있어 오도 가도 못하는 곳이다. 청령포에서 얼마 떨어지지 않은 산기슭에는 지덕암이라는 작은 암자가 있었는데, 단종이 즐겨 찾았다고 전해진다. 《조선불교통사》에는 단종이 아직 왕이었을 때 이름 모를 절에 있는 꿈을 꾸었다는 이야기가 등장한다. 나중에 영월에 내려온 뒤 꿈에서 본 절과 똑같은 절이 있어 매우 놀랐는데, 그 절이 바로 지덕암이었다. 단종은 암자의 이름을 '궁궐〔宮禁〕에 있을 때 꿈〔夢〕을 꾸었던 절'이라는 의미로 금몽사禁夢寺라고쳐 지었다. 이 설화로 유추해볼 때, 단종은 어린 시절부터 혜빈의 영향으로 불교를 친숙하게 받아들였으며, 영월에 내려간 뒤로는 지덕암을 오가며 하루하루를 보낸 것으로 보인다.

단종이 청령포에 유배된 지 얼마 지나지 않아 큰 홍수가 났고, 단종은 잠시 영월 관헌으로 옮겨지게 되었다. 단종의 〈자규사子規詞〉는 관헌에 있던 매죽루에서 지은 시라고 전해진다. 매죽루는 후에 자규루로 개칭되었다.

달이 낮게 기울 때/ 촉왕 혼령 슬퍼우네

그리워 그리워/ 누대 머리에 기대섰노라

네 울음소리 괴롭기에/ 내 마음도 서글퍼라

네 소리 없으면/ 내 시름없으련만

온 세상 고뇌하는 이들에게 알리나니

부디 오르지 마시게

춘삼월에/ 자규가

산에 달 뜬 누각에서 울 때에는

자규는 소쩍새다. 피를 토할 듯이 우는 소쩍새를 보고 단종은 마음껏 소리 내어 울지도 못하는 자신의 모습을 떠올렸을까. 영월에 유배된 지 넉 달 뒤 단종은 사사되었다. '엄마 잃은 가엾은 새'는 그렇게 조선의 가장 슬픈 역사가 되었다.

강원도에 있는 유일한 왕의 능, 장릉

조선의 왕릉 가운데 경기도를 벗어난 곳에 위치한 능은 단종의 장릉이 유일하다. 원래 왕릉은 도성에서 100리 이내에 조성되는 것이 관례였다. 하지만 단종의 무덤은 왕릉의 격식은 고사하고 왕자의 예도 갖추지 않은 채 조성되었다.

단종의 무덤이 영월에나마 남아 있게 된 것은 엄홍도라는 의인 덕분이었다. 단종의 시신은 청령포 앞 강물에 둥둥 떠 있었다고 한다. 한때 왕이었던 17세 소년의 시신을 그 누구도 수습하려고 하지 않았다. 혹시라도 역적의 동조자로 낙인찍힐까 두려워서였다. 이때 영월의 호장* 엄홍도는 단종의 시신을 수습해 양지바른 언덕 위에 묻었다. 단종의 무덤

---

* 관아 벼슬아치 밑에서 일을 보던 구실아치의 우두머리.

을 조성한 후 후환이 두려웠던 엄흥도는 가솔들을 이끌고 야반도주했
다. 그로부터 241년 뒤 단종이 복위되면서 숨어 살던 엄흥도의 후손들
은 스스로를 드러낼 수 있게 되었다. 영조는 엄흥도의 의로운 행동을 기
리기 위해 장릉 능역 내에 정려각旌閭閣을 세웠다. 정려각은 충신이나 열
녀를 기리기 위해 나라에서 세운 사당으로, 지금도 장릉에는 충의공 엄
흥도 정려각이 남아 있다.

단종이 왕으로 복권된 것은 1698년(숙종 24)이 되어서였다. 이때 노
산군 묘도 장릉으로 추숭되었다. 1712년(숙종 38)에 이르면 단종을 끝
까지 지키고자 했던 혜빈 양씨도 복권된다. 숙종은 혜빈 양씨에게 "의리
를 위해 목숨을 던진 절개를 가상히 여긴다" 하여 후궁에게는 드문 민
정빈愍貞嬪 양씨라는 시호를 내렸다.

단종의 원당인 금몽암은 단종이 세상을 떠난 후 폐사와 중창을 수차
례 반복했다. 1609년(광해군 1) 광해군이 노산군의 무덤을 살펴보게 했

는데, 노산군의 묘는 폐허가 되다시피 하고 금몽암 또한 불에 타 없어졌다는 보고가 올라왔다. 광해군은 영월 군수에게 노산군 묘를 정비하게 하는 한편 절을 다시 짓게 하였다. 이 절은 노릉암이라 불렸다. 단종이 아직 왕으로 복권되기 전이었지만 암자 이름이나마 왕릉을 수호한다는 의미를 담아 노릉암이라 불렸던 것으로 보인다.

하지만 노릉암도 얼마 지나지 않아 폐사되고 말았다. 숙종 대에 노산군 묘가 장릉으로 추숭될 당시에 암자가 폐사되고 없어졌다는 사실이 확인된다. 이에 숙종은 보덕사報德寺를 새로 창건해 장릉 수호 사찰로 삼게 했다. 보덕사는 장릉에서 도보로 약 5분 거리에 있다.

이후 영조 때 장릉참봉 나삼羅蔘이 단종의 유적지가 사라진 것을 안타깝게 여겨 자신의 사재로 금몽암 옛터에 다시 절을 지었다. 그때 지은 절이 현재의 금몽암이다. 지금은 보덕사의 산내 암자로 속해 있다.

금몽암은 태백산 기슭에 있는 한 폭의 그림처럼 아름다운 절이다. 주변 풍경이 아름답기만 한 것이 아니라 다른 곳에서는 흔히 볼 수 없는 절의 독특한 구조가 매력적인 사찰이다. 이 절은 앞에서 보면 ㄱ자형 건축인데, 뒤편에서 보면 ㄷ자형으로, 절의 누각과 법당·요사채가 모두 하나의 건물처럼 연결되어 있다.

절 마당에 들어서면 별당 아씨의 정원처럼 아기자기한 마당이 꾸며져 있고 우화루雨花樓라는 멋들어진 누각이 법당의 일부처럼 붙어 있다. 그리고 법당 뒤쪽은 스님과 공양주 보살이 기거하는 요사채로 연결되어 있다. 그 앞에 옹기종기 장독대도 늘어서 있다. 이처럼 법당과 누각, 요사채가 하나의 건물에 모두 포함되어 있는 것은 조선 후기 암자의 건축 구조에서 자주 나타나는 특징이다.

벌거벗은 임금님의
쓸쓸한 말로

동생과 조카들까지 죽이고 차지한
왕좌 지키기 위해 공포정치를 자행했으나
말년에 얻은 건 회한과 병마뿐

벌거벗은 임금님은 어쩌다 벌거벗게 되었을까. 재봉사가 재물을 노리고 일으킨 사기 행각에 단순히 넘어갈 정도로 순진했던 것일까. 그 해답은 안데르센 동화의 첫머리에 등장한다. 그것은 바로 임금님이 "매일 거울을 바라보며 스스로를 아주 멋지다고 생각한" 인물이었기 때문이다.

자만심이 크면 클수록 그 자만심에 의해 판단력은 흐려질 수밖에 없고, 주변엔 감언이설을 속삭이는 인간들만 남는 법이다. 권력을 지닌 사람이 독재자가 되거나, 자신이 내린 판단은 전부 옳다고 믿게 되는 것은 주변에 모조리 예스맨들만 배치해놓았기 때문이다.

임금님이 벌거벗게 된 건 주변에 바른말 하는 인물이 한 명도 없었기 때문이다. 이에 사기꾼 재봉사는 임금님의 자만심을 역이용해 손끝 하나 까딱 않고 홀라당 벗김으로써 그의 자아도취를 만천하에 드러냈다. 《세조실록》을 읽다 보면 세조가 바로 '벌거벗은 임금님'이 아닐까 하는 생각이 들곤 한다.

세조 집권기는 정말 태평성대였을까?

세조 집권 8년째 되는 해(1462)부터 전국 골골샅샅에서 기이한 이적 현상들이 발생했다. 세조가 원각사를 세우자 하늘에서 네 가지 꽃비가 내렸고, 장의사에 들르니 오색구름이 세조를 뒤따라왔으며, 낙산사에서 법회를 열면 사리가 오색찬란한 빛을 내며 분신分身했다. 세조가 금강산에 갔더니 담무갈보살이 현상現相했고, 오대산에 가면 문수보살이, 양평 상원사에 가면 관세음보살이 현상했다. 속리산에 가면 부처님이 방광放光했다.

《실록》에는 약 40여 건의 이적 현상이 나타나는데, 세조가 일본 국왕에게 보낸 친서에는 "내가 왕위에 오른 뒤로 우리나라에서 7,000여 건의 신이한 일들이 발생했다"는 자화자찬이 쓰여 있다. 직필直筆의 원칙에 따라 반드시 일어난 사실, 확인된 사건만을 적는 《실록》에 이런 내용이 담겼다는 것은, 더구나 외국 국왕에게 보내는 공식 서한에까지 이적 현상을 소개한 것은 매우 놀랍고도 특이한 현상임이 분명하다.

그런데 왜 세조 대에 이런 신이한 사건들이 연달아 발생한 것일까. 이에 대해 일부 학자들은 세조의 병이 깊어지면서 일종의 정신착란이 발병한 것이라 하고, 또 어떤 학자들은 세조가 이적 현상을 빌미로 전제정치를 강화한 것이라 한다.

세조의 시대는 결코 태평성대가 아니었다. 오히려 매우 위험하고 불안한 공포정치기였다. 세조는 조카와 친형제를 죽이고 왕이 된 인물이다. 오로지 왕이 되겠다는 일념 하나로 차마 해서는 안 되는 일들을 무수히 자행했다. 세조는 전제군주임에도 불구하고 왕권이 강하지 못했다. 그의 도덕적 취약성은 한명회와 같은 공신들의 권력을 강화시켰고 이로 인해 태종~세종 대에 구축된 강력한 왕권이 휘청거렸다. 이런 세조를 왕좌에서 내쫓을 명분은 넘치고도 넘쳤다. 자신을 위협하는 요소가 크면 클수록 세조는 공포와 공작 정치를 남발하여 그 요소들을 제거했다.

세조 집권 초 사육신들이 능지처참을 당하고, 단종이 청령포에서 사사되고, 또 세조의 친동생인 금성대군까지 처형됨으로써 반대 세력에 대한 응징은 일단락되었다. 곧이어 세조 8년부터 13년까지 전국 곳곳에서는 7,000여 건의 이적 현상이 발생했다. 공포정치에 이은 정치 공작의 일환이었던 셈이다.

사관들은 세조가 들르는 곳마다 꽃비와 상서로운 구름이 내렸다고 기록했고, 세조와 관련된 불사가 벌어질 때마다 사리가 수천수만 개로 분신하는 기적이 발생했다는 보고가 끊임없이 올라왔다. 임금과 신하, 왕실이 모두 합심한 듯 세조를 성군으로 치켜세우기에 바빴다.

세조에게 '임금님 벌거벗었어요'라고 사실을 고한 건 세조에게 찾아온 병이었다. 세조는 말년에 온몸에 종기가 올라 누런 고름으로 가득했고, 제대로 누울 수도 없을 만큼 고통을 겪었다. 얼굴에도 항상 시뻘건 피고름이 맺혀 있어 누가 보아도 천벌을 받은 형상이었다.

나라 곳곳에서 온갖 상서로운 현상들이 발생하던 그 시기에 정작 세조는 엄청난 고통에 시달리고 있었다. 달리 말하자면, 세조의 목숨이 위태로울 정도로 병마와 싸우고 있는 것을 감추기 위해 불교의 이적 현상을 내세워 태평성대인 척하며 백성들을 속였다는 말이 된다. 세조는 물론 왕실과 조정 대신들이 한목소리로 세조의 치세를 거짓으로 칭송해야 했던 그 이면에는 조선 왕실이 정말 천벌 받을지도 모른다는 두려움이 깔려 있었던 것이다.

수승한 불제자, 천벌을 자초하다

세조가 그토록 깊은 병에 걸린 것은, 역설적으로 들리겠지만, 세조 자신이 쌓은 높은 선업善業 때문이라고 필자는 생각한다.

세조는 왕자 시절 부왕 세종의 명을 받고 《능엄경》, 《원각경》과 같은 경전을 한글로 풀어냈으며, 《석보상절》과 《월인석보》 등 최초의 한글 경전을 손수 지었다. 그리고 왕위에 오른 후에는 간경도감을 통해 이 경전들을 전국에 유포했다. 이 공덕으로 일반 백성들까지 부처님의 법음을 직접 읽을 수 있게 되었고, 한글의 유포도 속도를 낼 수 있었다.

이처럼 수승한 능력을 지닌 불제자에게 자신의 과보가 보이지 않았을 리 만무하다. 보살의 공덕을 지었지만 친혈육을 죽인 앙굴리말라*에게 부처님은 온몸 가득 종기가 돋게 했다. 세조를 고통스럽게 한 것은 죄의식이 일으킨 마음의 병이라 할 수도 있다. 충격적인 사건을 경험한 이후 심적 고통을 겪는 '트라우마'가 바로 세조가 앓았던 병의 근본 원인이 아니었을까.

어떤 처방에도 소용이 없었던 세조는 전국 방방곡곡의 절을 찾아다니며 참회의 기도를 올렸고, 자신의 욕망으로 희생된 인물들의 명복을 빌 수밖에 없었다.

부처님은 권력에 도취된 세조에게 종기라는 과보를 내려 그의 벌거

---

* 부처의 제자가 되기 전에 999명을 죽인 살인자.

벗은 영혼을 돌아보게 했다. 살아생전 내려진 업경대*가 부처님이 줄 수 있는 가장 큰 자비였던 셈이다.

세조의 랜드마크, 원각사

세조는 왕자 시절부터 많은 불경을 간행하고, 모후인 소헌왕후의 명복을 빌기 위해 용문사를 중창할 때도 불사를 진두지휘할 정도로 신실한 불교 신자였다.

왕이 된 후에는 여러 사찰을 원당으로 삼았고, 간경도감을 설치해 한글 불경을 인쇄해 전국에 유포했으며, 각종 불화 및 불상들을 제작해 사찰에 보시했다. 세조가 원당으로 삼은 사찰들은 양평 상원사를 비롯해 금강산 유점사, 장안사, 건봉사, 오대산 상원사, 속리산 복천암, 부안 실상사, 합천 해인사 등 기록으로 확인되는 절만 수십 곳에 달한다.

세조의 여러 불사 중에서도 가장 대표적인 것이 원각사 창건이다. 원각사는 경복궁과 창덕궁 사이에 설치된 사찰로, 세조의 병이 가장 심했던 시기인 1464년(세조 10)에 지어진 절이다. 이즈음 세조는 혼절하여 며칠간 의식이 없을 때도 있었다. 이토록 불안한 시기일수록 백성들을 안정시킬 선전물이 필요했다. 조선 왕실이 선택한 방법은 바로 도성 한복판에 어마어마한 규모의 절을 짓는 것이었다.

세조가 원각사를 창건하게 된 직접적인 계기는 회암사에서 발생한 신이한 이적 현상 때문이었다. 1464년 4월에 효령대군이 회암사에서 석가모니 사리를 안치하고 법회를 열자, 이날 저녁에 석가모니 부처님이 공

---

* 業鏡臺. 염라대왕이 중생의 죄를 비추어 보는 거울.

국보 제2호 원각사지 십층석탑

중에 모습을 나타내고 사리가 800개로 분신하는 이적이 발생했다. 효령
대군은 이 사리들을 한양으로 모셔와 세조에게 보이고 함원전에서 법회
를 열었다. 이 법회에서 사리가 또다시 분신하여 400여 개 더 생기는 이
적이 벌어졌다. 이를 기념하기 위해 세조는 도성 안에 절을 세우고 사리
들을 안치하라는 명을 내렸다. 절 이름을 원각사라 지은 것은 효령대군
이 회암사에서 설행한 법회가 원각법회였기 때문이다.

　실제로 사리 분신이라는 이적이 발생했는지 아닌지는 확인할 길이 없
지만, 전후 상황으로 미루어 볼 때 이는 다분히 조작된 기적일 가능성
이 크다. 이즈음 효령대군은 세조를 위한 불사를 자주 벌였는데, 그때마
다 오색구름이 피어나거나 꽃비가 내리는 등 크고 작은 이적들이 발생
했다는 보고가 올라왔다.

효령대군이 세조의 공작 정치에 앞장선 이유는 무엇일까. 아마도 이는 죗값을 톡톡히 치르고 있는 조카를 위로하기 위한, 개국 이래 가장 큰 위기를 맞은 조선 왕실을 지키기 위한 선의의 거짓말이 아니었을까 싶다.

세조의 말년처럼 원각사의 끝도 매우 씁쓸했다. 세조의 증손자인 연산군은 원각사를 기생들의 숙소인 연방원으로 만들어버렸으며, 중종은 이 절을 헐고 원각사 재목을 백성들에게 나누어주었다. 지금은 탑골공원이 된 원각사의 옛터에는 원각사지 십층석탑만 우두커니 남아 절의 옛 영광을 입증하고 있다.

살아남은 자들의
슬픔

신라 박제상 이래 충절의 표상되고

고려·조선의 충신들이 시대의 한恨을 내려놓은 곳

김시습, 사육신들의 위패 위에 단종까지 모시다

계룡산 동학사는 한국의 대표적인 단풍 명소 중 한 곳이다. 노랗고 빨간
단풍들이 찬란하게 빛나는 동학사 길을 따라가다 보면 다른 사찰에서
는 보기 드문 홍살문이 길 한가운데 우두커니 서 있다. 피안의 세계로
건너가는 일주문과 지혜의 세계로의 진입을 의미하는 금강문 사이에
왜 유교식 상징물이 서 있는 걸까. 홍살문은 보통 왕릉이나 종묘, 서원,
향교 등 유교식 건물 앞에 세우는 문으로 악귀로부터 신성한 장소를 보
호한다는 의미를 담고 있다. 동학사 입구에 홍살문이 들어선 것은 동학
사가 일반적인 절이 아니라 '충절의 표상'인 사찰이기 때문이다. 동학사
에 위치한 숙모전肅慕殿은 김시습이 사육신과 단종을 추모하기 위해 세
운 사당이다.

신라-고려-조선으로 이어진 충신들의 성지

문종의 때 이른 죽음은 조선왕조에 너무도 많은 불행을 가져왔다. 문종의 어린 아들 단종은 숙부에게 살해당했고, 문종의 사위인 정종도 끝내 죽임을 당했다. 청상과부가 된 단종 비 정순왕후와 단종의 누나 경혜공주는 비구니가 되었다. 어린 조카를 죽이고 왕위를 찬탈한 수양대군은 희대의 패륜아로 낙인찍혔고, 단종의 복위를 도모한 충신들은 능지처참을 당했다. 결과적으로 그 시대를 살다 죽어간 자, 그 시대에 살아남은 자들 모두 '시대의 희생양'이 되었다.

　살아남은 자들 중에는 패륜아의 휘하에 들어가느니 차라리 세상을 버리겠노라 선언한 이들도 있었다. 후대 사람들은 이들을 '살아남은 여섯 충신'이라 하여 생육신生六臣이라 불렀다. 이들 가운데 가장 유명한 이가 매월당 김시습이다.

다섯 살 때부터 천재로 명성이 자자해, 세종이 친히 불러 비단 한 필을 하사하며 혼자 힘으로 들고 가라 하자 그 비단을 허리춤에 묶어 끌고 나간 소년. 그 영특함에 놀란 세종이 부디 잘 커서 조정에서 다시 만나자 약속했던 이가 바로 김시습이다. 그러나 소년이 과거를 치를 만큼 장성했을 무렵 수양대군이 어린 조카 단종을 폐위시키고 왕위를 찬탈해버렸다. '충신은 두 임금을 섬기지 않는다(충신불사이군忠臣不事二君)'는 절의를 지키기 위해 그는 머리를 깎고 설잠雪岑이라는 법명의 스님이 되었고, 전국을 방랑하며 수많은 설화와 전설, 아름다운 시를 남겼다.

단종이 폐위된 이듬해인 1456년(세조 2) 성삼문·박팽년 등의 신하들은 세조를 몰아내고 단종을 복위하려다 발각되어 능지처참을 당했다. 사육신이 죽은 그날 밤, 김시습은 노량진 강변에 버려진 사육신의 시신을 암매장한 뒤 그길로 동학사로 내려가 초혼제를 지냈다. 이듬해 단종이 죽자, 김시습은 사육신의 제단 위에 한 단을 더 만들어 단종의 위패를 모셨다.

김시습은 초혼제를 지내기 위해 왜 굳이 동학사까지 내려간 것일까? 그것은 동학사가 충절의 표상인 사찰이기 때문이었다. 당시 동학사에는 고려의 마지막 충신들을 모신 사당 삼은각三隱閣, 그리고 신라의 충신 박제상을 모신 동계사가 있었다. 신라의 충신 박제상, 고려의 충신 정몽주와 길재, 그들의 뒤를 이어 단종에게 충성을 다한 신하들이 동학사에 배향되어야 한다고 판단한 것이다.

사육신 위패 위에 단종을 모시다

《성삼문유집》에는 동학사에 관해 다음의 이야기가 기록되어 있다.

> 1456년 박팽년·성삼문 등이 단종의 복위를 도모하다 일이 발각되어 죽
> 자, 김시습이 밤중에 사육신의 유체를 노량진에 묻고, 계룡산 동학사로
> 내려와 삼은각 옆에다 단을 마련하고 사육신의 혼을 불러 제사를 지냈
> 다. 이듬해 세조가 속리산에서 온양온천에 행차하던 길에 이 절에 들러
> 삼은각을 둘러보다 초혼각(招魂閣)을 발견하고는 계유정난 때 희생된
> 원혼들의 이름을 적어주었다. (…) 단종이 죽은 후 엄홍도가 어포(御袍)
> 를 안고 김시습과 함께 이 절에 와서 사육신의 단 위에 또 한 단을 가
> 설하니 모습이 마치 품(品)자 같았다.

《성삼문유집》에 남아 있는 이 기록들을 모두 믿기는 힘들다. 세조가
사육신을 처형한 직후 그들의 제단을 허용했다는 대목이 특히 그렇다.
세월이 한참 흐른 후에야 조선왕조가 이를 눈감아 줬겠지만, 적어도 단
종이 버젓이 살아 있는 상황에서 세조가 사육신을 추모했다거나 사육
신의 충절을 인정했다는 것은 도저히 있을 수 없는 일이다. 이 같은 설
화가 생겨난 것은 후일 사육신과 김시습에 대한 일화들이 각색되고, 세
조의 참회 부분이 첨가되면서 만들어진 이야기라 여겨진다.

원래 동학사는 청량사清涼寺라는 이름의 절이었다. 신라가 망한 뒤 고
려의 개국공신인 유차달이 청량사 경내에 박혁거세와 박제상을 모신 동
계사東鷄祠라는 사당을 지었다. 동계사는 동쪽 계림의 사당 즉 신라의 혼
을 모신 곳이라는 의미를 담고 있다. 이후 절 이름도 동계사東鷄寺로 바뀌

단종과 사육신의 위패를 모신 숙모전

었다가 동학사로 개칭되었다.

　문화 유씨의 시조 유차달은 원래 신라의 신하였다. 신라가 후백제의 견훤에 의해 멸망하자 유차달은 신라의 원수를 갚겠다는 명분으로 왕건의 휘하에 들어갔다. 이후 고려에 의해 후삼국이 통일되자 유차달은 고려의 개국공신으로 인정받았고 유씨 성을 하사받았다. 이후 유차달은 동학사에 신라의 시조 박혁거세와 신라의 충신 박제상을 모신 사당을 지음으로써 신라의 혼을 지키고자 하였다.

　박제상은 《삼국사기》와 《삼국유사》에 모두 등장하는 신라의 대표적인 충신이다. 눌지왕의 두 아들이 고구려와 일본에 각각 볼모로 잡혀 있었는데, 천신만고 끝에 그들을 구해내고 자신은 일본 땅에서 죽었다. 죽는 그 순간까지 "나는 신라의 신하다"라고 외치며 자신의 절개를 끝까지 지켰던 박제상은 이후 충신을 대표하는 인물로 추앙받았다.

고려왕조에 대한 절의를 지키기 위해 죽을 때까지 벼슬을 거부했던 길재가 정몽주의 위패를 모시고 이 절에 온 것 또한 박제상의 사당이 동학사에 있었기 때문이다. 고려가 망하고 포은 정몽주의 위패 옆에 목은 이색과 야은 길재가 나란히 안치되면서 삼은각이라는 사당이 마련되었다.

삼은각 바로 옆에 사육신과 단종을 기리는 초혼각까지 세워지면서 동학사는 신라와 고려에 이어 조선의 충신들까지 기리는 사찰이 되었다. 초혼각이 마련된 이후 단종의 죽음에 애통해하는 사람들이 동학사로 몰려와 단종의 어포를 안고 대성통곡을 하면서 초혼제를 지냈다고 한다. 이 초혼각이 오늘날의 숙모전으로 이어지고 있다.

동학서원에서 다시 동학사로

동학사는 한때 동학서원東學書院으로 탈바꿈한 적이 있었다. 조선 후기에 유학자들의 목소리가 더욱 커지게 되자, 1835년(헌종 1) 공주 지역의 유생들은 '충신들의 성지' 동학사를 서원으로 개조해버렸다. 이때 동학사의 스님들은 모두 쫓겨났고, 동학사는 동학서원으로 개칭되었다.

서원으로 개조한 지 1년 만에 서원의 유사有司인 정규흠과 공주 향교 담당자인 신영, 이면일 등이 서로 힐난하고 싸우다가 이 싸움이 조정까지 보고되는 일이 발생했다. 기존 공주 지역의 유학자 그룹인 향교 관계자들과 새롭게 그룹을 형성한 서원 세력이 마찰을 일으킨 것이었다. 결국 정규흠은 문서위조죄로 사사되고 나머지 6명은 유배를 가는 것으로 종결되었다. 이때 동학사가 동학서원으로 개조되었다는 사실을 알게 된 헌종은 동학서원을 다시 동학사로 바꾸고, 승려들에게 숙모전을 수호하

동학사 전경

라는 명을 내린다. 그리하여 동학사가 다시 사찰로 회복되었다.

근대에 들어 동학사에는 '조선 최고의 대강백大講伯'으로 명성을 떨치던 만화보선萬化普善이 강사로 주석하고 있었다. 이 때문에 전국의 학인들이 동학사로 모여들었는데, 그중 한 명이 경허 스님이었다. 경허 스님은 보선 스님 문하에서 경학을 배우고 나중에는 동학사 강사까지 지냈다.

경허 스님은 동학사에서 지내던 어느 날, 옛 은사인 계허 스님을 만나기 위해 서울로 가다가 심한 폭우를 만났다. 때마침 민가가 있어 들렀으나, 마을에 돌림병이 들어 집집마다 대문이 굳게 닫혀 있었다. 폭우 속에서 밤새 죽음의 공포에 시달리던 경허 스님은 '생사불이生死不二'의 이치가 글 속에만 있는 것이 아니라는 사실을 비로소 깨달았다. 경허 스님

146

은 그길로 동학사로 돌아가 학인들을
모두 돌려보내고, 3개월 동안 일념으
로 정진하여 도를 깨쳤다.

경허 스님은 오늘날 '한국 선불교
의 중흥조'로 추앙받고 있으며, 동학
사는 경허 스님이 돈오頓悟를 각성한
역사적인 장소로 꼽힌다. 현재 동학
사 부도밭에는 경허 스님의 부도가
모셔져 있다.

한 사찰의 역사에는 수많은 인연
과 수없는 마음들이 실타래처럼 엉

경허 스님 부도

켜 하나의 인드라망을 이루고 있다. 어떤 이들은 동학사에서 단종의 핏
빛 슬픔을 보고, 어떤 이들은 김시습의 통곡을 듣고, 어떤 이들은 누더
기가 된 세조의 마음을 읽는다. 또 많은 이들이 이곳에서 사육신의 충
절과 비애를 느낀다. 어떤 이들은 이곳에서 삶과 죽음이 둘이 아닌 이치
를 깨닫기도 하고, 또 다른 이들은 죽음을 무릅쓰고 수행에 몰두한 스
승의 발자취를 더듬는다.

그중 일부는 역사로 남고, 일부는 전설로 떠돌며, 대부분은 세월 속
에 묻혀 잊힌다. 동학사에 뒹구는 낙엽들이 계룡산의 일부가 되어 사라
지듯이.

몰락한 왕실 여인들의
해방구

지아비 잃은 여인이 인간성을 지키고자 선택한 외길,
갈 곳 없는 왕실 여인들의 마지막 귀의처, 정업원

B.C. 3000년경 인간의 삶이 문자로 남겨지기 시작한 이래 역사의 주인
공은 항상 '힘 있는 남자'였다. 마초들이 힘겨루기를 하는 동안 여자들
은 그 싸움의 전리품이나 교환 수단 혹은 희생물로 이용되었다.

여자가 전리품이 되는 경우는 십중팔구 자신을 보호하던 남자가 싸
움에서 진 결과였다. 몽골 침입이나 병자호란 같은 큰 전쟁은 말할 나위
없거니와, 조선 시대에 수많은 사화士禍나 왕위 투쟁 뒤에는 반드시 노비
가 되거나 성 노리개로 전락하는 여자들이 발생했다. 이 가여운 여인들
이 스스로를 지킬 수 있는 유일한 방법은 비구니가 되는 것이었다.

단종의 부인 정순왕후와 누나 경혜공주가 나란히 비구니가 된 것 또
한 이런 이유에서였다. 간혹 역사책에서는 이들이 죽은 남편의 명복을
빌기 위해 비구니가 되었다거나, 삶에 대한 의지를 상실하여 더 이상 속
세에 대한 미련이 없어 출가를 했다고 해석하는데, 이는 매우 단편적인

설명에 불과하다.

이들이 비구니가 된 보다 큰 이유는 '살아남기' 위해, 왕의 부인으로 왕의 딸로 '살아남기' 위해서였다. 비구니가 되는 것 외에 이들이 자신의 명예를 지킬 수 있는 방법은 그 어디에도 없었다.

노류장화 신세 된 왕비와 공주

단종이 영월로 유배 갈 당시 정순왕후 송씨는 남편을 따라가지 않았다. 그 이유는 알려지지 않았지만, 정순왕후의 고모인 영응대군 부인 송씨를 비롯해 친정 식구들이 극구 만류했기 때문이 아닐까 추측해본다. 단종이 영월로 유배를 간 이상 그의 생사는 하루 앞을 장담할 수 없는 노릇이었다. 이에 송씨를 살리기 위해 단종을 따라가지 못하도록 떼어놓았던 것이 아닐까 싶다. 정순왕후는 홀로 남아 정업원 비구니가 되었고, 동대문 밖 작은 초막에서 세 나인들과 함께 살아갔다.

이에 반해 단종의 누이인 경혜공주는 남편 정종을 따라 순천으로 유배를 갔다. 남편 정종이 단종 복위 사건에 연루되어 능지처참을 당한 후 얼마 지나지 않아 경혜공주는 유복자 정미수를 데리고 한양으로 돌아왔다. 경혜공주는 한양으로 돌아온 후 비구니가 되었다. 경혜공주의 출가처는 알려져 있지 않지만, 정순왕후와 마찬가지로 정업원에서 출가했을 것으로 추측된다.

명종 대의 문신 윤근수의 《월정만필》에는 단종이 영월로 유배간 뒤 신숙주가 세조에게 정순왕후를 자신의 첩으로 달라고 했다는 야사가 전해진다. 또 《연려실기술》에는 경혜공주가 순천으로 유배 갔을 당시 순천부사가 공주를 노비로 부리려 하자 공주가 버럭 화를 내며 "내 비록 귀양을 왔을지언정 왕의 딸인데, 수령이 감히 나에게 관비의 사역을 시킨단 말이냐"라고 호통을 쳤다는 일화도 실려 있다. 단종의 후궁 권중비權仲非는 공신의 계집종이 되었다가 1464년(세조 10)에 이르러서야 방면되었다.

이처럼 울타리가 사라진 여자의 운명은 '길가에 핀 꽃'의 신세와 다르지 않았다. 심지어 국모나 공주라 해도 말이다.

비구니가 된 비빈들의 묘한 공식

조선 전기에는 상당수의 왕실 여인들이 비구니가 되었다. 왕이 죽고 난 후에 남겨진 후궁들, 역모에 연루되어 남편을 잃은 여인들, 늙어서 갈 곳 없는 궁인들이 스스로 비구니가 되었다. 그런데 비구니가 된 여인들이 머물렀던 곳을 추적해보면 묘한 공식을 발견할 수 있다.

선왕의 후궁들은 비구니가 된 이후에도 궁궐 밖으로 나가지 않았다. 대신 자신이 살던 궁을 불당으로 개조해 살았다. 이들은 여전히 내명부의 일원이었기 때문에, 비구니가 되었을지언정 후궁으로서의 지위는 고스란히 지니고 있었다.

이에 비해 남편이 역적으로 몰려 집안 전체가 몰락한 여성들은 정업원이라는 사찰로 들어갔다. 남편이 대역죄로 귀양 가거나 사사되면 나머지 가족들도 사형을 당하거나 관노로 전락하는 것이 일반적이었다. 하지만 정업원 비구니로 출가를 하게 되면 역적의 부인이라 해도 관노로 끌려가지 않았다. 정업원은 왕실의 지원과 보호를 받는 '특별한 기도처'였기 때문이다. 더 이상 갈 곳이 없는 왕실 여인들의 마지막 귀의처가 정업원이었던 셈이다.

의빈 권씨·신빈 김씨 등 내명부 직첩을 갖고 있었던 여인들이 자수

정업원구기비

궁·수진궁 등 궁궐이라는 명칭이 붙은 곳에서 살았던 반면, 공민왕의 후비 혜화궁주나 소도군 부인 심씨, 단종 비 정순왕후, 연산군의 후궁 곽씨 등 역적의 아내로 낙인찍힌 이들은 정업원에 몸을 기탁했다.

이들은 왕의 여자 내지 왕의 딸로서의 명예를 지키기 위해 비구니의 길을 선택했다. 비구니가 된다는 것은 자신의 모든 정치적 권리를 포기하는 동시에 세속에 아무런 미련이 없음을 공표하는 것이기도 했다.

정순왕후의 정업원은 어디에 있었나

단종 비 정순왕후는 조선 시대 왕비들 가운데 유일하게 비구니가 된 인물이다. 한때 왕비였던 여자가 열일곱에 남편과 생이별을 하고 비구니까지 되었으니 참으로 고달프고 애처로운 인생이 아닐 수 없다.

정순왕후의 애한을 담아 조선 시대 사람들은 수많은 설화와 전설을 만들어냈다. 지금도 왕후가 살았다는 동대문 밖 동망봉 일대에는 정순왕후에 얽힌 여러 유적지들이 남아 있다. 왕비가 세조의 도움을 거절하고 스스로 생계를 해결하기 위해 염색 빨래를 하여 항상 자주색 염색물이 흘러내렸다는 자주동샘, 동쪽 하늘을 향해 단종을 그리워하며 눈물을 지었다는 동망봉東望峯, 단종과 정순왕후가 마지막 인사를 나눴던 영리교永離橋 등이 대표적이다.

야사는 정순왕후가 도성이 아닌 동대문 밖에서 홀로 살았다거나, 세조가 준 집과 양식을 거부하고 걸식으로 연명했다는 이야기들을 전한다. 이러한 설화에 근거해 정순왕후가 정업원이 아닌 청룡사에서 출가했다던가, 도성 밖에 또 하나의 정업원을 만들었다는 주장들이 제기돼 왔다. 하지만 이는 사실과 다르다.

최근에 한국학중앙연구원으로 이관된 해주 정씨 고문서 꾸러미에서 정순왕후가 직접 남긴 분재기 등이 발견되었다. 이에 따르면 정순왕후는 도성 안 정업원에서 출가했고, 훗날에는 은사인 정업원 주지 이씨로부터 물려받은 인창방(오늘날의 종로구 숭인동·창신동 일대)의 집에서 살았다. 오늘날 정업원구기비가 있는 곳이 바로 이곳이다. 이 비석은 영조가 정순왕후를 기리기 위해 왕후가 살던 집터에 세운 추모비이다.

원래 정업원은 창덕궁 인근에 있었는데, 15세기 말에 연산군이 정업원 비구니들을 모두 쫓아내고 그 일대를 사냥터로 만들어버렸다. 이후 40여 년간 도성 내의 정업원은 공식적으로 폐사되었다. 도성 밖으로 쫓겨난 정업원 비구니들은 인창방에 정업원을 새로이 세우고 승가를 유지하며 살아갔는데, 당시의 주지가 정순왕후였다. 이 정업원에는 정순왕후 외에도 연산군의 후궁 숙의 곽씨를 비롯한 폐서인 신분의 왕실 여성들이 머물고 있었다.

몰락한 왕실 여성이 역적의 부인이나 대역죄인의 딸이라는 연좌제에서 벗어날 수 있는 유일한 길은 '정업원'이라는 울타리 속으로 들어가는 것이었다. 그 안에 들어서는 순간, 그들은 세속의 힐난과 돌팔매질로부터 벗어날 수 있었기 때문이다.

여자가 아닌 한 명의 인간이 되기 위해

티브이 사극 드라마에 등장하는 비구니들은 하나같이 팔자 사납고 한 많은 여인들 일색이다. 하지만 실상을 들여다보면, 정업원 비구니만큼 신바람 나게 사는 여자들도 없었다. 《선조실록》에는 정업원 비구니들이 떼를 지어 금강산 유점사에 놀러갔다가 들키는 바람에 조정에서 한바탕 난리가 난 사건이 등장한다. 국법으로 여인들의 사찰 출입을 금지했는데, 비구니들이 정기적으로 금강산을 오르내리며 자유롭게 산사 순례를 다니니 신료들 입장에서는 기가 막힐 노릇이었다.

그런데 이를 뒤집어보면, 당시 비구니들은 삼종지도三從之道나 남녀유별男女有別과 같은 유교 윤리와 상관없이 자유롭게 살았음을 알 수 있다. 조선 천지에 비구니를 제외하고서 전국을 자유롭게 유랑할 만큼 팔자 좋은 여자들은 거의 없었다. 비구니는 '여자'가 아니라 '승려'였기 때문이다.

무애자재無碍自在한 인간이 될 수 있는 해방구를 찾아 조선 시대 여성들은 사찰로 향했다. 누구나 성불할 수 있다는 진리에 감복하면서, 스스로 존엄한 인간이 되기 위해 불교에 귀의했다.

조선 시대 불교가 여성들의 불심에 의지해 그 생명력을 지켜왔다는 것은 누구나 인정하는 사실이다. 하지만 조선 시대 여성들이 자신의 행복을 찾기 위해, 스스로의 정체성을 지키기 위해 불교를 적극 활용했다는 사실을 우리는 종종 망각하곤 한다.

벼랑 끝에 몰려 비구니가 된 이들의 신세를 그리 좋다고 말할 수 없겠지만, 전근대 사회에서 비구니가 된다는 것은 남자의 부속물이 아닌 '인간'으로 살아갈 수 있는 유일한 길이자, 해방구였다. 그들은 불교를 통해 비로소 권위나 인습에 굴복하지 않는 자유로운 영혼이 될 수 있었다.

세종, 저승에서
절 살리다

세종 사후 장자들 잇달아 요절

조선 최고의 명당으로 능 이장

영릉 덕에 능침사 신륵사도 폐사 위기 벗어나다

'잘되면 내 탓, 못되면 조상 탓'이라는 속담이 있다. 못되면 조상 탓이라는 말 속에는 조상님이 내 DNA를 시원찮게 물려주셨다는 푸념도 섞여 있지만, 그보다는 조상이 복을 제대로 안 내려줘 팔자가 안 풀렸다는 원망이 더 크게 깔려 있다. 조상에 대한 불만이 많은 사람들 중 상당수는 선대의 음덕을 제대로 받기 위해 묫자리를 옮겨야 한다고 믿는다.

요즘 시대에도 이런 믿음 때문에 이장移葬이 빈번히 이루어지는 형편인데, 풍수지리가 종교 그 이상의 종교로 군림하던 조선 시대에는 더 말할 나위도 없었다. 가장 대표적인 예가 영릉英陵 이장이다.

세종이 세상을 뜬 직후부터 조선 왕실에는 흉흉한 일들이 끊이질 않았다. 그런데 연달아 터진 흉사에 한 가지 공통점이 있었으니, 왕의 큰아들이란 큰아들은 모두 요절했다는 것이다. 세종의 큰아들 문종은 재위 2년 만에 세상을 떠났고, 문종의 큰아들 단종은 삼촌에게 살해당했다. 세조의 큰아들인 의경세자는 세자로 책봉된 지 3년 만에 스무 살의 나이로 병사했다. 예종마저 즉위 1년 만에 죽고, 예종의 큰아들 인성대군도 태어난 지 3년 만에 요절했다.

불교적 관점에서 본다면야 태종이 이복형제들을 죽이고 세조가 조카를 죽인 업보를 후손들이 고스란히 받은 것이라 말할 수 있겠지만, 당사자들로서는 지푸라기라도 잡고 싶은, 깊은 물에 빠진 심정이었을 것이다.

명당의 교과서를 찾아내다

게다가 세종의 능지陵地는 이미 세종이 살아 있을 때부터 풍수적으로 불길하다는 말이 나온 터였다. 1438년(세종 20) 태종의 능(헌릉)에 제사를 지내러 간 세종은 자신이 묻힐 자리로 헌릉 바로 옆의 산등성이를 택했다. 그러자 당시 서운관*의 풍수가 최양선은 "수릉**의 혈 자리는 손孫이 끊어지고 맏아들을 잃는 자리(절사손장자絶嗣損長子)"라고 주장했고 신하들 또한 수맥이 흐르는 흉지라고 만류했다. 하지만 세종은 "아무리 좋은 땅이라도 부모 곁에 장사하는 것만 못하다"며 헌릉 바로 곁에 자신의 수릉을 마련했다. 12년 뒤 세종은 자신이 점지한 그 자리에 묻혔다.

이후 문종을 필두로 장자들의 죽음 행렬이 이어지자, 세조는 왕실에 드리워진 검은 그림자를 걷어내기 위해 세종의 능을 옮기기로 했다. 그리고 여주 봉미산 자락에서 조선 최고의 명당을 찾아냈다.

영릉은 '명당의 교과서'라 불릴 정도로 완벽에 가까운 명당으로 꼽힌

---

* 천문, 재상(災祥), 역일(曆日), 추택 등을 맡아보던 관청. 세종 때 관상감으로 고쳐 불렀다.
** 壽陵, 죽기 전에 미리 만들어두는 무덤.

다. 어떤 풍수가는 이곳의 산세가 봉황이 알을 품듯 능을 감싼 형상(비봉포란형飛鳳抱卵形)이라 하고, 어떤 풍수가는 모란 꽃봉오리로 둘러싸인 형상(모란반개형牡丹半開形)이라 일컬으며, 어떤 이는 용이 돌아서 영릉을 쳐다보는 형상(회룡고조형回龍顧祖形)이라고 말한다.

수식어야 어찌 되었든, 영릉 주변의 산봉우리들이 왕릉을 끌어안은 형상을 하고 있어서 풍수 문외한조차도 명당임을 한눈에 알 수 있는 곳이다. 이중환도 《택리지》에서 영릉을 조선 왕릉 중 최고의 명당으로 꼽을 정도였다.

못자리를 잘 쓴 덕분인지, 어쨌든 조선왕조는 세조 이후에도 400년 더 지속되었다. 풍수가들은 영릉을 옮긴 덕분에 조선왕조가 100년은 더 지속되었다고 말하기도 한다.

영릉의 음덕이 신륵사를 살리다

1469년(예종 1) 천릉 공사가 끝난 직후 정희왕후는 영릉에서 약 십 리 정도 떨어진 곳의 신륵사를 영릉의 능침사로 삼았다. 그리고 절 이름을 보은사報恩寺로 고쳐 지었다. 남한강이 굽이굽이 돌아 흐르는 길목, 하얀 백사장과 푸른 물결, 드넓은 평야가 한 폭의 그림처럼 펼쳐지는 곳. 이런 명당 중의 명당에 위치한 절이 조선 시대에 폐사되지 않고 유지될 수 있었던 것은 사실 기적과도 같은 일이다.

오늘날 대부분의 명산대찰이 깊은 산골짜기에 남아 있는 것은 옛날 사람들이 산에만 절을 지었기 때문이 아니라, 평지에 보기 좋게 자리 잡은 절들은 대부분 조선 시대 유생들에 의해 폐사되었기 때문이다. 조선 시대 사료에는 유생들이 능침사에서 술을 먹고 행패를 부렸다거나 불을

나옹 스님의 다비식을 치른 자리에 세워진 신륵사 삼층석탑

질렀다는 이야기들이 종종 등장한다. 이때마다 왕실에서는 그 유생을 잡아다 엄중한 처벌을 내렸다. 죄명은 바로 '왕실 모독죄'였다. 만일 신륵사가 세종의 능침사가 아니었다면 진즉에 폐사되어 양반가의 별장이 되었거나 향교 혹은 서원으로 바뀌었을 것이다. 하지만 조선의 명운을 연장해준 영릉의 능침사로 지정된 덕분에 신륵사의 명운도 함께 연장될 수 있었다.

이 모든 게 세종대왕 묏자리를 잘 쓴 덕택이었으니, 영릉의 음덕을 가장 크게 입은 이는 바로 신륵사 부처님이 아닐까 싶다.

나옹 스님의 마지막 회향처

남한강을 배경으로 그린 한 폭의 그림 같은 사찰 신륵사는 고려 시대부터 매우 인기 있는 절이었다. 아름다운 풍광도 풍광이거니와, 경상도와 개경을 잇는 수로의 요충지에 있다 보니 전국을 유랑하는 문인이나 스님, 과거를 보러 가는 유생들이 이곳을 거쳐 갔다.

신륵사를 이야기할 때면 빼놓을 수 없는 인물이 바로 고려 말의 나옹 스님이다. 나옹 스님은 개경에서 회암사를 거쳐 경상도 밀양 영원사로 귀양을 가던 길에 신륵사에서 열반에 들었다. 스님이 회암사 절 문을 나서다가 가마꾼들에게 열반문으로 나가도록 하자, 대중들이 의심하여 울부짖었다. 스님이 곧 열반에 들 것이라 예상한 것이다. 그러자 나옹 스님은 "나로 인해 그치지 말고 매번 노력하고 또 노력하라. 내 행보는 곧 여흥에서 그칠 것이다"라는 말을 남겼다.

스님의 말대로, 여흥 신륵사에서 나옹 스님은 마지막 숨을 거두었다. 스님의 제자들은 남한강변의 바위 위에서 나옹 스님을 화장하고 그 자리에 작은 탑을 세웠다.

나옹 스님 화장지에 세워진 삼층석탑 바로 옆에는 강월헌江月軒이라는 육각의 정자가 있다. '강월'은 나옹 스님의 당호로, 스님을 추모하여 정자의 이름을 강월헌이라 했다. 스님이 입적할 당시 오색구름이 산마루를 덮고, 구름도 없는 하늘에서 꽃비가 내렸으며, 수많은 사리가 분신하고 용이 호상護喪을 했다는 설화가 전해진다.

여강과 신륵사

신륵사에는 대장경을 봉안한 대장각 2층 건물도 있었다. 이 대장각은 고려 말의 성리학자 이색李穡이 세운 것이었다. 이색은 고려 말 3대 성리학자 중 한 명으로 칭해지지만, 매우 독실한 불교 신자이기도 했다. 이색의 깊은 불심은 아버지 이곡李穀의 영향을 받은 것이었다. 이곡은 살아생전 팔만대장경 봉안 불사를 발원할 정도로 신심 깊은 불교 신자였지만 그 뜻을 이루지 못하고 세상을 떠났다. 이색은 부친의 유지를 잇기위해 나옹 스님 제자들의 도움을 받아 대장경 한 질을 인쇄해 신륵사에 봉안했다. 이색이 봉안한 대장경과 대장각은 대부분 소실되었지만, 그건립 내역을 담은 '대장각기비'만은 지금도 신륵사에 남아 있다.

신륵사는 세종의 외할아버지 민제의 원당이기도 했다. 여흥 민씨 집안은 고려 말 여흥 지역(오늘날의 여주)의 대표적인 세력가였다. 민제는 고려 말 성균관 사성을 거쳐 예조판서를 역임할 정도로 당대 최고의 유학자로 꼽히던 인물이었다. 여흥의 최고 권세가이자 태종의 장인이었던 민제의 원당으로 신륵사가 낙점된 것은 지극히 당연한 일이었다. 하지만 민제의 네 아들이 모조리 태종에게 죽임을 당하면서 여흥 민씨 집안은 멸문지화를 겪게 되었고, 민제의 원당인 신륵사 또한 퇴락하게 되었다.

세종은 1440년(세종 22)에 민제의 초상화가 모셔진 신륵사 중수를 명했다. 당시 세종은 민제의 원당뿐만 아니라 외가의 증조부와 고조부의 원당까지 모두 중수하게 했다. 태종이 민제의 네 아들을 모두 사사했기 때문에, 외손인 자신이 외가의 묘와 원당을 보살펴야 한다고 생각했던 것이다.

세종은 원경왕후의 네 아들 중에서도 가장 외할아버지를 많이 닮은 손자였다. 한 번 읽은 책은 모두 기억할 정도로 총명한 머리와 학문에 조예가 깊었던 것도 그러했거니와, 온화하고 간결한 성품도 외할아버지를 쏙 빼닮았다. 조선 시대에는 외할아버지가 쌓은 복을 외손자가 받는다고 하여 '외손발복外孫發福'이라는 말이 있었는데, 여흥 민씨 외가의 우수한 재능을 가장 많이 이어받은 손자가 바로 세종이었다. 후일 그 손자와 외할아버지가 같은 사찰에 모셔지게 되었으니, 참으로 오묘한 인연이 아닐 수 없다.

신륵사는 교통의 요지에 위치한 까닭에 많은 문인들과 스님들이 이곳을 찾아 아름다운 시를 남겼지만, 이러한 이유로 수난을 당하기도 했다. 조선 중후기 한양 유생들의 대표적인 뱃놀이 코스가 남한강 물길을 따라 신륵사에 도달해 이곳 강기슭에서 시를 짓고 유흥을 즐기는 것이었다. 이로 인해 신륵사에서는 스님과 유생들 간의 갈등이 심심치 않게 발생했다. 명종 대에는 밤중에 신륵사로 들어오던 유생들을 스님들이 몽둥이로 쫓아내 조정에 고발당하는 사건도 있었다. 이런 일이 발생할 때마다 '왕실 원당'의 힘으로 신륵사 스님들은 곤경에서 벗어날 수 있었다.

신륵사는 임진왜란과 병자호란을 겪으면서 폐허가 되었다가 1671년(현종 12)에 중수되었다. 1858년에는 순종 비 순원왕후가 내탕전을 희사하여 불전과 선료*, 종루 등을 중수했다.

---

* 禪寮, 참선하는 방.

고승의 굴욕,
대장경을 살리다

왕실 여인들과의 추문에 휩싸인

풍기 문란의 주인공

온갖 수난 견디며 불교계 사수하다

《실록》에서 '공공의 적'으로 등장하는 스님이 셋 있다. 신미와 학조, 보우가 그 주인공이다.

신미 스님은 세종 대부터 세조 대까지 왕실에서 왕사로 추앙받은 인물이다. 이 스님이 욕을 먹는 가장 큰 이유는 세종을 불교라는 이단으로 이끌어 이단에 현혹되게 했기 때문이란다. 세종은 말년에 병석에 누웠을 때도 침소에서 스님의 가르침을 청할 정도로 신미 스님을 매우 존경하고 좋아했다. 스님은 훈민정음이 창제된 이후 각종 불경의 한글 번역 작업과 한글 경전 유포에 적극 나섰다. 유학자들에게 신미 스님은 성군 세종을 악의 구렁텅이로 빠트린 장본인이었다.

보우 스님은 문정왕후를 현혹시켜 승과*와 양종**을 부활시켰으니, 국가의 기강을 흔든 대역죄인으로 꼽혔다. 보우를 처벌하라는 상소만 엮어도 책 몇 권은 될 정도였다. 조선왕조 개창 후 백여 년에 걸쳐 유학자들이 왕실과 투쟁을 벌여 없앤 온갖 불교 제도를 하루아침에 부활시키고, 사찰에 놀러간 유생이 승려에게 구타를 당해도 유생이 처벌받는 천인공노할 일들이 발생했으니, 이 모든 게 요승妖僧 보우 때문에 벌어진 일이라고 유학자들은 주장했다.

또 한 명의 '공공의 적' 학조 스님은 신미 스님이나 보우 스님에 비해 그다지 유명하지 않은 인물이다. 하지만 《실록》에서는 신미 스님과 보우 스님 이상의 문제적 인물로 등장한다. 이 스님에게는 왕실 부녀자들을 미혹시켜 불사를 일으키게 한 죄, 왕실 여인들과 추문에 휩싸인 풍기문란죄가 적용되었다.

왕실 불사 책임자로 임명

학조 스님은 당대의 최고 학승으로 널리 알려져 세조가 왕사로 추앙했던 인물이다. 학조 스님은 조선의 여타 승려들과 달리 출신 가문이 매우 출중했다. 스님의 속가俗家는 조선의 명문가인 안동 김씨 집안으로, 학조 스님은 보백당파의 중시조인 김계행의 조카다. 사대부 집안 출신답게 이 스님은 상당히 깊은 학식을 지니고 있었다. 그래서 왕실에서 큰 법회가 열릴 때마다 법사로 초청되곤 했다.

사판승***으로서의 수완도 매우 탁월했다. 유점사, 봉선사, 흥복사, 낙산사 등을 비롯한 왕실 원당 사찰을 중창할 때마다 학조 스님에게 일임할 정도였다. 당시 유점사나 낙산사와 같은 대찰을 중창하기 위해서는

---

* 僧科, 승려에게 법계를 주기 위해 행하던 과거 시험.
** 兩宗, 교종과 선종을 말한다.
*** 절의 재물과 사무를 맡아 처리하는 승려.

대규모 모금 운동을 벌여야 했고, 전국적인 승려 조직망을 갖추고 있어야 했다. 여기에 적임자로 선택된 인물이 바로 학조 스님이었다.

학조 스님의 최대 공적은 팔만대장경을 수호한 일등 공신이라는 점이다. 팔만대장경은 원래 강화도에 보관되다가 1398년(태조 7) 해인사로 옮겨졌다. 이후 관리가 제대로 이루어지지 않아 대장경을 보관하는 판당板堂에 비가 새고 서까래가 썩어 무너질 지경에 이르렀다.

이 소식을 접한 정희왕후는 판당 중수를 위해 학조 스님을 해인사 주지로 임명하고 공사를 주관하게 했다. 그런데 몇 해 동안 장마와 가뭄이 연달아 겹쳤고, 공사를 시작하지도 못한 상태에서 정희왕후가 세상을 뜨고 말았다. 지원이 내려오지 않자 학조 스님은 1487년(성종 18) 한양으로 다시 올라왔고, 성종에게 판당 공사를 지원하지 않으면 주지직을 사임하겠다고 엄포를 놓았다. 이에 조정 신료들은 "그까짓 대장경은 차라리 없어지는 게 낫다"고 응수했다.

팔만대장경 구한 일등 공신

하지만 대비들로부터 갖은 압박을 받은 성종은 "판당만 고치게 하겠다"고 신하들에게 둘러대고, 내수사의 물품과 공장工匠들을 보내 해인사를 증·개축하게 했다. 이후 3년에 걸쳐 해인사에서는 대대적인 중창 불사가 진행되어 판당은 물론 해인사 전체가 전면 보수되었다. 이때 경내에 세조의 원당(진상전)이 설치됨으로써 해인사는 조선 말까지 왕실의 보호를 받을 수 있었다. 또한 중수를 기념해 대장경을 간인하고, 《지장경언해》,《금강경삼가해》,《천수경언해》 등 여러 불경을 한글로 번역·출간했다.

이처럼 학조 스님이 해인사 불사를 완성할 수 있었던 것은 거물급 왕실 여성 인수대비와 인혜대비가 후원자를 자처했기 때문이었다. 특히 성종의 모후인 인수대비의 압력이 없었다면 해인사의 중창이나 대장경의 보전은 불가능했다. 학조 스님은 〈해인사중수전말기〉에서 "해인사의 일신一新은 인수·인혜 양 대비의 신념과 원력으로 이루어진 것"이라며 "인수대비께서 대중의 공론을 어기면서도 대사를 성취시켜 드디어 법장法藏을 숭봉토록 하고 불상은 당당한 위의를 나타냈다"고 서술했다. 그러면서 인수대비를 '화염 속에 핀 연꽃'이라고 찬탄했다.

〈해인사중수전말기〉 말미에는 당시 해인사 중창에 참여한 204명의 이름이 적혀 있다. 명단의 대부분은 비빈과 공주, 대군 부인 등 왕실 구성원들이다. 귀인 권씨나 소의 이씨 등 첩지를 받은 여성들과 자수궁, 수성궁의 비빈들, 그리고 현숙공주, 혜숙옹주, 제안대군 부인, 영응대군 부인 등을 비롯한 왕실 며느리와 공주들까지 이름을 올렸을 뿐만 아니라 상궁과 일반 궁녀들도 다수 포함되어 있다.

온갖 모욕받으며 불교계 사수

학조 스님이 온갖 불사를 주도하고 왕실 비빈들의 신망을 한 몸에 받자 조정 신료들은 이 스님을 '공공의 적'으로 규정하고 똘똘 뭉쳐 공격하기 시작했다. 처음에는 상소를 올려 학조 스님을 헐뜯다가 나중에는 구타까지 했다. 유생 정광정이 원각사 절 마당에서 학조 스님의 머리를 부채로 쳐 피가 철철 흐르는 사건이 발생했다. 세조가 스승으로 추앙하던 승려를 일개 젊은 유생이 구타했다는 것만 보아도 당시 사림들이 얼마나 기고만장했는지 짐작할 수 있다. 이후에도 학조 스님에 대한 왕실의 옹

가을의 해인사

호가 계속 이어지자, 유학자들은 이 스님을 둘러싼 온갖 스캔들을 날조하기 시작했다.

학조 스님과 스캔들에 연루된 대표적인 여성이 광평대군 부인 신씨와 영응대군 부인 송씨였다. 광평대군 부인은 봉은사의 전신인 견성암을 중창한 인물로, 광평대군의 재를 올리기 위해 학조 스님을 자주 초청했다. 사관史官은 두 사람의 만남을 대군 부인과 스님의 로맨스로 둔갑시켰다. 영응대군 부인 송씨는 학조 스님이 주석하는 절을 자주 방문하였는데, 이는 승려와 대군 부인의 부적절한 관계로 기록되었다.

《실록》에서 학조 스님과 사통했다고 언급된 여인은 거의 십여 명에 가깝다. 대군 부인들뿐만 아니라 비구니, 사당패, 사간司諫 구인문의 여동생 이름까지 거론되었고, 심지어 양어머니와 사통했다는 이야기도 등장했다. 스님이 왕의 며느리와 스캔들이 난 것도 놀랄 만하지만, 이처럼 수많은 여인들과의 루머가 낱낱이 기록된 건 전무후무한 일이다.

학조 스님이 활동한 시기는 세조 대부터 중종 대까지로, 사림들의 정계 진출이 본격화된 시점이었다. 사림들은 성리학을 통해 지배권을 강화하고자 했지만, 세조와 정희왕후·인수대비·인혜대비 등 호불 군주와 왕비들, 대군 부인들의 불사를 도무지 막을 수가 없었다.

이에 사림들은 대군 부인의 사찰 출입을 승려와의 스캔들로 둔갑시켜 이들의 불사를 막고자 하였다. 그중에서도 가장 효과적인 방법은 왕실의 신임이 가장 두터운 승려 한 명을 집중적으로 공격하는 것이었다.

'한 놈만 패는' 사림들의 집요한 덫에 걸린 인물이 바로 학조 스님이었던 것이다.

학조 스님의 공적

해인사에는 한국인들이 가장 자랑스럽게 여기는 두 가지 보배가 있으니, 바로 팔만대장경판(국보 제32호)과 그 경판을 보관하는 장경판전(국보 제52호)이다. 현재 경판을 보관하는 건물은 유네스코 세계문화유산으로, 팔만대장경판은 유네스코 세계기록유산으로 각각 등재되어 있다.

유네스코에 먼저 등재된 것은 경판이 아니라 경판의 보관소인 장경판전이다. 세계에서 가장 오래된 대장경 보관 시설인데다 유례없이 과학적인 보존 기술과 뛰어난 장치의 건축물이라는 것이 세계문화유산 선정 이유다.

유네스코에 등재된 장경판전은 1488년(성종 19) 학조 스님의 중창 불사 때 지어졌다. 그전까지 수차례 지어졌던 판전 건물들이 얼마 지나지 않아 비가 새고 서까래가 무너졌던 것과 비교해볼 때 학조 스님의 중창 불사가 얼마나 세심하고 정성스럽게 진행되었는지를 짐작케 한다.

이후 해인사에는 수차례 화재가 발생해 대웅전을 비롯한 건물 대부분이 잿더미로 변했다. 그런데 여러 번의 화재 속에서도 장경판전만은 온전하게 남아 있었다. 이는 장경각이 다른 건물과 상당 거리의 훨씬 높은 지대에 터를 닦고 담장으로 주변을 둘러싸 화재를 대비했기 때문이다.

장경판전에는 크고 작은 나무 창문들이 있어 매우 독특하고 아름답다. 이 창문들은 조형적 아름다움을 위해 크기를 달리한 것이 아니라, 공기 순환을 위한 과학적 구조로 설계한 것이다. 장경각 남쪽에 있는 창은 아래쪽이 크고 위쪽이 작은데 반해, 반대편 북쪽에 있는 창은 아래쪽이 작고 위쪽이 크다. 남쪽의 큰 창을 통해 바람이 들어와 경판 사이를 돌고 돈 다음 위로 올라가서 북쪽의 큰 창으로 빠져나가는 구조이다.

또 바닥을 깊이 파서 그 안에 숯과 소금, 횟가루, 모래, 찰흙을 섞어 다져 넣었다. 장마철에는 습기를 빨아들이고, 비가 내리지 않아 건조할 때는 흙 속에 있는 수분을 내보내 적절한 습도를 유지한 것이다. 창문에 창살을 달아 햇살이 너무 적지도 많지도 않게 들어오게 함으로써 적절한 채도까지 유지시켰다. 이처럼 통풍과 습도, 채도까지 고려해 과학적으로 설계한 장경판전 덕분에 팔만대장경은 오늘날까지 온전한 모습으로 남을 수 있게 되었다.

학조 스님이 중창 불사를 할 당시에 해인사 경내에는 세조의 원당인 진상전眞常殿도 마련되었다. 진상전 내부에 금으로 된 탑 2기基가 있어 금탑전金塔殿이라고도 불렀다. 이 건물은 화재로 사라지고 그 자리에 명부전이 들어섰다. 또 해인사 성보박물관에는 세조와 역대 왕들의 어필을 함께 모아 만든 병풍이 남아 있다. 왕실에서 대대로 해인사를 특별한 사찰로 보호해왔음을 보여주는 증표라 할 수 있다.

이 같은 원력에 힘입어 해인사는 조선 시대 이래 법보사찰*로서 위용을 지켜왔고, 오늘날에는 한국 최대의 승가 교육 요람이자 조계종 종정을 가장 많이 배출한 사찰로 명성을 이어오고 있다.

그 이면에는 온갖 모욕과 수난을 당하면서도 절을 지키고자 했던 학조라는 호법신장護法神將이 있었음을 기억해야 할 것이다.

---

* 法寶寺刹, 법보란 불교의 진리를 적은 보배라는 의미로, 조선 시대부터 법보사찰은 팔만대장경판을 소장한 해인사를 이르는 말로 쓰여왔다.

며느리를
사랑해야 하는 이유

조선 최고의 학식 갖춘 엘리트 여인이면 뭣하랴
희대의 폭군 잉태하는 인과因果의 지중함은 몰랐으니
자비심 없는 지혜가 스스로를 겨누는 칼날 되다

시어머니가 심술을 피우는 것은 며느리가 아들의 사랑을 독차지하기 때문이오. 이를 치유할 수 있는 유일한 방법은 신부가 남편의 사랑을 몰래 받고, 시어머니에 대한 남편의 사랑을 딴 데로 돌리거나 약화시키려 하지 않는 것이오.

고대 그리스 작가 플루타르코스가 지은 윤리론집 《수다에 관하여》에 나오는 한 대목이다. 고대 그리스에도 고부 갈등이 있었을까 싶지만, '시월드'가 존재하는 한 고부 갈등이 없을 리 있겠는가.

그리스는 한국과 1, 2위를 다툴 정도로 고부 갈등이 심하기로 유명한 나라다. 남성 중심의 가부장적 전통이 강한 나라일수록 시어머니와 며느리의 갈등은 매우 심하다고 알려져 있다. 시집살이가 고되었던 여자일수록, 아들에 대한 기대치가 큰 어머니일수록, 며느리를 재는 잣대가 높아질 수밖에 없다.

멀리 그리스까지 찾아갈 필요 없이 조선 시대에도 이 공식은 어김없이 증명된다. 여기에 딱 들어맞는 인물이 성종의 어머니이자 연산군의 할머니인 인수대비 한씨(소혜왕후)다.

한문·범어까지 섭렵한 최고의 지성, 인수대비

세조의 큰아들 의경세자는 세조가 왕위에 오른 지 3년 만에 갑자기 요절했다. 스무 살의 세자빈 한씨 뱃속에는 둘째 아들이 자라고 있었다. 세조는 의경세자의 네 살 난 아들(월산대군) 대신 세자의 동생인 해양대군(후일 예종)을 왕세자로 삼았다. 이후 세자빈 한씨는 어린 자식들을 데리고 궁궐을 나올 수밖에 없었다. 국모가 되기를 손꼽아 기다리던 여자가 하루아침에 유복자까지 임신한 청상과부 신세가 된 것이다.

훗날 인수대비가 되는 한씨는 조선 왕실 500년 역사를 통틀어 가장 똑똑한 여성이다. 한씨는 한확韓確의 장녀로, 요즘으로 치면 중국 대사 겸 외교부 장관의 큰딸이었다. 아버지가 신문물 유입의 주요 루트인 대중국 외교의 책임자였으니, 그 집안의 자식들이 선진 문물을 먼저 익히는 것은 당연한 이치였다.

게다가 한확은 아들뿐 아니라 딸자식에게도 학문을 가르쳤다. 다른 왕비들도 가격家格으로만 본다면야 조선의 상위 0.1퍼센트에 해당되었지만, 인수대비 정도의 학식을 갖추지는 못했다. 인수대비는 웬만한 유교 경서를 다 읽었고 산스크리트어로 된 불경까지 읽고 쓸 정도였다.

한씨의 학문적 소양은 당시 유학자 관료들도 인정하는 수준이었다. 1462년에 세조의 명으로 《능엄경언해》를 간행할 당시 신미, 김수온, 윤필상, 노사신 등 당대 최고의 고승과 학자들이 대거 참여하였다. 이때 여성으로는 유일하게 세자빈 한씨가 참여해 창준*을 맡았다.

게다가 한씨는 매우 비상한 지략의 소유자였다. 시동생인 예종이 재위 1년 만에 요절한 뒤 왕위 계승 1순위는 당연히 예종의 아들 제안대군이었다. 하지만 한씨는 자신의 둘째 아들 잘산군을 한명회의 딸(후일 공혜왕후)과 혼인시킴으로써, 당대 최고의 권력자 한명회와 손잡고 잘산군을 왕위에 올린다. 그 아들이 바로 성종이다.

한씨는 스스로에게 엄격했고, 자식들에게는 더 엄격했다. 아비 없이 자라는 아들들이 자칫 버릇이라도 없을까 어찌나 엄하게 키웠는지, 세조와 정희왕후가 "자식들 좀 그만 다그치라"며 '폭빈暴嬪'이라는 별명을 지어줄 정도였다. 아들 잘산군이 왕이 되자 의경세자는 덕종德宗으로, 그녀는 인수대비로 추존되었다.

유생들에 맞서 호법신장 자처

궁으로 돌아온 인수대비가 가장 먼저 한 일은 남편의 원당인 정인사를 다시 지은 것이었다. 세조 부부나 인수대비 모두 독실한 불교 신자였지만, 세자의 신분으로 죽은 의경세자를 위해 크고 화려한 사찰을 조성할 수는 없었다. 그래서 처음엔 간소하게 지어야 했고 1년 만에 졸속한 탓에 재목이 좋지 않고 절의 균형이 맞지 않았다.

그것이 못내 마음에 걸렸던 인수대비는 정인사를 '왕의 격'에 맞는 아름다운 사찰로 중창했다. 그 덕분에 정인사는 세조의 능침사인 봉선사

---

* 唱準, 글자를 소리 내어 읽으면서 교정하는 일.

와 더불어 '조선에서 가장 크고 화려한 절'이라는 평가를 받는 사찰로 재탄생했다.

이후 인수대비는 시어머니 정희왕후와 함께 해인사를 비롯한 왕실 기도처들을 중창하는 등 불사에 적극 앞장섰다. 또한 관료들이 불경만 펴내느라 국가재정을 축내는 간경도감을 폐지하라고 압박하자, 사재를 털어 넣어 불경 간행 사업을 이어나갔다.

인수대비는 사림들에 맞서 불교의 옹호자를 자처하기도 했다. 성종 대에 정계에 대거 진출한 사림들은 불교를 말살해야 한다는 주장을 폈다. 그 방법의 하나로 제시된 것이 도첩제度牒制 폐지였다. 승려들에게 도첩이라는 신분증을 주는 제도를 폐지하자는 주장은 곧 승려가 되는 길을 원천적으로 봉쇄해 불교라는 종교를 없애버리자는 것이었다. 성종이 그 법안을 통과시켰다는 소식을 들은 인수대비는 아들에게 한글로 교지를 내렸다.

불법을 행한 것은 오늘날부터 시작된 것이 아니니 한(漢)·당(唐) 이후로 유교와 불교가 함께 행해졌고 도승(度僧)의 법이 또 《경국대전》에 실렸는데, 하루아침에 갑자기 개혁하니 (…) 이는 백성을 속이는 것입니다. 역대 제왕이 불교를 근절시키지 않은 것은 인심의 동요를 중히 여겨 그 삶을 편히 하도록 한 것입니다. 만약 도첩제를 시행한다면 승려들은 모두 굶주려서 죽을 것이니 어찌 화기(和氣)를 손상시키지 아니하겠습니까?

이처럼 논리 정연한 대비의 주장에 말문을 잃은 성종은 결국 도첩제

폐지 논의를 철회했다.

인수대비는 매우 독실한 불교 신자였지만, 유학적 소양이 뛰어난 여성이기도 했다. 그는 대비가 된 직후 《내훈內訓》이라는 글을 지었는데, 이 글을 쓴 이유를 다음과 같이 밝혔다.

한 나라의 정치가 잘되고 못되는 것은 비록 임금(대장부)의 밝고 어두움에 달려 있다고는 하지만 부녀자의 감추어진 바를 부정하거나 도외시할 수 없으며, 따라서 부녀자도 가르치지 않아서는 안 된다. (…) 여자가 한갓 옷감 짜는 일에 있어서 거칠고 세밀한 것만 문제 삼고 덕행을 가까이 해야 한다는 것을 알지 못하니 이것이 바로 내가 한스럽게 여기고 애태우는 바이다. 사람이 비록 본래부터 맑게 통한다 해도 성인의 가르침을 보지 못하고 하루아침에 갑자기 귀하게 되면 이는 원숭이를 목욕시키고 관을 씌워 담 밖에 세워놓은 것과 같다.

《내훈》은 전통 시대의 유교적 여성관을 담고 있지만, 여성 교육의 필요성을 주장한 매우 선구적인 저술로 평가되고 있다. 그래서 역사학계에서는 인수대비를 조선 최초의 여성 성리학자이자 조선 역사에서 가장 훌륭한 여성으로 꼽는다. 인수대비의 견해가 비록 유교적 여성관의 한계를 벗어나지 못했다 해도, 여성이 덕행을 닦고 성인의 가르침을 배워야 한다는 주장은 충분히 파격적이다.

하지만 며느리의 입장에서 보았을 때, 《내훈》은 참으로 무시무시한 메시지를 담고 있다. 특히 효와 남편에 대한 공경을 언급한 부분에서는 지독한 시어머니의 훈계를 늘어놓고 있다.

아들이 그 아내를 마땅히 여겨도 부모께서 기뻐하지 않으면 아내를 내보내고, 아들이 그 아내가 마땅치 않더라도 부모께서 말씀하시되 '참으로 나를 잘 섬기는구나'라고 하면 아들은 부부의 예를 행해야 한다.

아내가 비록 남편과 똑같다고는 하지만 남편은 아내의 하늘이다. 예로써 마땅히 공경하고 섬기되 그 아버지를 대하듯 할 것이다. 남편이란 자리는 당연히 존귀하고 아내는 낮은 것이다.

인수대비는 이 책을 "옥 같은 마음의 며느리"에게 주고 싶어서 썼다고 서문에서 밝히고 있다. 맑고 온화하며 단단한 품성을 지닌 며느리를 기대하는 것은 모든 시어머니들의 소망이겠지만, 아들 하나만 바라보고 평생을 기다려온 인수대비의 욕망은 특히 더 강했을 것이다.

대단한 시어머니, 반눈에도 안 차는 며느리

젊은 나이에 남편을 잃고 비상한 정치 수완으로 아들을 왕위에 올린, 게다가 한문·한글에 산스크리트어까지 능통했던 똑똑한 시어머니라니. 웬만한 며느리는 못 버티겠다 싶다. 그런데 그 며느리가 정말로 쫓겨나고 말았다.

성종의 첫 왕비인 공혜왕후 한씨가 세상을 떠나자, 왕실에서는 새 왕비를 들이는 대신 후궁들 중 가장 정숙한 숙의 윤씨를 두 번째 왕비로 책봉했다. 그런데 왕비가 된 후로 성종과 윤씨 사이에 잦은 갈등이 일었다. 성종이 조정 대신들 앞에서 "저 여자랑 도저히 못 살겠다"고 푸념까지 할 정도였다. 부부 사이의 일이니 정확한 내막은 알 수 없지만, 성종은 후궁을 열둘이나 둘 정도로 여자를 좋아했던 반면 윤씨는 남편의 사랑을 독차지하고 싶었던 것이 화근이었던 듯하다.

그런데 하루는 성종이 아침 문안을 올릴 때, 그의 얼굴에 손톱자국으로 보이는 상처가 있는 것을 대비가 발견했다. 화가 머리끝까지 치밀어오른 인수대비는 전날 성종이 어느 처소에 있었는지를 수소문했고, 결국 왕비전에서 부부싸움 끝에 그 사달이 났음을 알아냈다.

여자도 성인이 되라고 가르치는 판에, 한갓 투기나 하는 며느리가 인수대비의 눈에 어떻게 비쳤을지 자명하다. 인수대비는 《내훈》에서 "며느리에 의해 한 집안의 성쇠가 비롯된다"고 주창했다. 그는 분명 윤씨처럼 투기나 하는 며느리는 왕실을 평온케 하기는커녕 임금을 보필해서도, 원자를 키워서도 안 된다고 판단했을 것이다.

결국 인수대비는 며느리를 궁 밖으로 내쳤고, 3년 뒤 폐비에게 사약까지 내렸다. 원자가 왕이 된 후에 혹시라도 생모를 대비로 복위시킬까 우려해서였다.

냉혹한 지성 그러나 참혹한 말년

인수대비가 살아온 궤적에 비추어보면, 고작 투기나 하는 성에 차지 않는 며느리를 쫓아낸 것은 망설일 필요조차 없는 당연지사였을 것이다. 하지만 이 같은 처사는 결과적으로 조선 최악의 군주 연산군을 탄생시켰다. 폐비 윤씨가 사약을 마시고 죽는 순간 금삼에 묻은 피가 인수대비의 삶은 물론 조선 역사에 씻지 못할 오욕으로 남게 된 것이다.

인수대비는 조선 최초의 여성 성리학자라는 평가를 받을 정도로 똑똑한 여성이었고, 학조 스님으로부터 '화염 속에서 핀 연꽃'이라는 칭송을 들을 정도로 불교계의 대화주이기도 했다. 하지만 그 같은 평가가 무색하게 그의 말년은 참혹했다.

왕이 된 손자 연산군은 제 어미에 대한 복수를 하겠다며 대왕대비전으로 쳐들어가 "왜 내 어미를 죽였냐"고 욕을 퍼부었다. 인수대비는 그 충격으로 한 달 뒤 세상을 떴다. 일설에는 연산군이 머리로 인수대비의 가슴을 치받아 대비가 넘어졌는데 이후 병석에서 일어나지 못하고 숨을 거두었다고 한다.

인수대비의 냉혹한 지성은 아들을 단단한 군주로 만들었지만 손자를 잔인한 폭군으로 전락시켰다. 이는 인수대비의 삶에 씻을 수 없는 오명을 씌웠다.

인수대비가 창건한 정인사는 현재 남아 있지 않고 절터조차 어디였는지 불분명하다. 다만 덕종과 예종의 능 가까이에 있었다는 기록으로 보아 지금의 서오릉 내에 위치했던 것으로 추정된다.

인수대비가 창건한 정인사의 이름을 풀어보면 바를 정正에 인할 인因, '모든 일의 원인을 올바로 알아차리다' 내지 '올바른 인연의 씨앗을 심으라'는 의미다. 불교에서 말하는 '바른 원인'은 매우 단순하고 명료하다. "선을 행하면 선을 거두고 악을 행하면 악을 거둔다. 너의 씨앗은 뿌려졌다. 그러니 열매를 거두리라."(《쌍윳따니까야》)

원인은 알았어도, 결과는 몰랐던 것일까. 며느리를 죽이고도 손자가 성군이 되길 바랐다면 인수대비는 불교 공부를 한참 잘못한 것이다. 모든 것을 갖춘 인수대비에게 단 한 가지 부족함이 있다면 그것은 바로 자비심이 아니었을까.

부어도 부어도
채워지지 않는

모성 결핍이 부른 고독한 미치광이 폐주 연산
끝 모를 패악행으로 몸도 영혼도 완전히 망가지고
무참히 내쫓기고 나서야 비로소 폭주를 멈추다

"영혼이 고독한 인간은 늘 배고프다. 공허가 그의 식량이기에." 레온 드 빈터의 소설 《호프만의 허기》에 나오는 구절이다.

세상에는 두 가지 유형의 '고독한 인간'이 있다. 자신의 고독을 알아차린 인간과 자신의 고독을 모르는 인간이다. 전자가 느끼는 고독은 세상사에 초연해지는 기폭제가 되어 수행의 인연으로 연결되거나 자기 세계에 대한 몰두로 이어진다. 반면 후자는 자신의 빈자리를 채워줄 그 무언가를 끊임없이 갈구한다. 그러나 세상 그 무엇도 그의 허기를 채울 수 없다. 더욱 큰 허무만이 밀려올 뿐이다.

폐주 연산군. 조선 역사상 최악의 패륜아로 낙인찍힌 연산군의 삶은 모성이 결핍된 인간이 얼마나 고독한 존재인지, 그리고 얼마나 위험해질 수 있는지를 보여주는 대표적인 사례다.

연산군은 즉위 넉 달 만에 폐비 윤씨의 비극적 죽음을 알게 된다. 그

동안 이 사건은 왕실에서 절대 입에 올려서는 안 되는 극비 사항이었다. 인수대비와 성종은 폐비 사건을 철저히 숨겼고, 연산군이 왕위에 오를 때까지 그 봉인은 풀리지 않았다.

굳게 닫힌 판도라의 상자는 성종의 죽음과 동시에 열렸다. 연산군은 성종의 묘지문을 보다가 판봉상시사判奉常寺事 윤기견尹起畎의 이름을 발견했다. 처음 들어보는 이름인지라 승정원에서 잘못 쓴 것이 아니냐고 물었다. 이에 승지들은 윤기견이 생모 윤씨의 아버지라고 아뢰었다. 연산군은 이때 비로소 자신의 생모가 궁궐에서 쫓겨나 사약을 받고 죽었다는 사실을 알게 되었다.

일반적으로 연산군이 폭군이 된 것은 생모의 죽음을 알게 되면서부터라고 알려져 있다. 하지만 연산군은 생모의 존재를 안 이후에도 이상하리만치 '아무것도' 하지 않았다. 다만 비석조차 없던 윤씨의 묘 앞에 '윤씨지묘尹氏之墓'라 적힌 작은 비석을 세웠을 뿐이다.

강력해진 신권 맞서 독재자로 변모

연산군은 재위에 오른 지 10년이 지나자 생모 추숭 작업과 함께 폐비 사사賜死에 대한 복수를 시작했다. 연산군은 이미 재위 초에 알고 있던 폐비 사건을 왜 10년이나 지난 뒤에야 끄집어냈던 것일까. 이는 바로 폐비의 죽음이 훈척 세력을 제거할 좋은 구실이었기 때문이다. 즉 죽은 어머니의 원혼을 빌미로 권력을 확대했던 것이다.

재위 초까지만 해도 연산군은 좋은 왕이 되려고 나름 노력했던 것으로 보인다. 스스로 개혁 군주가 되고 싶었던 그는 각종 개혁안을 내세워 선정을 펼치려 했지만, 그때마다 당시 기득권층이었던 훈구 세력과 정치 초년병인 사림들의 반대에 부딪혔다.

연산군의 시대는 조선왕조 그 어느 때보다 언론이 발달한 시기였다. 성종은 세조와 자신을 왕으로 만들어준 훈신 세력들을 견제하기 위해 재야의 사림들을 대거 중용했다. 이들을 사헌부, 사간원, 홍문관 등 삼사三司의 간쟁 기관에 포진케 하여 훈구 대신들의 독단적 행위를 견제했다. 그 결과 다수의 젊은 유학자들이 훈신들의 비리를 적발하고 고발하는 정치 구조가 형성되었다. 하지만 성종 말년이 되자 사림의 발언권은 성종조차 통제하지 못할 지경에 이르렀다. 성종이 죽기 얼마 전에 "이것은 좋은 모습이 아니다"라고 토로할 정도로 사림과 훈신의 갈등은 더욱 커졌다.

이 상황에서 열아홉 살의 젊은 왕이 재위에 오르자, 사림 출신의 관료들은 마치 물 만난 고기떼들처럼 사사건건 상소를 올리고 자신들의 의견이 받아들여지지 않으면 사직서를 무더기로 제출했다. 연산군 즉위 초에 올라온 사직서만 약 400여 건에 달했다. 사림들 스스로도 "하루도 빼놓지 않고 상소를 올렸다"고 말할 정도로 조정의 모든 사안마다 토를 달고 반대 의견을 개진했다. 연산군은 극렬한 사림들에 진저리를 쳤고, 점점 사림들이 국왕을 무시한다는 생각에 분노가 치밀어오르는 지경에 이르렀다.

극단적인 왕의 극단적 선택, 사화

이러한 상황에서 연산군은 악수 중의 악수, 사화士禍를 선택한다. 김일손의 사초가 빌미가 된 무오사화戊午士禍를 통해 연산군은 사림 세력을 대거 척결했다.

이로 인해 훈신들은 자신들의 세상이 도래했다 믿었지만, 그것은 착각에 불과했다. 연산군은 재위 10년이 되던 해에 생모의 죽음에 연루된 이들을 모조리 잡아들이라는 명을 내렸다. 폐비 사사에 동조한 훈척도 일거에 몰아냈으니, 이른바 갑자사화甲子士禍이다.

갑자사화를 통해 조정의 훈척 세력을 처단하면서 생모에 대한 추숭 작업을 동시에 진행시켰다. 연산군은 폐비를 다시 왕비로 추숭해 제헌齊獻이라는 시호를 내리고 회묘를 회릉으로 승격시키는 한편 능 인근에 위치한 연화사(현재의 회기동)를 능침사로 삼았다.

또한 생모의 죽음과 관련된 인물들을 발본색원해 처절한 복수를 자행했다. 폐비 윤씨 사사에 찬성했던 훈구 대신들을 모조리 죽였고, 이미 세상을 떠난 한명회 등은 무덤에서 꺼내 목을 베게 했다. 이 시기에 이르러 연산군은 거의 편집증에 가까운 정신 상태를 보이는데, 폐비 윤씨의 사사를 실질적으로 주도했다는 혐의로 귀인 엄씨와 귀인 정씨를 때려 죽였으며, 이 과정에서 인수대비가 충격으로 세상을 떠났다.

연산군은 두 번의 사화를 통해 무소불위의 권력을 획득했다. 왕권을 견제하는 두 정치 집단, 사림과 훈척 세력을 몰아낸 연산군은 이후 광적으로 사냥과 여성에 몰두하기 시작했다.

원래부터 글보다는 무예에 재능이 있었던 연산군은 창덕궁 인근의 민가를 철거하고 이곳에 짐승들을 풀어 사냥터로 삼았다. 이때 왕실 비구니 사찰인 정업원의 비구니들은 모두 도성 밖으로 쫓겨났고, 창덕궁 주변에 살던 백성들도 터전을 잃게 되었다.

또한 전국에서 여성들을 뽑아 흥청, 운평, 광희로 등급을 매겼다. 흥청은 또다시 세 등급으로 나뉘었는데, 국왕과 동침한 천과와 그렇지 못한 지과, 동침했으되 만족스럽지 못한 반천과로 다시 나뉘었다. 연산군의 엽기적인 여성 편력은 궁인이나 기생을 넘어 결혼을 한 양반가의 부인, 비구니로까지 이어졌다. 세상의 모든 여자를 소유해야 직성이 풀리겠다는 듯이 온갖 여자들을 잡아들였고, 빼앗았고, 탐닉했다.

여복 하나는 제대로 타고난 연산군

연산군이 전국에서 뽑아올린 여자의 수는 천여 명에 육박했다. 중국 황제와 같은 권력을 누리고 싶었던 연산군은 중국 황제가 삼천 명의 궁녀를 거느렸으니, 조선의 왕은 적어도 천 명은 누려야 한다고 주장했다.

연산군의 여자들 중에서 역사서에 비중 있게 등장하는 인물을 꼽으라면 정비 신씨, '장녹수'라는 이름으로 잘 알려진 숙용 장씨, 그리고 후일 정업원 주지가 된 숙의 곽씨를 들 수 있다.

《조선불교통사》에는 왕비 신씨와 관련해 다음과 같은 기사가 실려 있다.

왕비 전하께서 주상 전하의 총명한 슬기가 장구하길 기원하기 위해 해인사 대장경을 팔천여 권으로 인쇄하게 하였다.

남편이 성군이 되길 바랐던 신씨의 발원과 달리 연산군은 악명 높은 폭군이 되었다. 하지만 연산군에게 신씨는 고향 같은 존재였으며, 유일하게 진정으로 자기편이었던 인물이었다.

1504년 연산군이 성종 계비인 자순대비(정현왕후)를 죽이기 위해 장검을 들고 침전으로 가자, 궁인들은 모두 겁을 먹고 달아났다. 이때 왕비 신씨가 버선발로 쫓아가 남편을 붙잡고 애원하자 연산군은 순한 양처럼 발길을 돌렸다고 《연산군일기》는 전한다.

연산군은 강화로 유배간 지 얼마 지나지 않아 역질에 걸려 세상을 떠났다. 그가 남긴 마지막 말은 "신씨가 보고 싶다"였다. 그로부터 32년이 흐른 뒤 신씨는 중종에게 부탁해 남편 곁에 묻혔다.

이에 비해 장녹수는 연산군과 함께 울어줄 수 있는 여인이었다. 폐위되기 9일 전 연산군은 후궁들을 데리고 연회를 열었다. 이날 그는 직접 풀피리를 불면서 곡조를 뽑아냈다. 비감에 빠진 연산군은 시를 짓다 눈물을 주르륵 흘렸다. 다른 이들은 대수롭지 않게 여겼지만, 유독 장녹수는 함께 눈물을 흘리며 슬퍼했다.

역사상 대부분의 요부들이 뛰어난 미인이었던데 반해 장녹수는 예쁜 여자가 아니었다고 한다. 이미 결혼을 해 아이까지 둔 유부녀였으며, 미천한 노비 출신이었다. 하지만 노래와 춤에 능했던 그녀는 뛰어난 예술 감각으로 연산군을 단숨에 사로잡았고, 숙용이라는 직첩까지 하사받았다.

대부분의 왕실 여인들이 불교를 신앙했던 것과 달리 장녹수가 불사를 했다는 기록은 단 한 줄도 남아 있지 않다. 이는 장녹수가 여타의 비빈들과 달리 '낙하산 후궁'이었기 때문인 것으로 보인다. 천비 출신의 장녹수가 '불교'를 받아들이기에는 여러 가지로 코드가 맞지 않았던 것이다.

또 한 명의 여인 숙의 곽씨는 세자빈 최종 면접까지 올랐다가 탈락한 인물이다. 비록 최종 간택에서는 떨어졌지만 성종은 곽씨를 세자의 후궁으로 삼게 했다. 곽씨는 연산군이 왕위에 오르면서 숙의에 봉해졌다. 곽씨와 연산군의 관계가 어떠했는지는 잘 알려져 있지 않다. 다만 연산군이 폐위되기 1년 전 숙의 곽씨 앞으로 집을 하사하고 곽씨의 아버지 곽인에게 벼슬을 내린 것으로 볼 때, 연산군이 아꼈던 것만은 분명하다. 곽씨는 연산군이 폐위된 후 비구니가 되었고, 연산군의 명복을 빌며 여생을 보냈다. 곽씨가 짧막하게나마 다시 역사서에 등장한 것은 후일 정업원 주지가 되었기 때문이다. 《실록》에 등장하는 마지막 정업원 주지가 바로 곽씨다.

살아생전 고향 같은 여인, 함께 울어줄 여인을 동시에 거느리고, 또 죽은 뒤 극락왕생까지 발원해줄 여인도 있었으니, 연산군이 여복 하나만큼은 제대로 타고난 게 분명하다.

파멸해야 멈추는 죽음의 본능

어린 시절 어머니의 사랑을 받지 못한 연산군은 왕이 된 후 결핍을 채우고자 하는 욕망에 휩싸였다. 그것은 증오와 복수, 쾌락에의 탐닉, 끝없는 권력욕으로 이어졌다. 하지만 그 무엇으로도 영혼의 허기를 채울 수가 없었다. 그 사실을 알면 알수록 허무감을 떨치기 위해 더욱더 갈구하고 탐닉하고 빼앗고 파괴했다. 자신의 영혼이 완전히 망가질 때까지 그 파괴 본능은 멈출 줄을 몰랐다.

두 번의 사화로 연산군은 조정의 양대 축인 사림과 훈척을 모두 적으로 만드는 결과를 초래했다. 연이은 잔치와 사치스러운 생활로 백성들까지 그를 외면하는 고립무원의 신세가 되었다. 재위 12년 만에 중종반정이 발발함으로써 연산군의 폭정은 끝이 났다. 연산군은 강화도로 유배되었고, 그의 아들들은 모두 죽임을 당했다.

연산군이 쫓겨난 후 연산군의 생모 윤씨는 왕비에서 다시 폐비로 전락했다. 이와 동시에 회릉은 회묘로 격하되고, 연화사 또한 능침사로서의 지위를 박탈당했다.

회묘는 원래 서울 동대문구 회기동에 있었으나 1969년 경희대의료원

회릉에서 격하되었지만 여전히 왕릉의 격을 갖춘 회묘

이 들어서면서 경기도 고양시 서삼릉으로 이장되었다. 회묘는 서삼릉 비공개 지역 중에서도 가장 끄트머리에 위치해 있다. 그런데 특이한 점은 회묘의 무덤 양식이 왕릉의 격식을 갖췄다는 점이다. 회묘에는 난간석이 둘러졌고, 문인석과 무인석, 호위 동물들까지 왕릉에 걸맞은 석물로 조성되어 있다. 이는 연산군이 회릉으로 승격시킬 당시에 조성한 석물들을 그대로 방치한 것이다. '무덤을 함부로 건드리면 동티 난다'는 속설에 따라 회묘로 격하된 이후에도 회릉 석물들을 그대로 둔 것으로 보인다.

하지만 연화사는 과거의 영화로운 모습을 모두 잃어버렸다. 현재 회기동에 남아 있는 연화사의 사격寺格은 이곳이 한때 능침사였을 것이라고는 생각할 수 없을 정도로 매우 협소하다. 조선이 망할 때까지 연산군과 폐비 윤씨는 복권이 되지 못했기 때문에 연화사가 옛 영화를 다시 찾을 길도 없었다.

명당 중의 명당은
엄마 품

엄마라는 방패막 없이 자란 조선 왕

천하 길지에 세운 태실도 소용없이

독살, 반정 등으로 대부분 단명했거나 내쫓겨

세상의 모든 엄마 잃은 아이는 불쌍하다. 그런데 그 아이가 왕이라면 단지 가여운 정도가 아니라 생사가 불분명해진다.

조선왕조에서 재위 기간이 짧은 왕들은 대부분 엄마를 일찍 여의었다. 태어난 지 하루 만에 엄마를 잃은 단종, 엿새 만에 잃은 인종이 대표적인 경우이며, 반정으로 물러난 연산군과 광해군도 어릴 때 엄마를 잃었다. 사약을 받고 죽은 장희빈의 아들 경종 또한 재위 4년 만에 세상을 떠났다. 이처럼 왕위에서 쫓겨나거나 의문의 죽음을 맞이한 왕들은 대부분 엄마 없는 자식이었다.

역대 왕들에게 외척은 양날의 칼이었다. 외척의 정치력이 지나치게 커지면 이는 왕권을 약화시키는 동시에 매관매직·부정 축재 등을 유발해 난정亂政의 빌미가 되었다. 하지만 한편으로 외척은 왕권을 호위하는 가장 큰 방패막이기도 했다. 외가의 재력과 권력, 정보력은 왕권을 유지하기 위한 필수 요소였다. 궁궐 내의 암살 요소들이 내명부 손아귀에 있었기 때문에, 친엄마와 친할머니가 생존해 있는 이상 왕의 암살 가능성은 매우 낮아질 수밖에 없었다. 특히 친엄마가 대비 자리에 떡 버티고 있는 상황에서 왕의 반대 세력이 궁궐 나인을 매수해 암살을 시도할 가능성은 제로에 가까웠다. 반면 대비나 대왕대비가 왕의 반대편에 있는 경우 그 확률은 매우 높아졌고, 이러한 처지의 왕들이 단명했던 것은 역사적으로 입증된 사실이다.

따라서 엄마 없는 왕들의 갑작스러운 죽음은 많은 의문을 남겼다. 그중에서도 인종은 당대부터 오늘날까지 독살 의혹이 꼬리표처럼 따라다닌다.

새엄마 문정왕후의 변심

인종의 모후인 장경왕후는 그를 낳고 엿새 만에 숨을 거두었다. 이후 새엄마로 들어온 문정왕후는 처음에는 세자에게 매우 극진했으나 아들을 낳은 뒤로는 인종을 미워하기 시작했다.

중종은 어미의 사랑도 모른 채 자라는 아들이 안타까워 많은 사랑을 쏟았다. 인종 또한 아버지를 향한 효성이 지극했다. 중종이 병이 들자 손수 병 수발을 했고 중종이 죽자 엿새 동안 미음조차 들지 않았다. 상을 치르는 다섯 달 동안은 울음을 그치지 않은 채 죽만 먹었고 소금조차 먹지 않았다. 그리고 재위에 오른 지 8개월 만에 인종은 갑작스러운 죽음을 맞이했다. 당시 그의 나이는 겨우 서른이었다.

인종 사망 이후 갖가지 의혹이 제기되었다. 왕이 국상 중에 식음을 전폐하면 왕실의 어른인 대비나 대왕대비가 음식을 권하고 잠자리를 돌봐

인종 태실 석조물

주는 것이 관례였다. 하지만 문정왕후는 이 절차를 생략했고, 몸이 약했던 인종은 국상을 치르면서 점점 더 쇠약해졌다.

또한 인종에게 후사가 없다는 점을 들어 문정왕후와 소윤 일파는 경원대군을 왕세제로 책봉해야 한다는 여론을 조성해 인종을 압박했다. 아버지를 잃은 슬픔으로 정신이 없는 와중에 인종은 새어머니와 숙부의 등쌀에까지 시달렸던 것이다.

이 무렵 저잣거리에서는 문정왕후와 윤원형이 절에 불공을 올려 임금이 빨리 죽게 해달라고 비는 것을 보았다거나, 궁중에서 나무로 만든 인형을 묻어 요망한 방술을 했다는 유언비어가 나돌았다. 심지어 문정왕후가 인종을 죽이기 위해 독이 든 떡을 주었다는 소문이 돌 정도였다.

그 어느 것이 인종의 죽음과 연관되어 있는지는 확인할 길이 없다. 다만 한 가지 분명한 사실은 인종의 죽음이 어떻게든 문정왕후와 직간접적으로 연결되어 있었다는 점이다.

천하 길지에 태실 쓴 보람도 없어

인종이 오래도록 건강하게 살아가길 바랐던 중종은 인종의 태胎를 팔공산 은해사 뒤편의 명당에 묻게 했다. 인종의 태봉은 태실 봉안지의 전형으로 꼽히는 곳이다.

태실은 죽은 자를 위한 공간이 아니라 산 자를 위한 공간이기 때문에, 바위가 많은 악산보다 산세가 부드럽고 흙이 많은 산이 길지로 꼽혔다. 즉, 산 자의 태를 '생동하는 땅'에 묻음으로써 그 기운을 태의 주인에게 전달하는 파이프 역할을 한다고 믿은 것이다.

그중에서도 왕의 태봉은 부드러운 산세가 이어지다가 갑자기 봉우리가 튀어나오는 돌혈突穴 지형이 특히 선호되었다. 이곳이야말로 산 정상에 집중된 땅 에너지를 가장 크게 감응 받을 수 있는 곳이기 때문이라고 풍수 전문가들은 설명한다. 팔공산에 위치한 인종의 태실은 산중 돌혈의 전형적인 형태로, 조선의 왕들 중에서도 가장 큰 규모로 조성되었다.

하지만 최고의 태실지에 봉안된 보람도 없이 재위 8개월 만에 세상을 떠났으니, 제아무리 명당이라 해도 엄마 품보다 더 좋은 명당은 없음을 새삼 느끼게 한다.

태실 수호 사찰이 하삼도에 많은 이유

보통 원당이라고 하면 죽은 부모나 요절한 자식의 명복을 빌기 위해 지은 사찰을 떠올린다. 하지만 태실을 봉안한 사찰에도 원당을 설치했다는 사실이 종종 확인된다.

일반 민간에서는 태를 땅에 묻거나 태를 태워 물에 흘려보내는 것이 일반적인 풍습이었으나, 왕실에서는 태의 보관을 매우 중요하게 생각했

백흥암 극락전 후불탱화

다. 그래서 왕자들의 태는 엄격한 절차를 통해 관리되었고, 특히 왕이
될 가능성이 있는 왕자의 태는 특별하고 신성한 장소에 묻었다.

태실이 마련되면 가장 가까이에 있는 절을 태실 수호 사찰로 지정해
특별한 보호 조치를 내렸다. 태실 수호 사찰을 정한 이유는 두 가지로
정리할 수 있다.

첫 번째는 누군가가 태실 수호를 담당해야 하는데, 태실이 대부분 깊
은 산중에 있다 보니 비용이나 효율 면에서 주변의 승려들을 동원하는
게 최선이었다. 조선 시대 고지도를 보면 대부분의 태실 주변에는 사찰
이 있었던 것으로 확인된다. 이로 볼 때 태실의 선정 조건 중에는 이를

수호할 사찰의 유무 여부도 포함된 것으로 보인다.

두 번째는 태실 또한 왕릉과 마찬가지로 왕실의 복락을 발원하는 곳이었다. 따라서 태실 주인의 안녕을 기원하기 위해 사찰 전각 안에 왕자의 이름이 적힌 전패*를 놓고 조석예불을 올리게 한 것으로 추정된다.

인종의 태실은 1521년(중종10)에 은해사 뒤편 태실봉에 안장되었다. 이때 태실의 수호 사찰로 지정된 곳은 백지사였다. 이 절이 태실에서 가장 가까운 사찰이었기 때문이다. 오늘날 백지사는 백흥암이라는 이름으로 바뀌어 은해사의 산내 암자로 속해 있다.

인종 태실은 명종 초에 왕의 격에 맞게 재조성되었다. 원래 새 왕이 즉위하면 그 직후에 왕자 태실을 왕의 태봉으로 조성하는 것이 일반적이었지만 인종이 재위 8개월 만에 세상을 떠났기 때문에 추봉할 여유가 없었다. 대신 다음 왕인 명종이 인종의 태실 승격 작업을 진행하였다. 이때 인종의 태실 수호 사찰이 은해사로 바뀌었다.

인종의 태실 수호 사찰을 은해사로 지정한 이는 인종의 할머니 정현왕후였다. 작은 규모의 사찰인 백지사보다 대찰인 은해사가 왕의 태봉을 수호하기에 더 적당하다고 판단했기 때문으로 보인다. 너무 일찍 세상을 떠난 가여운 손자를 위해 태실 수호 사찰이나마 왕의 격에 맞게 지어주고 싶었던 할머니의 마지막 선물이 아니었을까 싶다.

---

* '주상전하수만세(主上殿下壽萬歲)' 등을 적은 명패. 죽은 사람을 위한 것은 위패, 살아 있는 사람을 위한 것은 전패라 불렸다. 각 고을의 객사나 현존하는 왕을 모신 원당에는 전패가 안치되었다.

사랑보다
권력

오로지 권력만 추구한 세번째 왕비

측천무후에 비견된 조선의 호법 보살

문정왕후가 중종의 왕비로 책봉될 당시 궁궐 안에는 기라성같은 미인
들이 버티고 있었다. 박종화의 소설 《여인천하》에서는 반정의 주역들이
중종을 치마폭에 싸매놓고 권력을 제멋대로 주무르기 위해 천하절색인
자신의 딸들을 지밀나인으로 투입하는 이야기가 전개된다. 실제로 경빈
박씨, 희빈 홍씨 등 중종의 여인들은 반정공신의 딸이었고, 매일 밤 중
종을 사이에 두고 암투를 벌였다. "나를 더 사랑해달라"고 애원하면서.

중종의 세 번째 왕비로 들어온 문정왕후는 단 한 번도 남편의 사랑
을 독차지하기 위해 투기하거나 싸운 적이 없었다. 여기에서 포인트는
'싸운 적이 없다'가 아니라 '사랑을 독차지하려 한 적이 없다'에 있다.

대신 문정왕후는 권력을 두고 싸웠다. 문정왕후에게 그들은 사랑의
경쟁자가 아니라 자신의 아들이 왕이 되는 데 방해되는 걸림돌에 불과
했다. 보다 정확히 말해, 자신이 최고의 권력을 휘두르는 데 걸리적거리

는 존재들이었다.

숨소리조차 죽이며 16년간 와신상담

문정왕후는 매우 한미한 집안 출신이었다. 이 보잘것없는 집안의 딸이 어떻게 왕비가 될 수 있었을까. 역설적이게도 그 한미한 출신이라는 것이 왕비 간택의 결정적 요인이 되었다.

중종의 두 번째 왕비인 장경왕후는 후일 인종이 되는 원자를 낳은 직후 세상을 떠났다. 세자의 외삼촌 윤임과 할머니 정현왕후에게는 어린 세자를 지켜줄 왕비가 필요했다. 윤임과 정현왕후는 모두 파평 윤씨였다. 파평 윤씨 가문에서도 한미한 규수를 골랐으니 그가 바로 문정왕후였다. 이들은 자신들이 천거한 문정왕후가 세자를 끝까지 지켜줄 것이라 믿어 의심치 않았다. 친정이 변변치 못한 만큼 정치 세력을 형성할 가능성도 없다고 판단했다.

이런 계산 끝에 궁으로 들어온 문정왕후의 신세는 참으로 딱했다. 남편의 애정은 미모의 후궁들에게 쏠려 있고, 이미 후계자도 결정된 상황에서 그녀가 할 수 있는 일이라곤 근신하고 또 근신하는 것뿐이었다. 게다가 궁에 들어간 후 수년간 딸자식만 줄줄이 낳았다.

아마 문정왕후의 불심이 깊어진 것도 이 시기가 아니었을까 싶다. 구중궁궐의 가장 높고 화려한 자리에 앉아 있었지만, 그녀의 곁에는 아무도 없었고 기댈 기둥은 변변치 못했다. 그녀는 불교에 의지해 내면의 욕망을 감춘 채 숨죽이며 살아갔다.

문정왕후가 발언권이 강하고 불사를 열심히 한 왕비로 알려져 있지만, 왕비가 된 후 십여 년간 왕실 내에서 목소리를 내거나 정치적 사건에 연루된 적이 없었다. 심지어 불사를 했다는 기록조차 발견되지 않는다. 약 16년 동안 문정왕후의 존재는 왕실 그 어디에서도 찾아보기 힘들 정도였다.

아들 낳으며 신흥 권력으로 부상

그러던 어느 날, 드디어 기회가 찾아왔다. 그토록 바라던 아들을 낳은 것이다. 궁중의 모든 여인에게 아들은 힘이요 권력이요 의지처였지만, 왕비가 낳은 아들은 살아 있는 권력 그 자체였다. 아들을 낳은 그 순간부터 문정왕후는 '대군의 모후'로 격상했다. 게다가 세자(인종)는 매우 병약했고 서른 가까이 되도록 자식 하나 없었다.

세자가 후사를 걱정할수록, 경원대군이 장성할수록 문정왕후의 주변에는 권력을 지닌 이들이 모여들기 시작했다. 사람들은 세자의 외삼촌인 윤임 일파를 대윤大尹으로, 경원대군의 외삼촌이자 왕후의 친정 오라비인 윤원형 일파를 소윤小尹으로 불렀다.

처음에는 대윤이 이기는 것처럼 보였다. 중종이 세상을 떠난 직후, 인종이 즉위했기 때문이다. 하지만 대윤의 시대는 단 8개월로 끝났다. 인종이 세상을 떠나자 그다음 왕으로 명종이 즉위했다. 당시 명종의 나이는 겨우 열두 살에 불과했다.

어린 왕을 대신해 대비가 섭정을 맡게 되면서 문정왕후는 조선 제일의 권력으로 부상했다. 문정왕후 외에도 다수의 대비들이 섭정을 맡은 적이 있지만, 문정왕후처럼 무소불위의 권력을 휘두른 인물은 전무후무했다. 문정왕후의 권력은 중국 최초의 여황제 측천무후에 비견될 정도였다.

조선 불교계 구한 보살에 비견

섭정을 맡은 직후 문정왕후가 가장 먼저 착수한 일은 불교계를 다시 살리는 작업이었다. 독실한 불교 신자였던 문정왕후는 1548년(명종 3) 보우 스님을 봉은사 주지로 임명해 불교 중흥책을 펼쳤다. 문정왕후의 불사는 고려 시대를 방불케 할 정도로 어마어마했다. 지난 백여 년간 조선 왕조의 유학자 관료들이 온갖 투쟁과 상소를 통해 이룬 억불 정책을 전복시키는 법안들을 통과시켰다.

우선 도첩제를 부활시켜 승려가 국가적으로 공인받을 수 있는 길을 터놓았으며, 승과를 재시행해 엘리트 승려들을 양성했다. 성종이 없앤 양종을 다시 세워 선종 도회소는 봉은사에, 교종 도회소는 봉선사에 설치했다. 이로써 조선 불교는 하나의 조직으로 재구성되었다.

또한 수많은 불상과 불화를 제작했는데, 현존하는 조선 시대 불화 가운데 최고작으로 꼽히는 작품들이 대부분 문정왕후가 발원한 그림이거나 그 시대에 제작된 작품들이다. 명실상부한 '조선 불교의 르네상스'를 문정왕후가 주도한 것이다.

문정왕후의 불교 시책 가운데 특이한 점은 전국의 명산대찰을 모조리 왕실의 내원당으로 삼았다는 것이다. 원래 내원당이란 궁궐 안에 있던 불당을 지칭하는 말이었는데, 문정왕후는 전국의 대형 사찰들을 모두 내원당으로 삼았다. 1550년(명종 5)에 70개이던 내원당의 수는 4년 뒤에 300여 개로 늘어났다.

내원당으로 지정된 사찰은 왕실 기도처로서의 특혜를 누렸다. 내원당에는 잡인의 출입이 금지되었고 사원전이 지급되었으며, 왕실로부터 각종 불사 비용을 제공받았다. 또한 지방관이나 서원·향교·지역 토호들로부터 잡다한 요구가 전면 금지되었다. 문정왕후가 전국 명산대찰을 내원 당으로 삼은 것은 이들을 왕실의 보호하에 둠으로써 조선 불교계 전체 를 살리고자 한 조치였다.

문정왕후는 장경왕후(인종의 모후)릉 옆에 있던 중종의 능을 선릉(서 울 강남구 삼성동) 바로 옆으로 이장했다. 겉으로는 정릉의 풍수가 좋지 않다는 명분을 내세웠지만, 실제로는 자신이 중종과 함께 묻히기를 원했 기 때문이었다. 이는 자신의 권력을 강화시키는 동시에 아들 명종에게 힘 을 실어주려는 조치였다. 문정왕후는 정릉을 천릉하면서 봉은사를 능침 사로 지정하고 대대적인 중창 불사를 했다.

당시 봉은사는 조선 불교 중흥의 중심이었다. 왕실의 대형 불사들이 봉은사에서 치러진 것은 물론이거니와 엘리트 승려들을 선발하는 승과 가 봉은사에서 치러졌고, 전국의 선종 사찰을 통괄하는 선종수사찰禪宗 首寺刹의 역할이 봉은사에 일임되었다.

문정왕후의 불교 시책으로 인해 조선 불교는 다시금 활기를 띠기 시 작했다. 그러나 이는 유생들과 승려들의 알력 다툼을 야기했다. 바로 직 전까지만 해도 유학자들은 승려들을 하대하고 사찰에 갖은 물품과 노 동력을 요청했으며, 사찰에서 갖은 연회를 즐겼다. 하지만 문정왕후가 섭정한 뒤로 승려들은 이 요구를 더 이상 고분고분하게 받아들이지 않 게 되었다. 유생들이 사찰을 연회나 숙박 장소로 이용하려 하면 몽둥이 를 휘둘러 쫓아내기까지 했다.

《명종실록》에는 유생과 승려의 싸움으로 인한 각종 송사들이 등장 한다. 사찰에서 행패를 부린 유생과 승려가 싸우면, 왕실에서는 무조건 승려의 편을 들어주었다. 심지어 왕실 원당에서 소란을 피웠다는 이유

봉은사 선불장

로 과거 응시를 금지당한 유생이 있을 정도였다.

이에 유학자들은 한 몸 한뜻이 되어 문정왕후의 불교 정책을 비난했다. 왕후의 명을 받들어 불교 중흥책을 진두지휘한 보우 스님은 공공의 적이 되었다.

문정왕후의 불교 정책은 물거품이었을까

문정왕후의 불교 중흥 정책은 1565년(명종 20) 왕후가 세상을 떠난 직후 엄청난 역풍을 맞았다. 문정왕후는 운명하기 직전 명종에게 "조선의 불교계와 승려들을 보호해달라"는 유언을 남겼다. 눈을 감는 그 순간까지 조선 불교의 미래를 걱정했지만, 명종 혼자 힘으로 사림들의 거센 저

항을 막아내기에는 역부족이었다. 결국 문정왕후의 불교 정책들은 모조리 파기되거나 이전 상태로 돌아갔다. 또한 불교 중흥책의 선봉에 섰던 보우 스님은 제주도로 유배됐다 참혹하게 죽었다.

언뜻 보기에는 문정왕후와 보우 스님의 불교 중흥책들이 모두 일장춘몽처럼 비춰질 수도 있다. 또한 성리학이라는 도도하고 거센 물결을 역행하려 했던 무모한 시도로 보일 수도 있다.

하지만 이들의 노력이 헛수고였던 것만은 아니다. 억불숭유라는 시대적인 흐름을 꺾어놓을 수는 없었지만, 조선 불교계가 잠시나마 숨통이 트여 자생력의 발판을 마련했다는 사실만은 분명하다. 이때 승과를 통해 배출된 인재들은 임진왜란이 발발하자 승군을 조직해 국가를 위기에서 구해냈고, 조선 후기 불교계의 법통을 이어나갔다. 그 대표적 인물이 서산대사 휴정과 사명대사 유정이다.

이처럼 불교사의 입장에서 본다면 문정왕후는 '보살'에 비견될 정도지만, 역사학의 입장에서 문정왕후는 결코 긍정적 평가를 받을 수도, 받아서도 안 되는 캐릭터다. 문정왕후의 섭정 기간 동안 모든 권력은 외척들에게로 집중됐고, 친정 오라비 윤원형과 올케 정난정은 매관매직으로 엄청난 부를 축적했다. 이 시기 민생은 극도로 피폐해져 전국에 도적떼가 출몰하고 민란이 발발했다. 그 대표적인 도적이 임꺽정이다. 임꺽정이 활동한 황해도 지역은 문정왕후의 친정붙이들이 수령으로 파견된 곳으로, 이 지역 백성들은 관리들의 극심한 가렴주구에 시달렸다. 중앙에서도 권신들이 토지와 경제적 이익을 독점하는 모순적인 구조가 형성됐다.

문정왕후는 제왕 이상의 권력을 지니고 있었지만, 그 권력은 주로 자신의 욕망을 채우는 데 사용되었다. 이 시기의 조선은 한 발짝도 앞으로 나아가지 못했다. 문정왕후는 조선을 손바닥 위에 올려놓고 뿌리까지 뒤흔들었던 여성이라는 측면에서 매력적인 캐릭터임에 분명하지만, 그의 삶이 일개 범부의 경계를 넘어서지 못했다는 점에서 깊은 아쉬움을 남긴다.

제2부

조선 후기의

원당

왕 배출한
천하 명당

선조부터 순종까지 왕을 열넷이나 배출한 길지
방계 선조가 보위에 오르는 기적 낳았으나
그 천운도 전쟁 트라우마로 다하다

박근혜 전 대통령이 대선에 출마했을 당시 방귀깨나 뀐다는 풍수가들
은 저마다 박정희 전 대통령 묘역에 대한 분석을 내놓았다. 동작동 국립
현충원에 있는 박정희 전 대통령의 묘역이 왕을 배출할 자리인가 아닌
가, 그것이 핵심 내용이었다.

이때마다 반드시 거론되는 또 한 명의 인물이 있었으니, 바로 중종의
후궁 창빈 안씨였다. 박정희 전 대통령의 묘가 국립현충원에서도 창빈
안씨의 묘 뒤편에 위치해 있기 때문이다. 창빈 안씨는 살아생전 숙용 안
씨였다. 안씨의 손자 하성군이 선조가 되면서 왕을 배출한 후궁이라는
이유로 창빈昌嬪으로 승격되었다.

창빈의 묘는 이미 조선 시대부터 명당 발복發福으로 소문난 곳이었다.
창빈 안씨는 1549년(명종 4)에 세상을 떠났는데, 경기도 장흥에 묘소
가 마련되었다가 이듬해에 현재 위치로 이장되었다. 동작봉 아래에 왕

을 배출할 명당이 있다는 이야기를 들은 덕흥군이 그곳으로 창빈의 묘를 이장했다고 한다. 창빈 묘를 이장한 지 2년 뒤에 덕흥군의 셋째 아들이 태어났으니, 그가 바로 후일 선조가 되는 하성군이다.

관악산 공작봉에서 내려온 산줄기가 한강수에 가로막혀 더 이상 기운이 나가지 못하는 지점이 국립현충원 자리로, 그 혈맥 지점에 창빈 안씨 묘소가 위치해 있다. 창빈 안씨의 혈통을 이어받은 왕손들이 조선 왕조를 계승했으니, 이 자리에서 배출된 왕은 선조부터 순종까지 무려 14명에 이른다고 볼 수 있다.

하지만 이곳이 결코 명당이 아니라고 주장하는 풍수가들은 창빈의 묘를 흉지 중의 흉지라고 설명한다. 청룡과 백호가 입을 벌리고 있는데다 이곳의 기운을 막아주어야 할 내당수가 한강으로 곧게 빠지고 있어, 그 영향으로 임진왜란과 병자호란이 발발했고 광해군은 왕위에서 쫓겨날 수밖에 없었다는 주장이다.

최근 박근혜 전 대통령의 행로를 보면 이곳이 왕을 배출하는 땅일 수는 있으나 결코 복을 일으키는 명당은 아닌 듯하다.

기적처럼 왕이 되다

선조는 중종의 후궁 숙용 안씨의 소생인 덕흥군의 셋째 아들이었다. 이처럼 적통도 아니고, 서열 1순위도 아닌 방계 왕손이 보위에 오른 것은 기적에 가까운 일이었다. 선조가 명종의 후계자로 지목된 데 대해서는 다음의 일화가 전해진다.

후사가 없던 명종은 살아생전 조카들을 눈여겨보았다. 하루는 명종이 종실 자제들을 궁궐에 불러모아 놓고 왕이 쓰는 익선관을 내놓았다.

조카들에게 익선관을 써보라고 하자 저마다 머리에 맞는지 안 맞는지 올려보고 있는데, 가장 나이가 어린 하성군은 머리에 쓰려다 말고 익선관을 내려놓았다. 명종이 왜 그러냐고 묻자, "이것이 어찌 신하된 자가 쓸 수 있는 것이겠습니까"하고 답하는 것이 아닌가. 하성군의 영특함을 일찌감치 알아본 명종은 임종 직전 하성군에게 왕위를 물려주겠다는 유언을 남겼다고 한다.

물론 이 전언을 곧이곧대로 믿는 이는 거의 없다. 왕위 계승 서열에서도 멀찌감치 떨어져 있던 하성군이 명종의 후사로 낙점된 이유에 대해서는 명확하게 밝혀진 바가 없다. 그런데 하나씩 따지고 들어가 보면 왕실 입장에서 하성군만큼 최적의 조건을 갖춘 양자 후보도 없었다.

우선 중종의 적자는 모두 절손된 상황이었다. 인종과 명종이 모두 후사 없이 세상을 떠났기 때문에 계승 서열 1순위인 적통 왕자는 한 명도 없었다. 중종은 후궁들로부터 여러 왕자를 낳았지만, 이들 중 강력한 후보들은 이미 중종 대나 명종 대에 제거된 상황이었다. 경빈 박씨의 아들인 복성군은 중종 대에 세자(인종)를 무고하려 했다는 혐의로 사사되었고, 희빈 홍씨의 아들 봉성군은 1547년(명조 2)에 역모죄로 처형되었다. 복성군이나 봉성군은 생모가 정일품 빈의 품계를 받을 정도로 중종의 총애를 입은 후궁들이었을 뿐만 아니라, 1등 정국공신의 손자이기도 했다. 이처럼 강력한 배경으로 인해 이미 중종 대부터 차기 왕권을 위협하는 존재로 인식되었던 것이다.

이에 비해 숙용 안씨의 아들 덕흥군은 왕위 계승 다툼에 거론조차 되지 않던 왕자였다. 숙용 안씨가 살아생전 종삼품에 불과했던 것에서도 알 수 있듯이, 안씨는 명문가의 딸도 아니었고 특별히 총애를 받는 후궁도 아니었다. 안씨의 부친 안탄대가 중종반정에서 원종공신으로 책록되기는 했지만, 하사받은 품계는 종칠품 적순부위迪順府尉에 불과했다. 그래서인지 안씨는 겸손하고 덕망이 높아 왕실 내에서 적도 없었다.

게다가 하성군이 왕으로 지목될 당시 덕흥군과 그 부인은 이미 세상을 떠난 상태였다. 대원군이 살아 있다면 이는 또 다른 정치적 문제를 야기할 수 있고 새로운 세력을 형성할 여지가 농후했다. 따라서 훈척이나 왕실 입장에서는 조실부모한 덕흥군의 자식들이 여러모로 적합해 보였던 것이다.

그중에서도 왜 셋째 아들 하성군을 지목했을까. 우선 첫째 아들 하원군은 덕흥군의 제사를 받들어야 하는 적자였고, 둘째 아들 하릉군은 희빈 홍씨의 아들인 금원군의 양자로 입적돼 있었다. 결국 막내아들인 하성군이 명종의 양자로 지목되었던 것이다.

왕실 입장에서 볼 때 하성군은 조건을 두루 갖춘 종실 자제임이 분명했다.

손자 덕에 죽어서 정일품이 된 할머니

방계 왕손으로 보위를 이은 선조는 자신의 아버지와 할머니를 추숭해야 했다. 하지만 위차位次를 중시하는 유교식으로는 추숭이 거의 불가능했다. 종통상으로 볼 때 선조는 덕흥군의 뒤를 이은 것이 아니라 명종의 뒤를 이었기 때문이다.

선조가 자신의 할머니와 아버지를 추숭하기 위해 선택한 방법은 불교식 추숭, 즉 원당 설치였다. 선조는 살아생전 종삼품 숙용이었던 할머니 안씨를 정일품 빈으로 추숭하는 한편 창빈 묘 부근에 위치한 갈궁사를 화장사로 개칭하고 창빈의 원당으로 삼았다. 이 절이 현재 국립현충원 안에 위치한 호국지장사이다. 또한 아버지 덕흥군을 덕흥대원군으로 추존하면서 그의 묘역을 정비했다. 덕흥대원군의 원당은 남양주 흥국사였다. 흥국사도 왕의 아버지를 모신 원당으로 격상되면서 대대적인 중창 불사가 이루어졌다. 조선 후기 내내 흥국사는 덕절 내지 덕사德寺라는 이름으로 더 자주 불렀다.

명당의 기운 덕택인지, 아니면 전생에 선근 공덕을 쌓아서인지는 모르겠지만 하성군은 조선 16대 왕 선조가 되었다.

선조에 대한 역사적 평가는 양분된다. 조선 최대의 국란을 불러온 무능한 임금, 붕당정치를 조장해 국가를 양분시킨 장본인이라는 평가가 있는 반면, 방계 출신이었던 만큼 능력 중심의 인재 등용으로 사림 정치를 본격화한 학자적 군주라는 평가도 받고 있다.

전쟁 트라우마, 왕을 망가트리다

재위 초까지만 해도 선조는 매우 명석한 왕이었다. 학문을 좋아한 선조는 이이나 정인홍 같은 유학자 관료들을 불러 성리학에 대해 토론하기를 즐겼다. 선조는 자신의 견해를 밝히는 데 주저함이 없었고 유학자들의 반론을 기껍게 받아들였다. 유생들이 "불교를 배척하라"는 상소를 올리면, 선조는 "너희가 훗날 참된 선비가 되어 조정에 나와 치도治道를 융성하게 하고 풍속을 아름답게 한다면, 유학이 제 빛을 발휘하고 불교는 저절로 쇠할 것인데, 굳이 승려를 죽이고 사찰을 헐 필요가 무에 있냐"고 반문하곤 했다. 이처럼 유연한 사고를 지니고 있던 선조의 모습은 임진왜란 이후 완전히 사라졌다.

안국사 전경

선조가 재위한 지 25년 되던 해인 1592년 임진왜란이 발발했고, 이 전쟁은 선조의 정신세계를 완전히 뒤흔들어놓았다. 국제 정세를 제대로 파악하지 못해 국가를 위기에 빠트린 왕, 도성을 버리고 백성을 내팽개치고 떠난 왕, 제 한 몸 살리기 위해 명으로 망명하려 했던 왕이라는 자괴감이 그를 괴롭혔다.

분조*를 구성해 선전한 아들 광해군도, 왜적의 보급로를 차단해 국난을 헤쳐나간 이순신도, 자발적으로 의병으로 나선 이름 없는 백성들도 선조에게는 자신을 겨누는 칼날처럼 다가왔다. 임진왜란을 겪으면서 선

---

* 分朝, 임시로 세운 조정.

조는 비겁하고 교활한 군주로 변해갔다. 자신이 작아 보일수록 "내가 왕이다"라는 외침만 커져갔다.

국가를 위기에서 구해낸 명장 이순신은 수많은 의문을 남긴 채 노량해전에서 전사했다. 의병장 이산겸은 의병을 해산시키지 않은 저의가 의심스럽다는 이유로 처형되었고, 서산대사와 사명대사는 전쟁 직후 각각 묘향산과 금강산으로 들어가 칩거했다.

임란 이후 두 개의 공신호功臣號가 매겨졌는데, 선조를 호위해 의주까지 따라갔던 신하들은 무려 86명이나 호성공신扈聖功臣이라는 칭호를 받았다. 반면 왜적과 직접 맞서 싸우거나 난을 진압한 장수들 중 겨우 18명만이 선무공신宣武功臣이라는 녹훈을 받았다. '왕을 호위해 압록강까지 도망간 일'이 최고의 공로로 인정된 꼴이다.

호성공신이라는 민망한 녹훈을 받은 신하들은 공신첩이 내려지기 3일 전 선조에게 "지극한 정성으로 대의에 힘써 하늘에 닿을 만큼 큰 운을 일으킨 왕(지성대의격천희운至誠大義格天熙運)"이라는 존호를 갖다 바쳤다.

'안국' 편액에 피난길 심경 담아

이 같은 상황은 불교계에도 그대로 이어졌다. 수많은 희생자를 배출한 불교계에 대한 처우는 임란 후에도 크게 달라지지 않았다. 국난 극복을 위해 의병을 모집하고, 불살생계를 저버린 채 왜군들의 목을 베던 이들에 대한 포상은 거의 없었다. 오히려 승군 노동력의 우수성을 치켜세우며 대가 없는 군역을 무지막지하게 부과했다. 전국의 승려들이 산성을 쌓거나 제방을 축조하는 데 차출되었고, 군사훈련을 받으며 산성을 지켜야 했다.

그나마 선조의 피난처를 마련해주었거나 태조의 어진을 잠시 보관했던 사찰은 왕실 원당으로 지정되어 특별 대우를 받았다. 그중 평안도 평성의 안국사는 임란 당시 의주로 도망가던 선조가 피난길에 잠시 머물렀던 사찰이다. 원래 봉린사鳳麟寺라 불렸던 이 절은 잠시 천룡사天龍寺라 불리다가 선조가 안국安國이라는 이름을 하사하면서 안국사로 개칭되었다. '나라를 평안케 하리라'는 글씨 속에는 종묘사직을 버리고 황급히 도망가던 선조의 심정이 고스란히 담겨 있는 듯하다. 이 절에는 선조가 머물렀던 것을 기념해 세운 주필각이 아직 남아 있다.

조선 역대 왕들 중 가장 글씨를 잘 쓴 왕, 율곡과 맞짱을 뜰 정도로 명석했던 왕, 조선의 사림 정치를 개막한 왕, 출신 가문보다 능력을 더 중시했던 왕의 모습은 임진왜란 이후 퇴색되고 말았다. 재위 말 선조는 전쟁의 상처를 온몸에 입은, 자기방어에 급급한 무능한 군주에 불과했다.

호국 영령들에 지장보살의 가피를

창빈 안씨의 원당 사찰인 화장사의 원래 이름은 갈궁사였다. 이후 창빈 안씨의 묘를 수호하는 사찰로 지정되면서 화장사로 개칭되었다. 화장華藏 은 연화장세계蓮華藏世界를 지칭하는데, 《화엄경》에서 연화장세계는 연꽃 속에 담겨 있는 우주, 즉 청정과 광명으로 가득한 이상적인 불국토를 상징한다.

이승만 전 대통령이 임기 중 이곳에 들렀다가, "만약 절이 없다면 내가 묻히고 싶은 곳"이라고 말했다는 일화가 전해진다. 그 후 이 일대에 국군묘지(국립현충원)가 들어섰고, 이승만은 이곳에 묻힌 최초의 대통령이 되었다.

화장사는 1989년 호국지장사로 바뀌었다. 당시 주지였던 혜성 스님이 지장보살의 원력으로 모든 호국 영령들의 극락왕생을 발원하는 절이라는 의미로 개칭했다고 한다.

오늘날에는 불교 신자였던 독립운동가나, 순국선열의 추모재追慕齋가 이곳에서 자주 열린다.

서출의 한^恨,
비주류의 한^限

반정으로 쫓겨났으나 결코 무능하지 않았던

400년 만에 재평가된 광해

2013년 한국사능력검정시험을 준비하는 학생들을 대상으로 '가장 존경하는 왕'을 설문 조사한 결과 세종대왕을 제치고 광해군이 1위를 차지했다. 영화 〈광해〉의 위력을 절감케 하는 결과다. 광해군의 오명을 벗기기 위해 역사학자들이 수십 년간 애를 써도 이루지 못한 일을 영화 한 편이 단방에 끝낸 것이다.

광해군은 비록 폐주가 되었지만 결코 무능하지 않은 왕이었다. 아니, 조선 시대를 통틀어 가장 유능했던 왕 중 하나였다. 선조가 압록강을 바라보며 명明으로 넘어갈까 말까 고민하고 있을 당시, 전국의 유생들을 설득해 의병을 모집하고 국난을 타개했던 주역이 바로 광해군이다. 임금이 된 이후에는 후금과 명明 사이의 줄다리기 외교에 성공해 전쟁을 막은 이도 광해군이었다. 대동법을 최초로 실시해 백성들의 부담을 대폭 감소시킨 것도 광해군이었다. 또한 행행行幸을 가서는 백성들과 함께 어울리며 가면극이나 외줄타기를 구경하던 민초들의 벗이기도 했다.

영화 〈광해〉에서 가짜 왕과 진짜 왕의 모습을 합치면 실제 광해군의
모습이 만들어진다.

후궁 아들의 숙명

그토록 탁월했던 군주, 광해군에게는 결정적인 약점이 있었다. 바로 후
궁의 아들이었다는 점이다. 그것도 그냥 후궁의 아들이 아니라, 엄마가
왕비인 이복동생까지 둔 서자였다는 점이 광해군의 아킬레스건이었다.
선조도 방계 출신이었지만, 선조에게는 왕위를 다투어야 할 경쟁자가
없었던 반면 광해군에게는 영창대군이 있었다. 게다가 광해군은 선조의
맏아들도 아니었다.

임진왜란 발발 직후 국난 타개를 위해 임시 세자로 책봉되기는 했지
만, 영창대군이 태어난 후 광해군은 폐세자가 될 것이라는 말이 공공연
한 비밀처럼 나돌았다. 하지만 선조가 영창대군이 태어난 지 2년 뒤에
병사하는 바람에 광해군은 조선의 15대 왕이 될 수 있었다.

왕위에 오르기는 했지만 영창대군이 살아 있는 한 광해군은 임시 왕
일 수밖에 없었다. 광해군은 출생의 콤플렉스로 인해 항상 정적들을 찾
아냈고, 그들을 제거해야만 했다.

광해군이 왕이 된 직후 가장 먼저 제거한 이는 다름 아닌 친형 임해
군이었다. 광해군이 임해군을 역적으로 몰아 강화도로 유배한 사유는
"오랫동안 이심異心을 품고 사사로이 무기를 저장하고 몰래 자객을 양
성하였다"는 것이었다. 임해군이 선조의 사망 소식을 듣고 곧바로 궁으
로 들어오지 않은 것도 '역심을 품은 것'으로 해석되었다. 임해군을 왕

으로 추존해줄 세력을 모으려 했기 때문이라는 것이다. 서자 중에서도 둘째였던 광해군은 친형마저도 정적으로 간주할 수밖에 없었다. 결국 1608년(광해군 즉위년) 임해군을 진도로 유배 보냈다가, 다시 교동으로 유배 보냈다. 이듬해 5월 임해군은 의문의 변사체로 발견되었다.

영창대군은 여덟 살이 되던 1613년(광해군 5)에 역모죄라는 누명을 쓰게 된다. 그해 문경새재에서 발생한 강도 사건은 '영창대군 추대를 위한 정치자금 준비 작업'으로 둔갑했고, 주동자로 인목대비가 지목되었다. 영창대군은 강화도로 유배되었고 인목대비는 서궁(경운궁)에 유폐되었다. 이듬해 영창대군은 유배지에서 불에 탄 시신으로 발견되었다.

임해군을 죽이고, 영창대군을 죽인 후에도 광해군은 눈에 불을 켜고 반란 세력을 찾아내 처단할 수밖에 없었다. 후궁의 배에서 나올 때부터 정해진 숙명이었다.

광해군은 즉위 직후 생모 공빈 김씨를 공성왕후로 추존하고 위패를 종묘에 배향했다. 하지만 추존은 추존일 뿐, 배다른 동생을 죽이고 새어머니를 유폐시켰다는 꼬리표는 항상 광해군을 따라다녔다. 게다가 외척 세력이 없어 정보력이 부족했던 것도 광해군의 커다란 약점이었다.

400년간 폭군의 대명사로 남아

결국 광해군은 폐모살제* 죄명으로 왕위에서 쫓겨났다. 인조반정 이후 광해군은 강화도로 유배되었다가 나중에 제주도로 이배되었다. 왕위에서 쫓겨난 후에도 19년을 더 살았다.

---

* 廢母殺弟, 어머니를 유폐시키고 동생을 죽임.

현재 광해군의 묘는 어머니 공빈 김씨, 친형 임해군의 묘와 함께 남양주 봉인사 인근에 위치해 있다. 제주도에서 죽은 광해군이 어떤 경로를 통해 공빈 묘 인근에 묻혔는지는 전해지는 바가 없다. 다만 왕실의 예법상 폐서인이 된 왕이라도 왕자의 예를 갖추어 장례를 치러야 했기 때문에 그의 시신이 육지로 돌아왔고, 도성 밖 100리 이내에 왕자의 묘를 쓴다는 관례에 따라 양주에 안치된 것으로 보인다. 하지만 폐주인지라 별도 잘 들지 않은 산기슭에 버려지듯 묻혔다.

광해군의 무덤 근처에 위치한 봉인사는 광해군이 왕위에 있을 당시 직접 왕세자의 원당으로 지정한 사찰이었다. 광해군은 이 절을 매우 특별하게 여겼다. 당대의 고승 부휴선수浮休善修를 이 절의 주지로 파견해 절을 중창했으며, 왕실의 시주로 사리탑을 조성했다. 그 사

봉인사 사리탑과 사리장엄구(보물 제928호)

리탑은 일본으로 유출되었다가 1987년에 반환되었는데, 사리탑에 봉안되어 있던 사리합에는 '왕세자가 장수하며 복을 누리기를, 성군의 자손이 번성하기를 빈다'는 명문이 새겨져 있다.

이러한 발원에도 불구하고 왕세자는 강화도 유배 도중 탈출을 시도하다 붙잡혔고 인조의 명으로 자결했다. 왕세자가 죽자 세자비도 뒤따라 자결했다. 자식들의 죽음을 목도한 부인 유씨는 아들의 방에 들어가 목을 매고 말았다. 유씨 부인은 살아생전 부처님께 "다음 생에는 결코 왕실 여인으로 태어나지 않게 해달라"고 빌었다고 한다.

광해군은 아들 내외와 아내의 죽음 이후에도 19년을 더 살았다. 세 살 때 엄마를 여의고, 아비의 온갖 구박을 받으며 천신만고 끝에 왕위에 올랐지만, 재위 14년 만에 왕위에서 쫓겨난 그의 말년은 참으로 고독하고 쓸쓸했다. 그리고 이후 400여 년간, 역사는 그의 이름을 폭군의 대명사로 기억해왔다.

죽어서 다시 만난 세 모자

남양주 봉인사 주변에는 광해군, 임해군, 공빈 이 세 모자의 묘가 함께 들어서 있다. 봉인사를 가운데 두고 엄마와 아들들의 묘가 마치 삼각형을 그리듯 위치해 있다. 광해군이 진신 사리를 봉안하고 부휴선수를 파견할 정도로 특별히 중시한 것으로 미루어 이 절이 공빈의 능침사로 지정되었을 가능성도 있지만 관련 기록은 전무하다.

광해군이 폐위된 이후 봉인사는 조선왕조로부터 보호를 거의 받지 못했고, 이들의 무덤 또한 마찬가지였다. 그 세월 동안 광해군과 임해군, 공빈의 묘를 수호한 것은 봉인사의 스님들이었다. 《승정원일기》에 "봉인사는 왕실의 능묘를 보호하는 사찰"이라는 기록이 수차례 등장한다. 능묘명에 대한 언급은 없지만 봉인사 가까이에 위치한 광해군과 임해군, 공빈의 묘를 말하는 것임을 알 수 있다. 그러나 폐주와 그의 어머니를 위한 사찰에 관심을 갖는 이는 아무도 없었다. 인조 대 이후 봉인사는 왕실로부터 아무런 지원도 받지 못한 채 퇴락해 갔고, 한말에 결국 폐사되고 말았다. 이후 봉인사 사리탑은 고물상에 의해 팔려 일본으로 건너갔다.

봉인사가 다시 중창된 것은 1979년 '한길로'라는 재가법사에 의해서였다. 최근 봉인사는 매년 광해군의 기일에 추천재追薦齋를 지내고 광해군의 삶을 재조명하는 학술 대회를 개최하고 있다.

사경寫經 수행으로 이겨낸
여인의 한

고단한 세월 불경 쓰며 견딘 인목대비
반정 후 제일성, "광해군 살점 씹겠다"

1623년 인조반정이 성공한 직후 인조를 만난 인목대비의 첫마디는 "광해군 부자의 살점을 씹어버리겠다"였다. 아들 잃은 여인의 시퍼런 한이 느껴지는 대목이다. 인목대비는 더 이상 경운궁에 갇혀 눈물로 세월을 보내던 가련한 여인이 아니었다. 10여 년의 유폐는 유약하기 짝이 없던 한 여인을 노회한 정치가로 탈바꿈시켜놓았다.

선조가 죽을 당시 인목대비의 딸 정명공주는 여섯 살, 아들 영창대군은 겨우 세 살이었다. 스물다섯 살의 왕비는 그 어린 자식들을 지킬 힘도, 정국을 주도할 만한 파트너도 없었다.

선조가 훙어한 바로 그날 인목대비는 어보*와 계자**를 내려 광해군의

---

* 御寶, 왕실의 권위를 상징하는 의례용 인장.
** 啓字, 임금의 결재를 받은 서류에 찍던 계(啓) 자를 새긴 도장.

즉위를 허락했다. 대비가 그토록 빨리 광해군의 즉위를 승인한 것은 사실 아부에 가까운 행위였다. 선조는 광해군에게 형제들과 우애 있게 지내라는 짧은 유언만 남겼을 뿐 영창대군이나 인목대비에 대해 아무런 언급도 하지 않았다. 대비 또한 자신보다 아홉 살이나 많은, 산전수전을 다 겪은 광해군과 정면 승부를 벌일 자신이 없었다. 그 상황에서 인목대비가 할 수 있는 일은 광해군의 자비로운 처우를 기대하는 것뿐이었다.

하지만 인목대비의 순진무구한 희망은 금세 산산조각이 났다. 재위 5년이 되던 해 광해군은 단순 살인강도 사건을 영창대군을 왕으로 추대하기 위한 인목대비와 친정아버지 김제남의 역모 사건으로 둔갑시켰다. 김제남은 사약을 받았고, 대비의 친정 형제들도 모조리 사사되었다. 여덟 살 된 영창대군은 강화도로 끌려가 감금되었는데, 이듬해 유배지에서 불에 탄 시신으로 발견되었다.

인목대비는 후궁으로 강등되어 경운궁(지금의 덕수궁)에 격리되었다. 대비로서 모든 권한은 박탈당했다. 경운궁에는 식량조차 제대로 공급되지 않았고 땔감 없이 겨울을 나야 했다.

10년간 경운궁에서 한 발짝도 나가지 못했던 인목대비는 죽음 같은 세월을 서예로 소일했다. 명필가였던 선조의 영향을 받아 인목대비 또한 글씨에 조예가 깊었는데, 글씨는 대부분 불경을 베낀 것이었다. 보물로 지정된 〈인목왕후 어필 칠언시〉(칠장사 소장), 《백지묵서금광명최승왕경白紙墨書金光明最勝王經》(개인 소장) 등이 대비의 대표 작품이다.

인조반정으로 되찾은 서글픈 봄날
인조반정으로 인목대비의 기나긴 유폐 생활은 끝이 났다. 쿠데타가 발발한 바로 그날, 인목대비는 눈물과 한숨으로 가득한《계축일기癸丑日記》의 주인공과는 전혀 다른 모습으로 역사서에 재등장한다.

인조는 반정이 성공한 직후 경운궁으로 사람을 보내 인목대비를 창덕궁으로 모셔오게 했다. 인조가 내세운 반정의 가장 큰 명분은 광해군이 인륜을 저버렸다는 것이었다. 광해군을 폐모살제의 명분으로 내쫓은 만큼 인목대비의 인가는 인조에게 매우 중요한 사안이었다. 하지만 인목대비는 끝끝내 창덕궁으로 발걸음을 옮기지 않았다. 새벽에 거사가 성사된 후 창덕궁 대전에서 인목대비가 오기만을 기다리던 인조는 결국 해질 무렵 경운궁으로 찾아갔다.

인목대비는 왜 경운궁을 나서지 않았던 것일까. 광해군이 폐위된 것은 분명 기뻐 마땅한 일이었지만, 새로운 왕의 정통성은 선조의 비인 자신에게서 나온다는 것을 무언으로 역설한 것이었다. 이날의 상황을《인조실록》은 "대비가 왕을 폐하여 광해군으로 삼고, 금상을 책명하여 왕위를 계승하게 하였다"고 기록하고 있다.

결국 인조는 창덕궁 대신 경운궁에서 즉위식을 거행했고, 인목대비는 인조에게 어보를 하사했다. 인조의 경운궁 즉위는 인목대비의 존재를 조선의 최고 어른으로 각인시키는 효과를 발휘했다. 인조는 재위 내내 인목대비를 왕실의 가장 큰 어른으로 대접했고, 인목대비의 발언권은 조정에 큰 영향을 미칠 수밖에 없었다.

하지만 세상이 뒤바뀌고 대비로서의 권한을 다시 찾았다 한들, 죽은 아들이 돌아올 수는 없는 노릇이었다. 인목대비가 아들을 위해 할 수 있는 일은 부처님전에 아들의 명복을 비는 것밖에 없었다. 안성 칠장사, 금강산 유점사, 광주 법륜사, 장단 화장사 등을 원당으로 삼고 아들의 위패를 모셨다. 그중 칠장사에는 인목대비가 남긴 칠언시가 전해진다.

늙은 소가 힘을 쓴지 이미 여러 해
목이 찢기고 가죽 뚫어져 그저 다디단 잠뿐이로구나
쟁기질과 써레질이 이미 끝나고 봄비 넉넉한데
주인은 어찌 고달프게 또 채찍질인가

'유일한 낙은 다디단 잠뿐'이라는 구절에서 인목대비의 고단한 삶이 그대로 묻어나는 듯하다.

영창대군과 김제남의 원당, 칠장사
안성 칠장사는 영창대군과 대비의 아버지 김제남의 위패를 모신 원당이었다. 현재 영창대군의 묘가 안성에 있어서 칠장사를 영창대군의 묘사墓寺로 지레짐작할 수 있지만, 이는 사실이 아니다.

영창대군의 묘는 원래 강화도에 있다가 경기도 광주목(오늘날 경기도 성남시 태평동)으로 이장되었다. 인조반정이 성공한 뒤에 인목대비가 아들의 묘를 남한산성 아래로 옮긴 것이다. 정조 대에 발간된 《범우고》에는 영창대군의 묘 바로 곁에 법륜사法輪寺라는 절이 있었고, 인조 때 창건된 것이라고 명시되어 있다. 이로 볼 때 영창대군의 묘를 이장할 당시, 인목대비가 영창대군의 묘사墓寺로 법륜사를 창건한 것으로 보인다.

영창대군 묘가 현재의 위치인 안성군 일죽면 고은리로 이장된 것은 1970년대의 일이다. 경기도 성남시 태평동 일대가 주택 지구로 개발되면서, 영창대군의 묘를 옮겨야 했던 것이다.

영창대군은 후사 없이 죽었기 때문에 이후 선조의 아홉째 아들 경창군의 후손들이 봉사손을 맡게 되었다. 현재 경창군의 14대손인 이대용씨가 영창대군의 봉사손을 이어가고 있다.

영창대군의 후손들은 이장지를 물색하던 중 안성에 문자 그대로 안성맞춤인 땅이 있다는 소식을 듣게 되었다. 산세도 수려하거니와 대군의 원당 칠장사와 마주하고 있는 산기슭이었다. 영창대군에게 더할 나위 없는 명당을 찾아냈다고 기뻐하면서 1971년에 대군의 묘를 이장했다. 현재 영창대군의 묘는 칠현산을 마주하는 곳에 있다. 날씨가 좋을 때는 칠장사도 보인다.

다음 생에라도 왕으로 태어나기를

인목대비는 왜 하필 안성에 위치한 칠장사에 영창대군의 원당을 조성했을까. 이 같은 의문을 제기하는 이유는 칠장사를 제외하고 안성 지역에 위치한 왕실 원당이 단 한 곳도 없기 때문이다.

안성 지역은 전통적으로 미륵 신앙이 크게 유행한 곳이다. 안성은 경상도, 충청도, 전라도 등 삼남 지방에서 경기도로 들어오는 관문 역할을 하였다. 대구, 전주와 더불어 '조선의 3대 큰 시장'으로 꼽혔다. 물산이 풍부하고 사람이 모이는 곳이다 보니 새로운 세상을 꿈꾸는 이들이 안성에서 결집했고, 반정부 기치를 내건 이들도 이곳을 거쳐 갔다. 안성이 전국에서 미륵불이 가장 많이 조성된 지역인 이유도 이러한 역사지리적 배경에 기인한다.

미륵불은 '미래의 부처'를 의미한다. 석가모니가 입멸한 뒤 56억 7천만 년이 되는 때에 사바세계에 다시 출현하여 모든 중생을 교화한다는 부

처가 바로 미륵불이다. 그래서 새로
운 세상을 꿈꾸는 이들 중에는 스
스로를 미륵불이라 자처하는 이들
도 많았다. 후고구려의 궁예나, 중
국의 백련교도, 청련교도들이 그
일례다.

이는 왕실 원당이 안성에 들어설
수 없는 이유이기도 했다. 만약 후
궁의 아들이나 방계 왕손이 미륵 도
량에 원당을 조성한다면, 역심逆心
을 품은 것으로 오해받기 십상이었
다. 왕자 탄생을 발원하는 이들조

안성 대농리 미륵

차 미륵 도량에 원당을 설치하는 것은 터부시했다.

인목대비가 안성에 원당을 설치한 것은 영창대군이 다음 생에는 왕으
로 태어나기를 발원하는 마음 때문이었으리라 추측된다. 선조의 유일한
적자이지만, 너무 늦게 태어나는 바람에 비명횡사한 아들을 위해 미륵
도량을 찾았던 게 아닐까. 내세에는 부디 만백성을 이끄는 성군이 되길
비는 기도가 인목대비의 마지막이자 유일한 희망이었을지도 모른다.

몽상이 되고 만
쿠데타의 명분

명분 없는 쿠데타로 왕위에 올랐으나
백성들의 외면과 신하들의 반발 이어지자
빈약한 정통성 보완하려 생부를 추숭하다

너희 훈신들아/ 스스로 뽐내지 말라/ 그의 집에 살면서/ 그의 전토를
점유하고/ 그의 말을 타며/ 그의 일을 행한다면/ 너희들과 그들이/ 다
를 게 뭐가 있나

《인조실록》(인조 3년 6월 19일)에 실린 〈상시가傷時歌〉이다. 이 노래에 나
오는 '너희 훈신'이란 인조반정의 공신들을 일컬음이요, '그들'이라 함은
광해군의 신하들이다. 《인조실록》에 인조반정을 비웃은 노래가 버젓이
실리다니, 《실록》의 위대함을 다시 한번 절감케 한다.
　유행가에는 그 시절의 집단의식이 잠재되어 있기 마련이다. 1980년대
만 해도 '아침 이슬 머금은 소나무'를 꿈꾸던 젊은이들이 최근에는 '근
육보다 사상이 울퉁불퉁한 젠틀맨'을 찾듯이, 유행가는 당대의 시대정
신을 거울처럼 비추어준다. 〈상시가〉, 즉 '시대를 아파하는 노래'라는 제

목에서 이미 인조반정에 대한 당대인들의 평가를 엿볼 수 있지 않은가.

인조반정 발발 직후 반정군이 창덕궁으로 밀어닥치자 광해군 부인 유씨는 이들을 향해 "지금의 거사가 종묘사직의 미래를 위한 것인가, 아니면 그대들의 영달을 위한 것인가"라고 반문했다. 그 말에 반정군 누구도 답을 하지 못했지만, 수년 뒤 백성들이 노래를 지어 답변한 것이었다.

인조반정 이후에도 백성들의 삶은 팍팍하기만 하니 저잣거리에는 그놈이 그놈이라는 노래가 떠돌았다. 1624년(인조 2) 반정공신 이괄이 반란을 일으키자 인조는 도성을 버리고 공주로 피난을 갔다. 인조를 따르는 백성은 거의 없었고, 오히려 이괄의 난을 반기는 분위기였다고 한다. 게다가 명에 대한 의리를 지키겠다고 펼친 배금排金정책은 정묘호란이라는 결과로 되돌아왔다. 강화도로 도망간 인조는 오랑캐라 무시하던 후금에게 '아우로서 충성을 지키겠다'는 굴욕적인 약속을 하고서야 도성으로 돌아올 수 있었다.

인조는 불안했다. 폐모살제를 저지르고 명에 대한 의리를 저버린 폐주라는 명분을 내세워 광해군을 쫓아냈지만, 민중들을 설득하기에는 턱없이 미약한 명분이라는 것을 인조 스스로도 잘 알고 있었다.

인조는 재위 내내 온갖 콤플렉스에 시달렸다. 왕실의 적통도 아니고, 광해군이 크나큰 실정을 저지른 것도 아니었다. 인조반정 이후 더 나빠진 민생은 쿠데타의 부실한 명분을 나무라는 듯했다.

인조는 자신의 콤플렉스를 아버지에 대한 추숭을 통해 해결하고자 했다. 이름하여 원종元宗 추숭, 즉 자신의 죽은 아버지를 왕으로 추존함으로써 스스로 왕의 적통으로 탈바꿈하고자 한 것이다.

인조가 정원군을 추숭하고자 한 것은 비단 자신의 권력 강화를 위한 것만은 아니었다. 인조가 반정을 주도한 가장 큰 이유 중의 하나는 아버지의 복수를 갚는 것이었다. 인조의 친동생 능창군은 광해군이 뒤집어씌운 역모죄로 사사되었고, 아버지 정원군은 그 울분으로 화병이 나서 세상을 떠났다. 광해군에 대한 개인적인 원한은 인조반정의 커다란 도화선이 되었다. 또한 인조는 생모인 계운궁 구씨의 병환이 깊어지자 자신의 손가락을 베어 피를 마시게 할 정도로 효심이 지극한 아들이었다. 따라서 인조의 원종 추숭은 아버지의 한을 풀어주고자 한 인조의 효심과 총체적 난국을 타개하고자 하는 정치적 의도가 맞물려 이루어진 것이었다.

원종 추숭 문제가 제기되자, 조정의 신하들은 당연히 반대했다. 성리학에서 중요한 것은 혈통보다 종통宗統인데, 왕이 혈족 추숭을 하겠다고 나섰으니 성리학적 명분론과는 크게 동떨어진 논리였다. 하지만 인조는 장장 10년을 신하들과 싸운 끝에 아버지 정원군을 원종으로 추숭하는 데 성공했다. 신하들과의 기 싸움에서 승리하고, 만천하에 반정의 정통성도 천명함으로써 모든 일이 순조로운 듯했다.

원종 추숭으로 정원군의 묘는 장릉章陵으로 승격되어 김포 금정산으로 이장되었다. 이때 정원군의 묘를 수호하던 고상사도 함께 옮기면서 이름을 봉릉사(현재의 금정사)로 개칭했다.

'왕릉을 받드는 절奉陵寺'이라는 이름은 사실 허울뿐인 훈장이었다. 원종의 추숭 이후 봉릉사까지 덩달아 '왕의 사찰'로 승격된 것은 아니었다. 봉릉사는 능침사陵寢寺라는 격상된 칭호가 아닌 조포사造泡寺로 불렸다. 조포사는 두부를 만드는 절이라는 뜻으로, 조선 후기 유학자들이 왕실원당을 격하해서 부른 호칭이었다. 능침사를 그저 제사 음식이나 준비하는 하찮은 곳으로 취급한 것이다.

정원군이 원종이 된 것, 봉릉사가 조포사로 불린 것, 모두 대상과 이름이 서로 같지 아니한(전도몽상顚倒夢想) 어수선한 시절의 한 단면이었다.

두부 쑤는 절로 전락한 능침사

조선 전기 왕실에서 능침사를 지은 가장 큰 목적은 왕이나 왕비가 극락 왕생하기를 발원하는 것이었다. 그래서 능침사 안에 반드시 '어실'을 지어 그 내부에 왕과 왕비의 초상화나 위패를 모셨고, 아침저녁으로 예불을 올리는 것이 관례였다.

하지만 조선 후기에 이르면 유학자 관료들은 왕의 위패가 절에 모셔지는 것을 참람한 행위로 간주해 절에 있던 왕과 왕비의 위패를 모조리 땅에 묻게 했다. 이때부터 능침사가 조포사라는 이름으로 불리기 시작했다. '조포사造泡寺'라는 말은 '두부를 만드는 절'이라는 의미다. 왕릉 제사 때마다 두부가 반드시 진설되었는데, 두부는 이동이 어려웠기 때문에 왕릉 수호 사찰에서 이를 매번 공급했다. 따라서 조포사는 왕의 명복을 비는 절이 아니라 왕릉에 제물을 공급하는 절로 격하한 이름이다.

조포사의 승려들은 제물뿐만 아니라 왕릉 관리 및 정기적인 제사에 필요한 다양한 물품들을 공납했다. 조포사는 막대한 승역을 담당하기는 했지만 혜택은 매우 적었다. 조선 전기 능침사에는 제사 비용 명목으로 상당한 규모의 토지(사위전寺位田)가 지급되었던 반면 조포사에는 그런 혜택이 거의 주어지지 않았다. 고작 왕실에서 완문을 통해 조포역 이외의 역은 부과하지 말라는 보호 조치가 내려지는 정도였다.

조선 후기에 이르러 왕이나 왕비의 능을 수호하는 사찰에는 어실이 더이상 설치되지 않았지만, 왕이 되지 못한 왕자나 왕을 배출한 후궁의 조포사에는 위패를 모신 전각이 간혹 마련되기도 하였다. 숙빈 최씨의 보광사나 사도세자의 용주사와 같이 왕의 사친私親을 모신 사찰에는 사위전이 지급되었다. 하지만 이는 매우 예외적인 경우였다.

조포사의 등장은 한때 왕의 성역으로 보호받던 능침사가 한낱 잡역 공급처로 전락했음을 보여준다.

인선왕후와 법련사

조선의 마초,
그 뻔뻔한 이름

국가 잘못으로 짓밟힌 딸, 며느리에게
왜 살아 돌아왔나 돌 던지고도 극락 가길 바라는가

병자호란을 배경으로 하는 영화 〈최종병기 활〉에서는 청의 포로로 끌려
가던 여주인공(문채원)이 활 잘 쏘는 오빠 덕분에 탈출에 성공, 다시 압
록강을 건너온다. 하지만 국경을 수비하던 조선 군사들은 그녀의 입국
을 막아서려 하는데, 그 장면을 끝으로 영화의 엔딩 크레디트가 올라간
다. 과연 여주인공은 집으로 무사히 돌아갈 수 있었을까.

병자호란 당시 청으로 끌려간 조선인 포로의 수는 60만 명에 육박했
다. 대부분의 포로들은 돌아오지 못했지만 극소수의 사람들은 엄청난 몸
값을 지불하고 풀려났다. 간혹 청 군대의 눈을 피해 국경을 넘어온 이들
을 조선군에 의해 청으로 돌려보내졌다. 인조가 삼전도에서 항복할 때
홍타이지皇太極는 "포로 가운데 한 발짝이라도 청의 땅을 밟은 자가 조선
으로 도망쳐오면 도로 잡아 보내야 한다"는 조건을 내걸었다. 이 조약에
따라 조선은 고국으로 돌아오는 이들을 청으로 돌려보낼 수밖에 없었다.

여자들의 경우는 더욱 심각했다. 재력이 든든했던 극소수 여성만이 막대한 돈을 지불하고 청에서 돌아왔다. 그중 대부분의 유부녀는 시가로 돌아갈 수 없었다. 정절을 잃은 여자를 받아들이면 사대부의 가풍이 무너진다는 것이 이유였다. 친정으로 돌아갈 수도 없었다. 출가외인을 다시 받아들이는 것 또한 사대부 가문에서 용납할 수 없는 일이었기 때문이다.

철저히 버림받은 여인들은 대부분 자살을 선택하거나 비구니가 되었다. 일부 갈 곳 없는 이들은 한곳에 모여 살았는데 평생토록 환향녀還鄕女(화냥년)라고 손가락질을 받았다. 그들이 낳은 자식은 호노자식胡奴子息(호래자식)이라고 불렀다.

왕의 명령에도 불구하고 며느리 쫓아내

상황이 이렇게 돌아가자 결국 인조가 직접 나섰다. 청에서 돌아온 여자들이 회절강回節江에서 몸을 씻으면 이는 다시 정결해진 것이니 시댁은 며느리를 받아주라는 명을 내린 것이다. 한양·경기도 지역은 홍제천, 충청도는 금강, 강원도는 소양강, 평안도는 대동강, 황해도는 예성강이 회절강으로 지정되었다.

마지못해 부인을 맞이한 남편들은 일제히 첩을 들임으로써 부인과 사실상 결별했음을 공공연하게 드러내고 다녔다. 일부 사대부들은 국가에 상소를 올려 몸을 더럽힌 며느리를 집안에 들일 수 없다고 항의했다.

그 대표적 인물이 신풍부원군 장유이다. 장유는 봉림대군 부인 장씨(후일 효종비 인선왕후)의 아버지로, 인조와는 사돈 관계였다. 장유는 예조에 단자를 올려 "외아들 장선징의 처가 강화도에서 잡혀갔다가 돌아왔는데, 그대로 배필로 삼아 선조의 제사를 받들게 할 수 없으니 이혼을 하고 새로 장가들도록 허락해달라"고 하였다.

병자호란 발발 직후 소현세자 부부와 봉림대군 부부 그리고 도성 안에 살던 사대부 부녀자들이 대거 강화도로 피난을 갔는데, 강화도가 함락되면서 이들 모두 청 군대에 사로잡히는 신세가 되었다. 장선징의 부인 한씨는 물론 소현세자와 봉림대군 부부도 함께 청으로 끌려갔다.

따라서 장유가 상소를 올릴 당시 그의 딸도 봉림대군과 함께 청에 포로로 잡혀간 처지였다. 자신의 딸자식도 청으로 끌려간 상황에서 노골적으로 며느리를 내쳤다는 사실이 놀라울 따름이다.

누가 지조를 말하는가

장유의 상소가 올라온 날, 사관은 "충신은 두 임금을 섬기지 않고 열녀는 두 남편을 섬기지 않으니, 이는 절의節義가 국가에 관계되고 우주의 동량棟樑이 되기 때문이다. 잡혀갔던 부녀들은 비록 그들의 본심은 아니었다고 하더라도 변을 만나 죽지 않았으니 절의를 잃지 않았다고 할 수는 없는 것이다"라고 〈사초史草〉에 기록했다. 죽을힘을 다해 고향으로 돌아온 여자들에게 왜 안 죽고 살아 돌아왔느냐고 되물은 것이다.

나라가 오랑캐에 유린당하고 여자들이 적군에게 짓밟히는 동안 몰래 숨어 있던 남자들의 목소리는 전쟁이 끝난 후에 더욱 커졌다. 이들은 자신도 지키지 못한 절개와 대의명분을 여자들에게 강요했고, 그 이데올로기를 교조화시켜 소중화小中華라고 자처했다.

이때 인조의 거부로 장선징의 이혼은 성사되지 못했다. 하지만 2년 뒤 장유가 세상을 떠나자 장유의 부인 김씨는 칠거지악을 들어 며느리를 내쫓았다. 시부모를 제대로 공양하지 않았다는 것이 이혼 사유였다. 사돈가의 요청을 재차 뿌리칠 수 없었던 인조는 "장선징이 외아들이니 이번 한 번만은 어쩔 수 없이 허락하겠다"는 답을 내렸다. 하지만 이 사건을 계기로 청에서 돌아온 며느리들은 일제히 소박을 당했다.

그 후 장선징의 처가 어떻게 살다 죽었는지는 전혀 알려진 바가 없다. 장선징은 아버지의 후광에 힘입어 대사간, 도승지, 대사헌, 공조판서, 예조판서, 우참찬 등을 역임했다. 부원군 집안의 장남이었기 때문에 장선징은 풍양군이라는 작호까지 받았다. 하지만 그의 아들 장훤은 돈령참봉, 천안군수를 역임하는 데 그쳤다. 그것은 바로 그의 어머니가 환향녀라는 이유 때문이었다. 《현종실록》에는 정언 이선이 "장훤은 중한 허물이 있어 의관衣冠의 반열에 끼워줄 수 없으니 도태시켜 달라"고 요청한 내용이 등장한다. 장훤의 허물은 바로 그의 어미 한씨가 병자호란 때 심양에 끌려갔다 돌아온 것이었다. 장훤은 한씨가 청으로 끌려가기 전에 낳은 아들이었다. 그럼에도 호래자식 취급을 당한 것이다.

병자호란 때 청에 볼모로 끌려갔던 장유의 딸은 8년 뒤 봉림대군과 함께 조선으로 돌아왔다. 청에 잡혀있느라 장례에도 참석하지 못한 아버지를 위해 원당을 세웠으니, 시흥 법련사가 바로 그곳이다. 청에서 돌아온 며느리를 내쳤던 장본인이 청에서 돌아온 딸자식의 극락왕생 기도를 수백 년간 받고 있으니, 역사의 아이러니가 아닐 수 없다.

두 번의 전란을 겪는 동안 조선의 성리학 교조주의는 병적으로 심화되어 갔고, 여성들의 지위는 더욱 낮아졌다.

"바람은 계산하는 것이 아니라 극복하는 것이다."

영화 〈최종병기 활〉에 나오는 명대사다. 조선 여인이 극복해야 할 대상은 바로 '조선' 그 자체가 아니었을까.

병 속에 갇힌
조선의 여인들

볼모로 끌려간 세자 부부의 눈부신 활약에
인조는 왕위에서 쫓겨날까 전전긍긍

김성동의 소설 《만다라》에는 "병 속의 새를 꺼내라"는 화두가 나온다. 병 속에서 몸집이 커져버린 새를 꺼내야 하는데, 병의 목이 너무 좁아 새는 스스로 나올 수가 없다. 하지만 병을 깨서도 안 되고, 새를 병 안에서 죽게 내버려두어도 안 된다.

필자는 조선 시대 여성에 관한 글을 쓸 때마다 병 속의 새를 끄집어내는 기분이 들곤 한다. 여자가 사람이 아니었던 시대, 그들의 삶 속에서 역사적 의미와 인간의 존엄성을 찾으려니, 병을 깨지도 말고 새를 죽이지도 말라는 이야기와 무엇이 다르단 말인가.

조선이라는 병 속에서 갇혀 있기엔 지나치게 뛰어났던 여성들은 대부분 스스로 병을 깨뜨리고 나오려다 저 자신이 희생되고 말았다. 그것은 시대를 잘못 타고난 이들에게 주어진 숙명 같은 것이었다.

소현세자빈 강씨는 총명하고 안목이 뛰어나며 수완이 좋았던 여성이다. 하지만 무능하고 나약한 시아버지 인조의 나라, 조선이 받아들이기에는 너무 유능했다. 강씨의 삶은 조선이라는 나라에서, 병자호란이라는 대참극 속에서 여성들이 겪어야 했던 고통을 보여주는 표본 그 자체다.

볼모로 끌려가 거상으로 변신

병자호란이 끝나고 인조의 두 아들 소현세자와 봉림대군 그리고 두 며느리는 청에 볼모로 끌려갔다. 소현세자와 세자빈이 청의 수도 심양에 이르기까지 겪은 고생은 이루 말할 수 없었다. 맨 처음 강화도로 피난했다가 청 군대에 잡힐 당시 소현세자빈은 목을 찔러 자결을 시도했다. 시녀들이 말려 목숨은 건졌지만 곧 청의 포로가 되어 압송되었다. 심양으로 이송될 때에는 수일 동안 곡기를 넣지 못하고 꽁꽁 언 만주 벌판에서 노숙까지 해야 했다.

하지만 세자빈 강씨는 척박한 땅에서 살아남는 법을 스스로 찾아내었다. 심양에 도착한 이후 이들은 청에서 내려준 땅뙈기를 일구며 살아갔다. 강빈은 이 땅을 경작해 곡식을 거둔 뒤 팔아 그 수익금으로 조선에서 표범 가죽, 수달피, 약재 등을 수입해왔다. 이 물품을 청에서 팔아 비단을 구입해서 다시 조선에 보내는 방식으로 중개무역을 해 상당한 부를 축적했다.

당시 청의 수도 심양에는 수많은 조선인 포로들이 끌려와 있었다. 강빈은 조선인들이 노예시장에서 매매되는 현장을 목격하고는 벌어들인 돈으로 많은 조선인들을 구출해 본국으로 송환했다. 이에 청인들이 높은 몸값을 부르며 심양관*에 조선인 포로들을 떠넘기는 일도 종종 발생했다. 일부 조선인 포로들은 강빈의 둔전 경작에 동원되었다.

《인조실록》에는 "(강빈이) 포로로 잡혀간 조선 사람들을 모집하여 둔전을 경작해서 곡식을 쌓아 두고는 그것으로 진기한 물품과 무역을 하느라 관소의 문이 마치 시장 같았다"라고 기록되어 있다. 이 기록은 강빈의 탁월한 사업 수완을 보여주는 동시에 세자 부부가 타국에서 고통받는 백성들을 위해 힘썼음을 짐작하게 하는 대목이라 할 수 있다.

이 부부가 심양에서 지내는 동안 인조가 받들던 명은 패망했다. 소현세자는 북경에서 서양 선교사 아담 샬을 만나 천주교와 서양 문물을 접하는 등 국제 정세를 알아가기 시작했다. 또한 이를 통해 청 조정과 연결되는 외교적 기반을 차곡차곡 쌓아 나갔다. 청과의 외교에서 현실론을 채택하는 한편 서구 문명과 과학기술을 통해 조선을 강대국으로 만들겠다는 포부를 키워 갔다. 이는 물론 유능한 사업가로 변신한 세자빈의 적극적인 내조가 있었기에 가능한 일이었다.

이처럼 대견한 소식들이 전해질수록 인조는 잠을 제대로 이루지 못했다. 청이 자신을 폐위하고 큰아들을 왕으로 세울지도 모른다는 불안감때문이었다. 실제로 청나라 조정은 군사나 군량 징발 등 중요한 사안을 소현세자에게 전결하게 해 인조의 심기를 불편하게 했다.

귀국 두 달 만에 급사

소현세자가 8년의 억류 생활을 끝내고 돌아오자 인조는 아들의 얼굴조차 제대로 보려 하지 않았다. 당시 엄청난 부를 축적한 소현세자 부부는

---

* 소현세자 일행이 거주하던 관소. 우리나라 최초로 해외 상주 공관의 기능도 겸했다.

수백여 대의 수레에 비단과 금은보화, 진귀한 물품들을 가득 싣고 돌아왔다. 하지만 인조와 조정의 신료들은 "세자가 포로 기간 동안 학문은 작폐하고 돈벌이에만 몰두했다"고 비난했다. 결국 소현세자는 400여 필의 비단과 황금 19냥을 호조에 귀속시켰다.

그런데 청에서 돌아온 지 두 달 만에 소현세자는 갑자기 숨을 거두었다. 《인조실록》에는 "세자의 온몸이 검은빛이었고, 이목구비의 일곱 구멍에서 모두 선혈이 흘러나오므로 마치 약물에 중독되어 죽은 사람 같았다"고 기록되어 있다.

인조는 원손인 소현세자의 큰아들 대신 자신의 둘째 아들 봉림대군(후일 효종)을 청에서 불러 세자로 삼았다. 그리고 넉 달 뒤 강빈을 잡아들이라는 명을 내렸다. 인조의 수라상에서 독이 발견되는 사건이 발생했는데, 분명 강빈의 짓이라는 것이었다.

하지만 문초 과정에서 강빈이 독약을 넣었다는 증거가 발견되지 않자 인조는 강빈에게 또 다른 죄를 갖다 붙였다. 세자 부부가 귀국하기 전 청 조정을 움직여 왕위에 오르고자 했는데, 그 배후가 세자빈이었다는 것이다. 이 또한 증거 부족으로 유야무야되는 듯하자, 또 다른 저주 사건으로 강빈을 공격했다.

강빈이 보개산의 어느 사찰에 금 200냥과 엄청난 양의 비단을 보시한 적이 있었는데, 국문 과정에서 이 불사는 '세자빈 장씨(후일 인선왕후)를 저주하기 위한 기도'로 둔갑했다.

저주 사건을 추적하는 과정에서 강빈의 나인들과 보개산의 비구니 7명이 잡혀 왔다. 문초 내용에 따르면 강빈이 혜영이라는 비구니에게 갓난아이의 시체를 주었는데, 시체의 가슴 근처에 '용왕 수신은 애련히 여

삼막사에서 바라본 인천 앞바다

기시어 제도해주소서(복원용왕수신 애련제도伏願龍王水神 哀憐濟度)'라고 쓰여 있었고, 붉은 비단으로 만든 조그만 주머니에 나비 모양을 새긴 패옥佩玉이 들어 있었다는 것이다. 즉 어린아이의 시체를 이용해 세자빈을 저주하는 기도를 했다는 것이 고문 끝에 나온 결론이었다. 이 저주의 대상은 세자빈 장씨(후일 인선왕후)로 기록되었다.

문초를 받은 이들 중 단 한 사람도 살아남지 못했고, 이들의 실토 내용이 진실인지 아닌지도 확인되지 않은 채 공초 기록만 의금부에 의해 작성되었다. 결국 저주와 독살 시도라는 죄목으로 강빈은 사약을 받았고, 소현세자의 어린 아들들은 모두 제주도로 유배되었다.

강빈과 소현세자의 자식들은 왕권을 위협하는 존재들일 수밖에 없었다. 더구나 강빈처럼 수완 좋은 며느리가 살아 있는 이상 인조는 두 다리를 뻗고 잘 수 없었을 것이다. 결국 인조는 아들과 며느리를 죽이고, 손자들을 귀양 보내고 나서야 한숨 돌릴 수 있었다.

73년 만에 누명 벗은 민회빈 강씨

강빈의 저주 사건은 효종이 즉위하자 무죄로 판명되었다. 효종은 이 사건의 주범으로 조귀인을 지목하고 조귀인과 그의 자식들까지 모두 처벌했지만, 강빈의 신원은 회복시켜주지 않았다. 강빈과 조카들의 신원을 회복시키는 순간, 조선의 종통은 그들이 되기 때문이었다.

효종은 강빈의 신원 문제가 수차례 제기되자, 강빈의 옥사를 재론하는 자는 형벌로 다스리겠다는 특별 하교까지 내렸다. 그랬음에도 1654년(효종 7) 황해도관찰사로 있던 김홍옥이 강빈의 신원 회복과 경안군의 석방을 요청하자, 효종은 불같이 화를 내며 그에게 곤장을 내려 맞아 죽게 했다. 이후 아무도 효종 앞에서 강씨 문제를 거론하지 않았다.

그로부터 70여 년이 지난 1718년(숙종 44)에 이르러서야 강빈은 복권되었다. 숙종은 "내가 강빈의 옥사에 대해 마음속으로 슬퍼해 온 지가 오래되었다. 아! 원통함을 알고서도 그 억울함을 씻어주지 않는다면 이것이 옳은 일이겠는가?"라며 강씨에게 민회빈愍懷嬪이라는 시호를 내렸다. 민회빈이라는 시호에는 "백성들로 하여금 그가 지위를 잃고 죽은 것을 슬퍼하고 가슴 아파하게 만들었다"는 의미가 담겨 있다. 강빈의 묘는 민회원(고종 때 영회원으로 개칭)으로 추숭되었고, 이곳을 수호하는 사찰로 삼성산 삼막사가 지정되었다.

조선이라는 병 속에 갇힌 강빈은 온몸에 상처를 입은 채 처절히 부서지고 파괴되었다. 그녀를 병 밖으로 꺼내기에는 그녀를 둘러싼 남자들이 너무 옹색했고, 조선이라는 이름의 병은 너무 작고 좁았다.

한양의 수호 사찰 삼막사

삼막사는 한양에 도읍이 들어설 때 한양을 수호하는 4대 원당의 하나로 지정된 사찰이다. 한양 천도에 결정적 역할을 했던 무학대사는 한양을 수호하는 4대 비보사찰을 지정했다. 동쪽으로는 청련사, 서쪽은 백련사, 남쪽은 삼막사, 북쪽은 승가사가 여기에 해당한다.

삼막사는 맑은 날에 올라가면 인천 앞바다가 보일 정도로 수려한 경관을 자랑한다. 삼막사는 원래 관음사觀音寺라 불리던 절이었다. 이 절의 주불전이 육관음전인 것으로 미루어 예로부터 관음 신앙의 성지였던 것으로 보인다. 멀리 서해가 보이는 곳이라 해수관음을 친견하는 기도처로 추앙된 것이 아닐까 싶다.

이후 고려 태조 왕건이 이 절을 중수하여 삼막사라 개칭했다. '삼막三幕'은 이곳에서 원효, 의상, 윤필 3대사가 수행한 것을 기리는 이름이다.

삼막사는 민회빈 강씨의 영회원과는 다소 거리가 있는 곳에 있다. 그럼에도 이곳을 조포사로 삼은 것은 근방에서 가장 많은 승려들이 상주하는 사찰이었기 때문으로 보인다. 일제강점기 이왕직*에서 발간된 《묘전궁릉원묘조포사조廟殿宮陵園墓造泡寺調》에 따르면 영회원에 제사가 있을 때마다 삼막사의 스님들이 제수를 마련하고 제사에 참여했다는 기록이 전해진다.

---

* 일제강점기에 조선 왕실의 일을 맡아보던 관청.

아비 잃은 사자들의
기구한 인생 유전

최강자 아니면 살아남을 수 없는 왕실의 법칙
세상에서, 역사에서 잊혀길 기도하는 수밖에…

정글의 제왕 사자의 유일한 적은 '나보다 젊은 사자'이다. 숫사자는 청년기가 되면 자신이 성장한 무리에서 쫓겨나는데, 이때 다른 사자 무리를 공격해 우두머리를 쫓아낸 다음 자신이 새로운 지배자로 군림한다.

젊은 사자가 늙은 사자를 몰아낸 뒤 가장 먼저 하는 일은 늙은 사자의 새끼들을 모조리 죽이는 것이다. 이는 본능적으로 자기 유전자를 퍼트리기 위한 행위이며, 새끼를 키우는 동안 멈춘 암컷의 발정기를 앞당기려는 것이기도 하다. 이를 통해 젊은 사자는 자신이 정복한 무리를 온전히 자기 것으로 만든다.

늙은 사자는 무리에서 쫓겨난 후 초원에서 방황하다 굶어 죽게 되고, 아비를 잃은 새끼 사자들은 힘센 정복자에게 죽임을 당한다. 젊은 사자 또한 언젠가는 똑같은 운명을 겪게 될 것이다. 먹이사슬의 최정점에서도 최고가 되지 않으면 안 되는 것, 이는 사자의 피할 수 없는 운명이다.

이 같은 정글의 법칙은 '왕실'이라는 생태계의 습성과 소름 끼칠 정도로 흡사하다. 한국은 물론 동서고금의 역사에서 잠재적 왕위 계승자는 젊은 사자의 출현과 동시에 제거되었다. 그의 자식들은 온갖 역모에 연루되었고, 그 집안의 씨가 다 마를 때까지 마녀사냥은 멈출 줄 몰랐다.

왕위 계승 서열 1순위였던 소현세자의 죽음 이후 줄줄이 이어진 그의 아들과 손자들의 죽음은 늙은 사자와 그 새끼들의 운명을 연상시킨다.

소현세자 아들들의 기구한 운명

소현세자가 죽은 직후 인조는 서열 1순위인 소현세자의 맏아들 대신 자신의 둘째 아들 봉림대군을 세자로 삼았다. 이는 유교식 종법에 위배되는 일이었다. 하지만 인조의 뜻이 워낙 단호했으므로 신하들도 어찌해볼 방도가 없었다. 곧이어 소현세자빈 강씨가 저주 사건에 연루되어 죽임을 당했고, 소현세자의 아들들은 모두 제주도로 유배되었다.

당시 소현세자에게는 아들이 셋 있었는데, 큰아들 경선군은 열두 살, 둘째 아들 경완군은 아홉 살, 막내아들 경안군은 겨우 네 살이었다. 경선군과 경완군은 제주도로 내려간 지 2년 뒤에 나란히 세상을 떠났다. 제주도에서 풍토병을 얻어 죽은 것으로 알려졌지만, 살해 의혹 또한 배제할 수 없다. 경안군만이 홀로 살아남았는데, 이후 십수 년 동안 제주에서 남해, 함양, 강화, 교동으로 유배지를 옮겨 다니며 고단한 세월을 보냈다.

경안군은 소현세자가 볼모살이를 하던 1644년(인조 22) 심양에서 태어나 스물두 살의 나이로 요절할 때까지 생의 대부분을 유배지에서 보냈다. 1656년(효종 7)에 방면된 경안군은 허확의 딸을 부인으로 맞아 임창군과 임성군을 낳았다. 하지만 기나긴 유배 생활로 인해 경안군의 몸과 마음은 지칠 대로 지쳐 있었다. 둘째 아들 임성군이 태어나던 1665년에 결국 병사하고 말았다.

경안군이 죽은 후 남은 두 아들에게도 아비의 인생 유전人生流轉이 기다리고 있었다. 1679년(숙종 5) 강화도에서 "임창군이 왕실의 종통이므로 임금으로 세워야 한다"는 흉서凶書가 나돌았다. 그 벽보 한 장으로 임창군과 임성군은 제주도로 유배된 뒤 진도를 거쳐 해남으로 옮겨졌다가 5년 만에 방면되었다. 이후 임성군은 후사 없이 죽었고, 임창군은 슬하에 여섯 아들을 두었는데, 그의 맏아들이 '이인좌의 난'에 연루된 밀풍군이다.

일명 '무신난戊申亂'이라 불리는 이 사건은 영조 즉위 직후 노론 집권에 반발하는 소론과 남인들이 일으켰던 전국 규모의 반란이다. 호서의 이인좌, 호남의 박필현, 영남의 정희량 등이 주도한 이 난은 조선 전체를 충격에 빠트렸다.

반란의 주동자들이 내건 명분은 영조가 노론 영수 김춘택의 아들이며, 경종을 독살한 범인이라는 것이었다. 반란군은 "경종의 원수를 갚고 소현세자의 증손 밀풍군 탄*을 새로운 왕으로 추대한다"는 내용의 격문을 곳곳에 붙였다.

이 반란에 아무런 동조도 하지 않았던 밀풍군은 졸지에 역적 괴수로 둔갑되었다. 오항명이 이끄는 토벌군에 의해 반란 세력들이 진압되자, 밀풍군은 목을 매 자살했다. 84년 전 소현세자가 피를 토하며 죽었을

---

* 이탄(李坦)이 밀풍군의 이름이다.

때 이미 예정된 운명이었다.

소현세자의 적손들은 유교 국가 조선왕조에 엄청난 위험 분자였고, 왕의 개인적 원한이나 의지와 상관없이 '조선의 평화'를 위해 제거되어야만 했다. 밀풍군의 죽음 이후 소현세자 후손들은 역적으로 낙인찍힌 채, 조선왕조가 망할 때까지 숨죽이며 살 수밖에 없었다.

소현세자의 후손들은 현재 경기도 고양시 덕양구 대자동에 위치한 종중산*에 묻혀 있다. 병으로 세상을 떠난 경안군과 아들 임창군은 앞산이 보이는 양지바른 언덕에 묻혔지만, 다른 이들의 무덤은 숲으로 사방이 가려진 구석진 곳에 있다. 특히 밀풍군의 무덤은 볕도 잘 들지 않는 곳에 몰래 숨겨놓은 것처럼 자리잡고 있다. 어쩌면 이들은 세상 사람들이, 그리고 역사가 이제 그만 자신들을 잊어주기를 빌었던 것인지도 모른다.

유일한 생존자 경안군의 원불

소현세자의 부인 강씨는 독실한 불교 신자였지만, 최근까지 소현세자 집안의 원당으로 알려진 사찰은 한 곳도 없었다. 이들 모두 역적으로 몰려 죽거나 유배를 당했기 때문에 소현세자 일가와 인연이 있던 사찰들은 관련 기록을 삭제할 수밖에 없었을 것이다.

그런데 2009년 송광사 관음전 관세음보살상 복장에서 발원문이 발견되면서, 송광사 관음보살상이 경안군의 원불願佛이었음이 밝혀졌다. 불상의 뱃속에 들어 있던 기록은 불상을 열기 전까지는 전혀 알 수가 없기

---

* 한 문중의 조상을 모신 산.

송광사 성보박물관 제공

송광사 목조관음보살좌상

때문에 350여 년간 비밀을 간직한 채 보전될 수 있었던 것이다. 불상 안에 있던 저고리에는 경안군을 모시던 나인 노예성과 경안군 부인 허씨가 시주자이며, 경안군 부부의 무병장수를 발원한다는 내용이 기록돼 있다. 경안군의 원불이 조성된 것은 그가 죽기 3년 전인 1662년(현종 3)이었다.

경안군을 위해 조성된 관세음보살상은 본래 송광사 관음전에 안치되어 있던 불상이다. 이 관음상이 모셔져 있던 건물은 한국전쟁 후 퇴락해 무너져버렸다. 이후 송광사 승려들은 이 보살상을 성수전 안으로 옮기고, 성수전의 이름을 관음전으로 개칭하였다. 현재 송광사 대웅전 왼쪽에 위치한 전각이 바로 그곳이다.

그런데 여기에는 또 한 가지 놀라운 사실이 숨겨져 있었다. 성수전은 본래 고종의 전패를 모신 원당이었다. 고종은 쉰한 살이 되던 1902년(광무 6)에 기로소에 입소했는데, 이를 기념하기 위해 조정에서는 송광사를 기로소 원당으로 삼고 왕실의 장인들을 파견해 경내에 성수전을 신축했던 것이다. 1910년 한일 강제 병합 이전까지 성수전에는 고종 황제 부부의 전패가 모셔져 있었고, 기로소 대신들이 황제를 향해 머리를 조아리는 기로회도耆老會圖가 걸려 있었다. 일제강점기를 거치면서 고종의 전패는 치워지고, 관음전의 보살상이 이곳으로 옮겨지게 되었다.

2009년 송광사에서 관음보살상의 개금*을 위해 복장을 연 그때에서야 비로소 고종의 전패가 놓여 있던 자리에 경안군의 원불이 자리 잡고 있었고, 그동안 조정 대신들이 경안군을 향해 머리를 조아리고 있었음을 알게 되었다. 우연이라고 하기에는 너무 기막힌 우연이었다.

최근까지 송광사 관세음보살상이 누구를 위해 조성된 것인지, 왕실과 연관이 있는지조차 전혀 알려지지 않았다. 만약 이 보살상이 경안군을 위한 조성물이라는 사실이 알려졌더라면 보살상은 진즉에 파괴되었을 것이다.

사필귀정이란 바로 이런 경우를 가리키는 말이 아닐까. 고종의 위패를 치우고 그 자리에 경안군의 원불이 놓이게 된 것은 아마 사람의 뜻에 의한 것이 아니었을 것이다.

---

* 불상에 금칠을 새로하는 작업.

조선 후기 양대 팜파탈의
서로 닮은 운명

양대 악녀로 꼽히는 조귀인 그리고 장옥정
권력의 화신이었으나 비참한 최후를 맞는 닮은 꼴

팜파탈은 오늘날 영화와 드라마, 뮤지컬을 비롯한 대중매체로부터 가장 사랑받는 소재다. 치명적 매력을 지닌 미모의 여성, 그에게 영혼을 빼앗긴 남자와 그 남자의 권력을 사랑하는 여자, 자신이 원하는 바를 얻고자 수단 방법을 가리지 않는 맹목적 과단성. 작가의 상상력을 자극하는 요소를 고루 갖춘 이 아이콘은 19세기 말부터 역사의 전면에 등장하기 시작했다. 클레오파트라, 살로메, 유디트, 헬레나 등 서양의 대표 악녀들은 19세기를 지나면서 역사상 가장 매력적인 여성으로 탈바꿈한다.

한국에서도 팜파탈은 드라마의 단골 소재다. 장녹수와 장희빈이 '전통적' 팜파탈이라면, 미실과 천추태후, 조귀인 등은 최근에 떠오른 뉴페이스들이라 하겠다. 서양에서는 이미 르네상스 때부터 팜파탈이 '남자를 잡아먹는 여자'가 아닌 자신의 매력을 활용하는 적극적인 여자로 묘사되었지만, 유교 문화권인 한국, 일본, 중국에서는 최근까지도 남자를 파멸시키는 여자로 취급되어 왔다.

조선 후기를 배경으로 하는 사극에서 가장 많이 등장하는 팜파탈은 단연 조귀인과 장희빈이다. 프랑스어 팜파탈Femme fatale은 '치명적인 여자'를 의미한다. 팜파탈이 되기 위해서는 아름다움과 잔혹함을 동시에 지녀야 한다. 신비로우면서도 수수께끼 같은 매력을 지닌 여성, 관능적이면서도 위험한 여성만이 팜파탈이 될 수 있다.

팜파탈이라 하기엔 부족한 '장옥정'

그런데 팜파탈의 기본 요소에 비추어볼 때 장희빈은 여러모로 억울한 면이 많다. 그녀가 중전의 자리에서 내쫓겨 사약까지 받은 것은 죽을 때까지 지켜준다고 했던 남자, 숙종의 변심이 가장 큰 이유였다. 새로운 연인 숙빈 최씨에게 빠져들면서 숙종은 장희빈에게 쏟아부었던 사랑과 권력을 모조리 거두었다. 그리고 장희빈을 둘러싼 남인 세력을 제압하기 위해 폐위된 인현왕후를 다시 궁으로 불러들였다. 이른바 갑술환국甲戌換局이다.

장희빈은 당쟁의 희생양이었다. 숙종의 첫 번째 왕비 인경왕후와 두 번째 왕비 인현왕후, 세 번째 왕비 인원왕후 그리고 숙빈 최씨까지 숙종을 둘러싼 대부분의 여인들이 서인의 편에 서 있었던 반면, 장희빈은 남인의 지지를 받은 인물이었다. 서인이었던 김만중의 소설 《사씨남정기》에서 인현왕후는 '둘도 없는 어진 마누라'로, 장희빈은 '희대의 악녀'로 묘사된 플롯 또한 지극히 정치적인 설정이었다. '장희빈이 죽어야 나라가 산다'는 것이 서인들의 캐치프레이즈였다.

장희빈을 쫓아낸 서인들은 조선이 망할 때까지 권력을 독점했고, 장희빈과 경종의 편에 섰던 남인은 200여 년간 중앙 정계에서 거의 배제되다시피 했다. 숙종으로부터, 서인들로부터 철저히 버림받은 장희빈은 아들 경종이 단명하는 바람에 신원(경희궁)조차 복원되지 못한 채 '악녀의 대명사'로 남게 되었다.

조귀인, 팜파탈 자격은 갖췄으나

반면 인조의 후궁 조귀인은 진정한 팜파탈의 요건을 두루 갖춘 인물이었다. 조귀인은 투기와 음모, 모사에 있어서 탁월한 능력을 발휘했다.

1625년 인조의 정비 인렬왕후가 죽은 뒤 1638년 장렬왕후가 계비로 들어오자 조귀인은 "새 왕후가 중풍을 앓으니 병이 옮지 않도록 왕비전에 들지 말라"고 인조에게 당부했다. 조귀인의 말을 곧이곧대로 믿은 인조는 내전에 일절 발길을 두지 않았다. 창경궁에서 경덕궁으로 거처를 옮길 때는 왕비를 창경궁에 남겨놓은 채 조귀인만 데려갔다.

인조는 왜 이토록 조귀인에게 빠져들었던 것일까. 조귀인이 후궁으로 처음 책봉된 것은 1630년으로, 정묘호란 후 3년이 지난 시점이었다. 그런데 1636년 병자호란이 발발한 후부터 조귀인이 연달아 자식들을 낳았다는 점에 주목할 필요가 있다. 1637년 효명옹주가 탄생하고, 1639년에는 숭선군, 1641년에 낙선군이 태어났다. 병자호란 직후 2년 터울로 세 아이를 생산했다는 것은 인조가 그만큼 조귀인에게 푹 빠져 있었음을 의미한다. 두 번의 호란을 겪으면서 병적인 자괴감에 빠진 인조를 깊이 위로해주는 조귀인을 뚜렷하게 그려볼 수 있다.

인조의 사랑을 독차지하게 된 조귀인은 온갖 음모와 술수를 통해 인조와 자신에게 거슬리는 인물들을 제거해나갔다. 인조의 치세(1623~1649) 동안 궁중에서는 네 번의 저주 사건이 발생했다. 역사학자들은 네 건의 저주 사건 모두 조귀인이 인조를 대신해 벌인 자작극이라고 말한다.

인조 10년과 17년에 발발한 인조 저주 사건의 강력한 용의자는 인목대비의 고명딸 정명공주였다. 인조반정의 막강한 명분을 제시한 인목대비는 국정에 종종 개입해 인조에게 압력을 행사하곤 했다. 1632년(인조 10) 대비가 사망하자 인조는 '잠재적 위협 인물'인 정명공주를 견제하기 위해 무고죄를 뒤집어씌운 것으로 추측된다. 세 번째 저주 사건은 인조의 후궁 이씨가 조귀인을 저주하는 행위를 했다는 것이었다. 실제로는 인조가 상궁 이씨를 총애하는 기미가 보이자 조귀인이 이씨를 제거하기 위해 벌인 사건이었다.

네 번째 저주 사건은 민회빈 강씨가 인조와 세자빈(후일 인선왕후)을 해치는 주술을 사주했다는 것이다. 이 사건을 통해 강빈은 사사賜死되고, 소현세자의 자식들은 모두 제주도로 유배되었다.

저주 사건, 일명 무고巫蠱는 궁중에서 가장 자주 사용되는 공격 수단이었다. 중국사에서도 황후가 폐위되는 경우는 십중팔구 무고 사건 연루였다. 황후를 더 이상 총애하지 않는다는 이유로 폐위할 수 없었던 황제들은 궁궐에서 금기시 하는 주술을 행했다는 위증을 들이댐으로써 황후를 '깔끔하게' 쫓아냈다.

네 번의 저주 사건이 발발하고 나서, 조귀인의 권력을 넘볼 수 있는 사람은 그 어디에도 없었다. 그리고 그 권세가 만세토록 계속될 것이라 믿었다.

그들은 왜 팜파탈이 되었나

조귀인은 권력이 최고 정점에 있던 즈음, 큰아들 숭선군의 혼사와 큰딸 효명옹주의 출합*을 기념하기 위해 자신의 원당인 남양주 내원암에서 대대적인 불사를 벌였다. 조귀인이 조성한 불상 안에는 효명옹주의 저고리와 사위 김세룡의 도포가 복장되었다. 이를 통해 조귀인은 자식들의 앞날에 닥칠 재앙이나 위험이 모두 사라지기를 발원했다.

---

* 왕자나 공주가 결혼 후 따로 나가서 살던 일을 이르던 말.

하지만 조귀인의 소망은 2년 만에 산산조각이 나고 말았다. 조귀인의 지지를 받아 왕위에 오른 효종은 즉위 직후 조귀인과 효명옹주에게 무고죄를 뒤집어씌웠다. 효명옹주가 효종을 폐위시키고 김세룡의 아비를 왕으로 만들기 위해 주술을 행했다는 것이었다. 이 사건으로 조귀인과 김세룡은 사약을 받았고, 효명옹주는 유배되었다. 호랑이 새끼를 고양이로 착각하고 길렀던 것이다.

조선 후기를 대표하는 팜파탈, 조귀인과 장희빈에게는 몇 가지 공통점이 있다. 우선 어미가 노비라는 설이 있을 정도로 매우 미천한 신분이었다. 그녀들이 의지할 데라곤 자신의 미모와 임금의 사랑밖에 없었고, 오로지 '스스로의 노력'으로 최상위 권력을 장악했다.

두 번째는 집요한 권력욕이다. 조귀인과 장희빈이 권력을 키워가는 동안 수많은 인물들이 사화나 저주 사건에 연루되었다. 자신의 욕망을 위해서라면 조정에 피바람쯤은 대수도 아니었다.

마지막으로, 둘 다 무고에 연루되어 죽었다는 점이다. 이들이 정말로 궁궐 안에서 굿판을 벌이고 분신 인형에 저주를 퍼부었는지는 확인할 길이 없다. 하지만 가난하고 보잘것없는 집안에서 자란 그녀들이 왕의 사랑을 잃어버렸을 때 주술의 힘을 빌리는 것 말고 별다른 대안이 없었던 것만은 분명하다.

충절의 상징
자수원 비구니

청 예친왕이 소현세자에게 준 전리품 굴씨
죽어서도 북벌 발원한 '중화의 절개' 되다

소현세자가 청에서 8년 만에 돌아올 당시 명의 환관 다섯과 궁녀 넷도 함께 입국했다. 소현세자는 청에서 예친왕 도르곤과 깊이 교유했는데, 일종의 전리품으로 환관과 궁녀를 받은 것이었다.

소현세자가 죽은 후 인조는 이들 아홉을 모두 청으로 돌려보내라고 명했지만 단 한 명도 가지 않았다. 이미 명이 망했기 때문에 돌아갈 조국도 고향도 없었던 것이다.

명 황실 사람 중 가장 많이 회자된 인물은 굴씨라는 성의 여인이었다. 굴씨는 원래 명의 마지막 황제인 숭정제의 황후 주씨를 모시던 궁녀였다. 용모가 빼어나고 품행이 발랐던 굴씨는 주황후의 총애를 받았다. 하지만 1644년 이자성의 난이 발발해 자금성이 점령되자 숭정제와 주황후는 스스로 목숨을 끊었다. 이때 굴씨도 따라 자결하려 했지만 살아남으라는 황후의 명을 따랐다.

굴씨는 대궐에서 도망쳐 민간에 숨었으나, 청 군대에 잡히고 말았다. 굴씨는 곧이어 청 군대의 최고사령관인 예친왕에게 보내졌다. 둥근 모자에 짧은 상의를 입고 얼굴에는 면사를 드리우고 앉은 예친왕을 처음 본 굴씨는 "남자도 면사를 한단 말인가. 참으로 오랑캐로구나"라고 욕을 퍼부었다. 하지만 예친왕은 철없는 아녀자의 말이라 하며 그녀를 죽이지 않았다고 한다. 예친왕은 명의 마지막 궁인들을 소현세자의 심양관에 배속시켰다. 청 황실의 일원인 예친왕이 명의 마지막 궁인들을 가까이 두는 것은 여러모로 불편한 사안이었기 때문이다.

만능 재주꾼 굴씨, 내전에 배속되다

조선으로 온 굴씨는 인조 비 장렬왕후의 궁인으로 배속되었다. 그녀가 조선에 오자마자 내전으로 들어간 이유는 아마 명 황실의 머리 장식 기술을 보유하고 있었기 때문으로 보인다.

그전까지 조선에서는 왕실 여인들의 머리 장식인 가체 제작 기술이 없어서 어마어마한 돈을 주고 명에서 가체를 수입해오고 있었다. 하지만 굴씨가 왕실에 들어간 이후부터 조선의 가체 수입이 전면 중단되었던 사실로 미루어, 굴씨로 인해 자체적으로 가체 생산이 가능해진 것으로 보인다. 굴씨는 황후를 가까이에서 모시던 궁인이었으므로 명 황실의 예법을 익히고 있었을 뿐만 아니라, 황후의 의복과 장식물 등을 다루는 기술을 지니고 있었다. 또한 비파 켜는 솜씨가 천하제일이라 할 정도로 뛰어났고, 소리를 내어 짐승들을 마음대로 부리는 재주까지 갖고 있었다고 한다.

굴씨는 조선에 상투를 트는 법, 즉 결발법結髮法의 표본을 제시했다. 당

굴씨의 묘

시 조선에서는 사람마다 상투를 트는 법이 달랐는데, 효종은 굴씨를 불러 명의 결발법을 보이라 했다. '자수원 결발법'이라 불리던 굴씨의 상투 트는 법은 이후 조선 결발법의 표준이 되었다. '자수원 결발법'이라 불린 것은 장렬왕후가 세상을 떠나고 굴씨가 왕실 비구니원인 자수원에 들어갔기 때문이다.

'의리의 아이콘', 끝까지 의리를 지키다

굴씨는 조선에서 사는 동안 항상 중국 쪽을 바라보고, 명의 마지막 황후를 생각하며 눈물을 흘렸다. 그녀는 죽기 전 "내가 죽으면 화장해서 북쪽에 묻어달라. 효종대왕이 북벌을 하러 가는 모습을 죽어서나마 볼 수 있게 해달라"는 유언을 남겼다고 한다.

굴씨의 일화들은 조선 후기 유학자들의 글에서 '중화의 절개', '한족의 자존심'으로 표현되었다. 효종 대 이후 조선의 지식인들은 '조선 중화주의'를 표방했고, 중화의 자존심을 지닌 굴씨라는 여인의 일화를 떠올리며 시를 읊거나 문장을 지었다.

굴씨는 죽는 그 순간까지 명에 대한 충절을 지켰을 뿐만 아니라 자신을 조선으로 데려온 소현세자에 대한 의리도 끝까지 지켰다. 굴씨는 소현세자의 마지막 남은 아들 경안군과 손자 임창군을 죽는 날까지 보살폈다고 한다.

현재 굴씨의 무덤은 경기도 고양시 대자산에 있다. 이 산은 소현세자 집안의 종중산으로, 굴씨의 유언대로 길가 쪽 산자락 북쪽에 묻혔다. 굴씨가 어떤 과정을 거쳐 소현세자 종중산에 묻혔는지는 전해지지 않는다. 다만 소현세자의 손자 임창군이 그녀의 묘지명을 써준 것으로 볼 때, 굴씨가 죽을 때까지 세자의 후손들을 음양으로 돌보아주었고, 그 은덕을 기리기 위해 소현세자 후손들이 종중산에 굴씨의 무덤을 조성했으리라 짐작할 따름이다.

마지막 왕실 비구니원의 폐사

굴씨가 머물던 자수원은 1661년(현종 2) 인수원과 더불어 폐사되었다. 인수원과 자수원은 왕실 비빈들이 살던 인수궁과 자수궁을 사찰로 개조한 곳이었다. 선왕이 죽으면 그에 딸린 후궁과 궁인들은 별도의 궁에서 머무는 것이 관례였고 조선 전기까지만 해도 선왕의 후궁 중 상당수는 비구니가 되었다. 태종과 세종·문종·세조·성종이 죽자 다수의 후궁들이 삭발 염의를 했다. 이들은 궁 안에다 불당을 차려놓고 조석예불을 올렸다. 이름만 궁방이지 사실상 비구니 사찰이었다. 점차 사대부가 여인들과 일반 평민 여성들까지 받아들이면서 인수궁과 자수궁은 비구니 사찰로 변모해 갔다.

임진왜란이 발발한 뒤 두 궁은 모두 불에 타 없어졌다. 하지만 왕실의 비구니들은 창덕궁 인근에 모여 살면서 왕실의 후원을 받아 절을 유지 했다. 이즈음부터 인수궁과 자수궁이 인수원, 자수원이라는 사찰 이름 으로 불린 것으로 보인다. 이 비구니 사찰들은 조선 후기까지 왕실 여성 들이 불공을 드리는 곳, 궁중 나인이나 상궁들이 궁을 나온 이후 말년 을 보내는 곳으로 이용되었다.

현종은 즉위 직후 갑자기 두 비구니원을 폐사하라는 명을 내렸다. 이 에 당대의 고승 백곡처능白谷處能은 〈간폐석교소諫廢釋教疏〉를 올려 비구 니원 폐사의 부당함을 역설했고, 유학자 관료들은 현종을 성군이라 치 켜세웠다. 비구니원 폐사 사건은 후일 현종이 죽은 후 작성된 행장行狀 에 실릴 정도로 현종의 훌륭한 치적으로 꼽혔다.

오늘날 대부분의 학자들은 이 사건을 현종의 억불 정책으로 해석한 다. 현종은 비구니원을 폐사하고 원당 혁파령을 내렸을 뿐만 아니라 각 종 토목공사에 승려들을 대거 동원하는 정책을 시행했는데, 이 모두가 불교를 억제하기 위한 정책의 일환이었다는 것이다.

그런데 두 비구니원이 폐사된 내막을 들여다보면 억불 정책이라 딱 잘라 말하기가 어렵다. 《현종실록》에는 다음과 같은 기록이 있다.

왕이 말하기를 "궁중에 오래전에 늙은 박 상궁이란 자가 있었는데, 선 조조에 은혜를 받은 후궁이었다. 늙어 의탁할 곳이 없자 머리를 깎고 비구니가 되어 자수원에 나가 살기를 수십 년이었는데, 수년 전에 이미 죽었고 지금은 살고 있는 자가 없다"고 하였다. 상이 이에 두 비구니원의 혁파를 명하였다.

여기서 주목할 부분은, 당시 인수원과 자수원에 왕실 여성이 한 명도 없다는 대목이다. 선조의 승은을 입은 박 상궁이 마지막 왕실 비구니였는데, 수년 전 그가 죽은 후에는 비빈이나 궁녀 출신의 비구니가 단 한 명도 없으므로 더 이상 비구니원을 유지할 필요가 없다는 것이 현종의 설명이다.

현종 초까지 두 비구니원이 도성 안에서 유지될 수 있었던 것은 왕실의 상당한 지원과 보호가 있었기에 가능한 일이었다. 당시에는 도성 안에 사찰을 창건할 수도 없었을 뿐더러 승려의 도성 출입도 엄격하게 금지되었다. 《경국대전》에 승려도성출입금지 조항이 버젓이 올라가 있는 상황에서 비구니 절이 수백 년간 유지되었다는 것은 왕실의 엄청난 비호가 있었음을 의미한다.

하지만 현종 대에 이르러 왕실에서 더 이상 출가자가 나오지 않자, 이곳에 왕실 재정을 지급할 필요가 없다고 판단한 현종은 두 비구니원을 철거하라는 명을 내렸다. 즉 불교가 이단이기 때문이 아니라 왕실 출가자가 없기 때문에 폐사해야 한다고 판단한 것이다. 따라서 비구니원 폐사는 억불 정책 강화를 보여주는 사건이 아니라, 조선 후기에 왕실 내 불교 신앙이 크게 변모했음을 보여주는 사건이라 할 수 있다.

조선 후기에 이르면 왕실의 불교 신앙은 급격히 기복화되는 양상을 띤다. 왕실 내에서 고승들을 초청하는 법석은 더 이상 열리지 않았고, 남녀를 막론하고 출가자도 나오지 않았던 반면 왕실 비빈들이 복을 빌거나 아들 점지를 발원하는 원당만 계속 늘어났다. 즉 구도적 요소는 거의 사라지고 기복적 성격만 나타나는 것이다.

왕실 내에 더 이상 비구니가 되려는 이도, 궁궐에 인접한 사찰을 적극 외호할 이도 없어지면서 인수원과 자수원은 역사 속으로 사라지게 되었다.

억불 군주,
요절한 공주 위해 절 짓다

비구니원 철폐하고 성군으로 칭송받던 현종
부처님께 무릎 꿇고 딸들의 극락왕생 발원

조선 시대 왕 중에서 후궁을 두지 않은 인물은 현종과 경종, 순종 셋뿐이다. 경종은 워낙 병약했던 데다 재위 기간이 4년에 불과했고, 순종은 일제에 나라를 빼앗기기 직전 3년간 허수아비 왕 노릇을 했으니 후궁둘 경황이 없었을 터이다.

이에 비해 현종은 비록 서른네 살의 나이로 요절했지만, 재위 기간은 15년에 달했다. 왕으로 지낸 15년간 단 한 번도 궁녀들에게 한눈팔지 않은 채 오로지 왕비와 해로한 셈이다. 게다가 경종과 순종이 자식을 낳지 못해 성불구로 회자되는 반면 현종은 네 명의 자식을 두었다.

현종이 후궁을 두지 않은 이유에 대해서는 학자들마다 의견이 분분하다. 치세 동안 천재지변이 너무 많이 일어나서 후궁 둘 여력이 없었다거나 몸이 약해 여자를 좋아하지 않았다는 등의 설이 있는데, 그중에서도 가장 유력한 설은 왕비의 성깔이 대단해서 감히 후궁을 거느릴 수 없었다는 주장이다.

현종의 왕비는 명성왕후 김씨다. 티브이 드라마 〈장옥정, 사랑에 살다〉에서 조선판 막장 시어머니의 포스를 제대로 보여준 대비마마가 바로 명성왕후인데, 명성왕후는 실로 대단한 집안 출신에다가 대단한 성격을 지닌 여성이었다. 명성왕후가 죽은 뒤 쓰인 행장에는 왕비의 성품이 사리에 밝고 식견이 빼어났다고 서술되어 있다.

친정 식구를 돌보는 데는 법식이 있어 아우들에게 교만하고 방자하지 말라고 훈계하니, 끝내 감히 티끌만큼도 은택을 바라는 자가 없었다. 타고난 성품이 명석하여 한 번이라도 귀와 눈을 거친 일은 종신토록 잊지 아니하였고, 서사(書史)에 통효(通曉)하여 능히 고금의 치란을 알았으며, 견식이 밝고도 넓고 도량이 빼어나니, 16년 동안 안으로 현종의 관대하고 인자하며 공손하고 검소한 교화를 도운 것이 지극하였다.

서인의 핵심 가문인 광산 김씨 출신의 명성왕후는 친정 동생에게는 조정 근처에 얼씬도 못하게 한 호랑이 같은 누나였고, 후일 남인의 비호를 받는 며느리 장옥정에게는 기세등등한 시어머니였다. 행장에는 왕후가 남편에게 헌신적이었다고 기록돼 있지만, 정작 그 남편은 후궁 하나 못 둔 채 평생 왕비만 보고 살았던 것이다. 마누라가 너무 예뻐서인지 무서워서인지는 확인할 길이 없지만, 어쨌든 현종은 왕비에게서만 아들 하나와 딸 셋을 두었다.

요절한 딸들 위해 절을 창건

불행하게도 현종과 명성왕후의 세 딸은 모두 요절하고 말았다. 게다가 명혜공주와 명선공주는 1673년 같은 해 4월과 8월에 연이어 세상을 떠났다. 당시 명혜공주는 아홉 살, 명선공주는 열네 살이었다. 명선공주는 결혼식 날을 받아둔 상태였고, 명혜공주는 혼기도 못 채우고 죽게 되어 많은 이들의 안타까움을 자아냈다.

두 딸을 연달아 잃은 현종의 슬픔은 《현종실록》에까지 상세하게 기록되어 있다. 현종은 명혜공주가 죽자 "애통한 나머지 다른 일은 생각할 겨를이 없다"고 하였고, 넉 달 뒤 명선공주가 죽은 후에는 "연달아 참통한 상喪을 만나니 심사가 막히고 눈앞이 혼미하다"고 하였다. 현종의 심정은 상명지통* 그 자체였다.

현종의 눈이 멀 지경인데, 제 배로 낳은 자식들을 잃은 명성왕후의 심정은 어떠했으랴. 꽃봉오리 같은 딸자식들을 보낸 명성왕후가 매달릴 곳은 오직 부처님밖에 없었다. 두 딸이 죽은 이듬해 명성왕후는 딸들의 무덤 인근에 절을 창건했다. 현종은 이 절에 직접 사액을 내려 봉국사奉國寺라 명명했다.

그런데 현종이 누구인가. 원당 혁파령을 내리고 도성 내 비구니 사찰을 철폐해 억불 군주를 자처했던 임금이 아니던가. 그런 현종이 정작 자신의 두 딸이 죽은 후에는 절을 세우고 부처님께 딸의 명복을 부탁하고 있으니, 절 받는 부처님도 기가 막힐 노릇이었을 것이다.

---

* 喪明之痛. 《예기(禮記)》〈단궁상편(檀弓上篇)〉의 '곡자이상명(哭子而喪明)'에서 유래된 고사성어로, 눈이 멀 정도로 마음이 아프다는 의미다.

본모습을 잘 간직한 봉국사 대광명전

비구니 사찰을 철폐한 후 현종을 성군이라 칭송하던 신하들 중 누구도 봉국사 창건을 반대한 이는 없었다. 명선공주와 명혜공주처럼 후사 없이 요절하면 사찰에 위패를 모시는 것이 조선 시대의 일반적인 풍습이기도 했거니와, 제 아무리 심장 딱딱한 관료라 하더라도 자식 둘을 연달아 잃은 왕 앞에서 '불교가 이단이니 어쩌니' 하는 말을 차마 할 수가 없었던 것이다.

더욱 흥미로운 일은, 절의 창건을 기념해 〈봉국사신창기奉國寺新創記〉를 쓴 스님이 백곡처능이라는 것이다. 현종에게 〈간폐석교소〉를 올려 "불교 탄압을 중단하고 왕실 비구니 사찰을 폐사하라는 명을 철회하라"고 항의했던 스님이 현종의 죽은 딸들을 위해 직접 글을 지어 절에 봉안한 것이다.

현종과 명성왕후가 나란히 쌍릉을 이룬 숭릉

하나 남은 아들에 집착

두 딸이 죽고 난 후, 현종과 명성왕후에게 남은 자식은 숙종뿐이었다. 그 후 막내딸 명안공주가 태어났지만, 명안공주도 스무 살의 나이로 요절하고 만다.

숙종에 대한 명성왕후의 사랑은 일반적인 모성애를 넘어서는 것이었다. 외아들인 데다 누이들마저 모두 죽고 하나 남은 자식이다 보니, 금가지에 옥 잎사귀도 이보다 더 귀할 수는 없을 지경이었다.

그런데 그 아들에게 혼이 나갈 정도로 사랑하는 여자가 생겼는데, 명성왕후의 마음에 드는 구석이 단 하나도 없었다. 금쪽같은 아들이 여자에게 푹 빠진 것도 눈꼴사나우건만, 하필이면 명성왕후 집안과 대적 관계에 있는 남인 집안의 여식에다가 어미가 노비인 아주 미천한 출신이었으니, 명성왕후 입장에서는 어느 것 하나 성에 차지 않는 며느리였다.

그 며느리가 바로 희빈 장씨, 장옥정이다. 따라서 이들의 고부 갈등은 처음부터 예정되어 있었다. 결국 명성왕후의 등쌀에 장옥정은 궁궐에서 쫓겨났고, 시어머니가 죽고 나서야 재입궐할 수 있었다.

명성왕후는 1683년(숙종 9) 12월 마흔두 살의 나이로 세상을 떠났다. 명성왕후의 갑작스러운 죽음은 아들에 대한 애착 때문이었다. 숙종이 이질에 걸려 사경을 헤매자 명성왕후는 무당을 불러 병을 고칠 방도가 없느냐고 물었다. 무당은 "대비에게 삼재가 들어 왕이 아픈 것이니 대비께서 물 벌을 서야만 아들의 병이 낫는다"고 했다. 명성왕후는 무당이 일러주는 대로 삿갓을 쓰고 홑치마만 입은 채 물벼락을 맞으면서 "아들 대신 차라리 내가 아프게 해달라"고 빌었다. 12월의 엄동설한에 물벼락을 맞은 정성에 감동했는지 숙종의 병은 완전히 나았지만, 김씨는 독감에 걸려 시름시름 앓다가 세상을 뜨고 말았다.

명성왕후의 삶을 들여다보면 붓다가 아들 이름을 '라훌라(Rāhula, 장애障碍)'라 지은 심정이 백분 이해된다. 첫째와 둘째 딸은 너무 일찍 죽어 깊은 상처를 남기고, 하나밖에 없는 아들은 여자 문제로 속을 끓이게 한 것도 모자라 병까지 들어 마음을 아프게 하고, 뒤늦게 낳은 막내딸마저 요절해 가슴의 한을 남겼다.

불교에서는 부모 자식 간의 인연을 전생의 원수였거나 아주 절친했던 사람들이 그 인연의 고리로 인해 다시 만나는 것이라고 말한다. 사랑하는 인연의 고리도, 미워하는 인연의 고리도 끊어야만 열반의 길로 나아갈 수 있다고 석가모니 부처님은 설법했다. 자식에 대한 애착을 끝끝내 놓지 못한 명성왕후는 그 애착으로 인해 결국 죽음에까지 이르게 되었으니 참으로 안타깝고 가련한 모정이라 하겠다.

원주顧主 잃은 채 절만 덩그러니 남아

1674년(현종 15) 명선공주와 명혜공주의 명복을 빌기 위해 창건한 봉국사는 경기도 성남시 수정구 태평동에 위치해 있다. 고려 현종 19년(1028)에 창건되었고 조선 태조 4년(1395)에 태조의 명으로 중수되었다고 전해진다. 하지만, 창건 당시의 절 이름조차 전해지지 않는 것으로 보아 조선 후기에는 거의 폐사 상태였던 것으로 보인다. 현종은 명선공주와 명혜공주의 묘를 조성하면서 금강산에 머물던 일축 스님을 모셔와 절을 중창케 하였다.

두 공주의 묘는 원래 성남의 영장산에 있었는데, 지금은 고양시 덕양구 서삼릉으로 옮겨졌다. 일제강점기에 경기 인근에 있는 왕자와 공주들의 묘를 대거 서삼릉으로 이전할 때 명선·명혜 공주의 묘도 이장된 것이다. 그중에서도 공주들의 묘는 다른 능묘보다도 훨씬 볼품없는 모습으로 조성되었다. 현종과 명성왕후가 그토록 가슴 아파했던, 오죽하면 절까지 창건할 정도로 정성을 다했던 무덤들이 너무 초라한 모습으로 남아 안타까움을 자아낸다.

봉국사는 현종 대에 창건한 그 자리에 그대로 남아 있으며, 절의 본당인 대광명전(경기도 유형문화재 제101호)도 처음의 모습을 간직하고 있다.

조선 시대에는 공주나 왕자는 물론 사대부나 일반인도 후사 없이 죽으면 사찰에 위패를 봉안하는 경우가 많았다. 신자가 아니어도 젊어 요

서삼릉 명선공주·명혜공주 묘

절하면 사찰에서 사십구재를 지내고 위패를 모시는 오늘날의 풍습과 무관치 않다.

불교에서는 구천을 떠도는 고혼孤魂이 많아지면 좁게는 한 가정이 불안해지고, 한 고을이 어지러워지며, 넓게는 나라에 흉한 일들이 많이 생긴다고 믿는다. 그래서 누군가 갑작스러운 사고를 당해 죽거나 성인이 되지 못한 어린 나이에 세상을 떠나면 주변 사람들이 나서서 그의 원혼을 풀어주기 위한 여러 의식들을 벌여왔다.

이 같은 고혼 천도 의식은 특히 왕실에서 강조되었다. 왕실에서는 왕자나 공주가 후사 없이 세상을 떠나면 반드시 봉사손을 정해 그의 제사를 받들게 했으며, 원당을 설치해 극락왕생을 발원했다.

요절한 왕자나 공주의 위패를 절에 모신 경우는 종종 있었지만, 공주를 위해 절을 창건한 사례는 조선 시대를 통틀어 봉국사가 유일하다.

조선 제일가는 로비스트
최무수리

총명과 예지로 숙종 사로잡은 숙빈 최씨

베갯밑송사로 정적을 일망타진하다

숙빈 최씨는 '조선에서 제일가는 로비스트'라 부르기에 손색없는 여인이다. 야사는 숙종이 어두운 밤에 촛불을 켜고 기도하던 최무수리와 단 하룻밤 사고를 치는 바람에 영조를 만들었는데, 그 다음날 일어나보니 무수리가 너무 못생겨서 다시는 찾지 않았다고 전한다. 하지만 이는 '천만의 말씀'이다.

숙빈 최씨는 1693년, 1694년, 1698년 연달아 아들 셋을 낳았다. 첫아들과 셋째 아들은 요절하고, 유일하게 살아남은 아들이 연잉군(후일 영조)이다. 숙종은 최씨를 봉빈封嬪하면서 별저(이현궁)를 마련해주었는데, 현재의 혜화경찰서 자리에 있었다. 이현궁은 숙종이 머물던 창덕궁에서 한걸음에 갈 수 있는 곳이었을 뿐만 아니라 사대문 안에서도 제일가는 저택(갑제甲第)으로 꼽히던 곳이었다. 이현궁으로 옮기기 전에 숙빈이 거처했던 보현당은 숙종의 처소 바로 뒤에 위치해 있었다. 보현당과 이현궁만 보아도, 숙빈에 대한 숙종의 애정이 무척이나 각별했음을 알 수 있다.

얼굴도 예쁘지 않고, 출신도 미천했던 최씨가 어떻게 왕의 마음을 사로잡을 수 있었을까. 게다가 당시에는 경국지색으로 꼽히던 장희빈이 왕비 자리에 떡하니 버티고 있었는데 말이다.

그것은 바로 숙빈 최씨가 매우 스마트한 여자였기 때문이다. 점잖기만 한 조강지처 인현왕후를 버리고, 예쁘고 패악스러운 장희빈도 싫증날 무렵, 숙종에게 다가온 여인은 총명하고 순발력이 뛰어난 데다 나이까지 어린 최씨였다.

최씨는 일곱 살에 무수리로 궁중에 들어와 유년 시절을 보냈다. 그래서 궁중 예법에 매우 익숙해 있었고, 말이나 행동거지가 조신하고 민첩했다. 그녀의 신도비에는 "천성이 신중하고 단정하여 기쁨과 분노를 얼굴에 나타내지 않았고, 여러 궁인들을 접할 때는 겸손하고 화목하여 모두의 환심을 얻었다"고 기록되어 있다. 숙빈을 기록한 대부분의 사료들은 그녀의 성품이 겸손하고 신중했다고 입을 모아 말한다. 궁 안에서 무수리로 잔뼈가 굵은 그녀가 겸손하고 눈치가 빨랐던 것은 한편으로 지극히 당연한 일이었다.

한명회도 울고 갈 모사의 달인

숙빈 최씨의 공손한 모습 이면에는 무시무시한 정치적 수완이 도사리고 있었다. 노론과 남인이 번갈아 숙청을 당하던 당시의 혼란한 정국은 그녀를 당쟁 한복판으로 끌어들였다. 숙빈 또한 라이벌 장희빈과의 한판 승부를 위해서 자신을 밀어줄 세력이 절실히 필요한 상황이었다. 숙빈은 장희빈을 폐출하지 못해 안달난 노론들과 손을 잡았다.

1694년(숙종 20) 남인들이 정변을 준비한다는 소식을 전해 들은 숙빈은 그날 밤 자신의 처소를 찾은 숙종 앞에서 눈물을 흘리며 남인들의 행태를 고발해 숙종의 마음을 180도 돌려놓았다. 베갯밑송사에 넘어간 숙종은 노론을 잡으려던 마음을 고쳐먹고 도리어 남인들을 일망타진했다. 갑술환국을 계기로 인현왕후는 궁으로 돌아올 수 있었고, 장희빈은 교태전을 내주고 다시 후궁으로 전락했다. 그로부터 7년 뒤 장희빈이 신당을 차려놓고 인현왕후를 저주했다는 이야기를 전해 들은 숙종은 장희빈에게 사약을 내렸다. 이 풍문을 숙종에게 전한 이 또한 숙빈 최씨였다.

《단암만록丹巖漫錄》 등의 사료는 갑술환국이나 장희빈의 옥사와 같은 커다란 정변의 배후에 항상 숙빈이 결정적인 역할을 했다고 전한다. 일련의 사건들을 통해 숙빈은 자신의 연적戀敵 장희빈과 정적政敵 남인을 동시에 제거할 수 있었다. 이는 아들 연잉군이 왕위를 계승하는 데 발판이 되었다.

숙빈이 왕의 총애를 받았던 또 하나의 이유는 '아들 잘 낳는 후궁'이었기 때문이었다. 전술했듯이, 숙빈은 연달아 아들 셋을 생산했다. 두 명의 왕비로부터 자식 하나 얻지 못한 숙종에게 첫아들을 선사한 여인이 장희빈이었고, 곧이어 세 아들을 연이어 낳아준 여인이 숙빈이었으니 왕실 입장에서는 훌륭하디 훌륭한 후궁이었던 셈이다.

장희빈으로부터 온갖 고초를 당해

숙종이 숙빈에게 끌릴수록 장희빈의 시샘과 구박은 눈덩이처럼 커져만 갔다. 장희빈이나 숙빈 모두 한미한 집안 출신이어서 이들이 믿을 구석은 숙종의 마음밖에 없었다. 그런데 그 마음이 최무수리에게 점점 기울자, 장희빈은 다급하고 초조해지기 시작했다.

그나마 숙종의 아들을 낳은 이가 자신뿐이라는 자부심으로 버티고 있었는데, 숙빈이 임신했다는 소식을 듣자 장희빈의 불안감은 하늘을 찌를 지경이었다. 당시 장희빈의 구박은 여러 사료에 자세하게 나와 있다. 그중에서도 임신 중인 숙빈을 끌고 가 매질한 사건은 매우 유명하다.

또 《수문록隨聞錄》에는 숙종의 꿈에 신룡神龍이 나타난 이야기가 전해진다. 꿈속의 신룡이 숙종에게 "전하, 저를 속히 살려주십시오"라고 애원하자, 잠에서 깬 숙종은 급히 장희빈의 처소로 찾아갔다. 별달리 수상한 점을 찾지 못하고 발길을 돌리려다 담장 밑에 큰 독이 엎어져 있는 것을 발견한다. 엎어진 독을 바로 세우게 하자, 그 속에는 결박된 숙빈 최씨가 있었다고 한다. 숙빈은 임신 중이었다. 이런 야사들이 조선 후기 유학자들의 문집에 실릴 정도였으니, 장희빈과 숙빈 사이의 암투가 얼마나 대단했는지를 짐작케 한다.

임신 중에 받은 스트레스가 문제였는지, 온갖 구박을 받으며 태어난 숙빈의 첫 아들은 생후 두 달 만에 요절하고 말았다. 아들을 잃은 후 숙빈은 전국 방방곡곡에 기도처를 마련했다. 남양주 내원암, 지리산 화엄사 등 영험하다고 알려진 사찰마다 기도처를 설치해 왕자 탄생을 발원했다. 아이 잃은 어미의 절절한 마음에다 왕의 애정을 독차지한 후궁의 영향력이 더해져 무수한 기도처의 설치로 이어진 것이다.

숙빈의 정성에 감응이라도 한 듯 이듬해에 그토록 바라던 아들, 연잉군이 태어났다. 두 번째 왕자가 탄생하자 숙빈은 자신의 기도처였던 화엄사를 대대적으로 중창함으로써 불은佛恩에 보답하고자 했다. 숙빈 최씨의 시주로 지어진 건물이 바로 각황전(국보 제67호)이다. 경복궁 근정

우리나라에서 가장 큰 불전 각황전

전보다도 더 큰 건물이 지리산 중턱에 세워진 것은 숙빈 최씨의 전폭적인 지원이 있었기에 가능한 일이었다.

비록 신분은 미천했지만 지략이 뛰어나고 총명했던 어머니 덕분에 그의 아들은 조선 21대 왕이 될 수 있었다. 영조는 왕위에 오른 후 숙빈의 묘를 후궁 최초 '원園'으로 승격했고, 숙빈의 사당은 육상궁毓祥宮으로 추숭했다. 왕을 낳은 후궁 중에서도 조선 최고의 대우를 받은 이는 바로 무수리 출신의 '숙빈 최씨'였다.

각황전이 탄생하기까지

지리산을 아홉 겹으로 끌어안은 명찰 중의 명찰 화엄사는 544년(신라 진흥왕 5)에 연기대사가 창건했으며, 677년(문무왕 17)에 의상대사가 중수한 사찰로 알려져 있다. 화엄사는 이름에서 드러나듯이 《화엄경》에 나오는 화엄불국세계를 상징하는 절이다.

화엄사 각황전은 임진왜란 이전까지 장육전丈六殿이라 불리던 건물이었으나 임진왜란 때 전소되었다. 이후 1703년(숙종 29)년에 숙종이 지금의 이름을 사액했다. 각황전覺皇殿이라는 이름에는 '깨달은 왕, 부처님을 모신 전각'이라는 의미와 함께 '왕을 깨우쳐 전각을 중건케 했다'는 의미도 내포되어 있다.

당시 각황전의 중창을 총괄한 최고 책임자는 성능性能이라는 스님이었다. 성능 스님은 숙종의 특명을 받고 1699년(숙종 25)부터 1702년(숙종 28)까지 3년에 걸쳐 각황전 공사를 진행했다.

화엄사에는 이와 관련해 다음과 같은 설화가 전해진다. 장육전 중건을 위해 백 명의 스님들이 화엄사 대웅전에서 백일기도를 올렸다. 백일기도가 끝나는 날, 한 노스님의 꿈에 문수보살이 나타나 "물 묻은 손으로 밀가루를 만져서 가루가 묻어나지 않는 사람을 화주승으로 삼아야 불사를 이룰 수 있다"고 말했다. 이에 백 명의 스님들이 손에 물을 묻히고 밀가루를 만졌는데 오직 성능 스님만 손에 묻어나지 않아 화주승이 되었다. 이후 성능 스님은 5~6년간 전국을 돌아다니며 탁발을 하다가 한양에 이르게 되었다. 이때 마침 궁 밖으로 나온 공주와 마주쳤는데, 공주는 스님을 보고는 '우리 스님'이라며 반가워했다. 공주는 태어나면서부터 한 손을 펴지 못했는데, 성능 스님이 도력으로 이를 펴보니 손바닥에 장육전이라는 글씨가 적혀 있었다. 이 소식을 들은 숙종은 성능 스님에게 시주를 내려 장육전을 완성케 했고, 각황전이라는 사액까지 내렸다. 또 장육전이 완성된 이후에는 성능 스님에게 북한산성 축성을 위임하고 팔도도총섭이라는 높은 직책을 내렸다고 한다.

이러한 설화가 전승되는 것은 각황전 건축이 그만큼 힘들고 어려운 작업이었으며, 성능 스님이 지극한 원력으로 준공이 가능했음을 역설하는 것이라 하겠다.

또 하나의 탄생 기도처, 파계사

영조의 탄생 설화를 이야기할 때 결코 빼놓을 수 없는 또 하나의 사찰
은 팔공산 파계사이다. 〈파계사사적기〉에 따르면, 숙종은 어느 날 한 스
님이 대궐로 들어오는 꿈을 꾸었다. 그 후 3일간 상서로운 빛이 대궐 안
을 비추자, 내관들을 저잣거리로 보내 수소문한 끝에 그 스님이 파계사
의 승려 영원靈源이라는 사실을 알게 되었다. 숙종은 영원 스님에게 산
중의 정결한 곳에서 왕자 탄생을 발원해달라고 부탁했다. 영원 스님은
수락산으로 올라가 칠성님께 백일기도를 올렸다.

이듬해 연잉군이 태어나자 숙종은 영원 스님에게 '현응玄應'이라는 호
를 하사하며 소원을 말해보라고 했다. 그러자 영원 스님은 "파계사에 원

성전암

파계사 원통전 관세음보살
복장 유물 영조 도포

당을 받들어 만세토록 국가의 은
혜를 잊지 않게 해달라"고 답했다.
이후 파계사는 왕실 원당으로 지
정되었고, 그 인연으로 1695년(숙종 21) 왕실의 지원하에 대대적인 중
건 불사를 하게 되었다.

후일 왕위에 오른 영조는 자신의 탄생 설화가 담겨 있는 파계사를 매
우 소중하게 여겼다. 이곳을 자신과 정성왕후의 원당으로 지정하고 어
의궁에 소속시켜 왕실의 보호를 꾸준히 받을 수 있게 하였다.

파계사 기영각은 조선 말까지 선조, 덕종, 숙종, 영조의 어패御牌를 모
셨다. 또한 영조가 11세에 쓴 글씨를 음각한 '자응전慈應殿' 편액은 현재
파계사의 부속 암자인 성전암에 걸려 있다. 파계사에 소장된 서첩에는
영조가 8세 때 '천이신 지이화天以神 地以火'라고 쓴 글씨가 남아 있다.

1979년에는 파계사 원통전(보물 제1850호)에 모신 관세음보살상을
수리하다 그 안에서 영조의 도포(중요민속문화재 제220호)와 발원문이
적힌 두루마리가 함께 발견되었다. 발원문에는 1740년(영조 16) 대법당
을 다시 금칠하고 불상과 나한을 중수해 삼전三殿(영조와 정성왕후, 사
도세자)의 원당으로 삼고, 영조의 청사 상의가 만세토록 전승되기를 빌
며 복장한다는 내용이 기록되어 있다.

영원한 주홍 글씨,
무수리의 아들

콤플렉스 극복하려 평생 생모 추숭 벌였으나
뒤주에 아들 가둬 죽이는 병적 부성애로 표출

영조가 왕위에 오른 것은 기적에 가까운 사건이었다. 그는 왕비의 아들
도 아니었고, 왕의 큰아들도 아니었다. 후궁의 아들이나 손자가 보위에
오른 경우는 종종 있었지만, 무수리의 아들이 왕위에 오른 것은 전무후
무한 일이었다. 이는 영조를 평생 쫓아다니는 주홍 글씨이기도 했다.

영조 즉위 직후 발발한 무신난(이인좌의 난)의 격문에는 영조를 바라
보는 유학자들의 시각이 고스란히 드러나 있다. 무신난 주동자들은 영
조가 "숙종의 아들이 아니라 숙빈 최씨와 내통한 노론 영수 김춘택의
씨앗이고, 독이 든 게장을 보내 경종을 독살했으며, 미천한 무수리의
자식이므로 왕이 될 수 없다"고 주장했다.

무신난의 배경에는 정계에서 배제된 영호남 유생들의 불만이 내재해
있었지만 한편으로는 궁궐의 여종이라 할 수 있는 무수리의 소생이 왕
으로 오른 데 대한 뿌리 깊은 무시와 경멸이 깔려 있었다.

무신난은 영조에게 깊은 상처를 남겼다. 실정失政을 한 것도 아니었고, 홍수나 가뭄으로 민생이 도탄에 빠진 것도 아니었다. 무수리의 아들이 왕위에 올랐다는 이유만으로 삼남 지방의 유생들이 대규모 반란을 일으킨 것이었다. 이 상처는 후일 조선 왕실 역사에서 가장 참혹한 사건을 불러오는 비극의 씨앗이 되었다.

숙빈 최씨는 무수리가 아니라 침방의 나인이었다는 설도 있고, 무수리보다 조금 더 낮은 비자* 출신이었다는 설도 있다. 비자든 무수리든, 숙빈이 일반 궁녀들에 비해 훨씬 미천한 출신이었다는 것만은 분명하다. 숙빈은 세 살 때 아비가 죽고 네 살 때 어미마저 죽자 살길이 막막해져 궁궐에 투탁되었다. 그 뒤 우연히 숙종의 눈에 들면서 '왕을 배출한 최초의 무수리'가 되었다.

영조의 뿌리 깊은 한, 어머니

숙빈은 1718년(숙종 44)에 세상을 떠났다. 상례 절차는 유일한 아들 연잉군이 도맡았다. 하지만 후궁의 상례였기 때문에 많은 제약이 따랐다. 연잉군의 의지대로 묘를 쓸 수도, 화려하게 장례를 치를 수도 없었다. 결국 열흘 동안 간소한 형식으로 상례를 치렀는데, 이는 영조에게 깊은 회한으로 남게 되었다.

영조에게 숙빈 최씨는 생인손 같은 존재였다. 너무 아프지만 잘라버릴 수도, 그냥 둘 수도 없는……. 영조가 왕위에 오른 후에도 숙빈을 위

---

* 婢子, 공노비나 사노비 중에서 계집종을 일컫는 말. 궁 안에서 비자는 궁인들의 시중을 드는 하녀를 가리켰다.

해 고작 사당 하나 짓는 것 외에 아무것도 할 수 없었다. 재위한 지 20년이 넘도록 누구 하나 숙빈을 추숭하자는 주청 한번 올리지 않았다. 이는 모두 숙빈이 미천한 출신이기 때문이었다.

생모를 추숭하기까지 영조가 기다린 시간은 무려 23년이었다. 이때에도 영조는 냉소적인 조정 대신들을 설득하기 위해 온갖 수단과 방법을 동원했다. 숙빈을 추모하는 글을 지어 신하들이 보는 앞에서 읽다 펑펑운 게 한두 번이 아니었다. 땅을 치며 대성통곡을 하거나 어탁을 쾅쾅치면서 울부짖기도 했다. 그러다 한번은 울다가 혼절한 적도 있었다. 이는 생모에 대한 그리움의 표현이기도 했지만 미천한 출생을 감출 수 없다는 자괴감의 표현이기도 했다.

영조는 왕위에 오른 지 23년이 되던 해(1747)에 드디어 생모 추숭 사업에 착수했다. 우선 천한 신분이었던 외조부와 외증조부를 의정부 좌찬성, 이조판서로 각각 추증했다. 숙빈의 아버지 최효원은 오작인*이라는 설이 있는데, 추증을 하려 해도 워낙 한미한데다 족보조차 남아 있는 것이 없어서 결국 4대조는 포기하고 외증조부까지만 추증하였다.

이어 숙빈의 묘호廟號를 육상궁, 숙빈 묘를 소령원으로 격상시켰다. 후궁의 사당과 묘를 궁宮과 원園으로 승격시킨 것은 숙빈이 최초였다. 이어 소령원 인근 보광사를 숙빈의 원당으로 지정했다.

영조가 생모 추숭 사업을 완수하는 데 걸린 기간은 장장 30년에 달했다. 재위 53년이 되어서야 비로소 사업을 완결지을 수 있었다. 영조는 왜 이토록 생모 추숭에 열심이었을까. 그것은 바로 생모를 높이는 일이

---

* 죽은 시체를 수습하는 천인.

소령원과 주변의 지세를 그린 기록화, 숙빈 최씨 소령원도(보물 제1535호)

바로 자신의 왕권 강화와 직결되었으며, 자신의 뿌리 깊은 콤플렉스를
극복하기 위한 처방책이기도 했기 때문이다.

영조는 그럼에도 불구하고 죽을 때까지 무수리의 아들이라는 피해
의식에서 벗어나지 못했다. 그의 콤플렉스는 하나밖에 없는 아들 사도
세자를 향한 기대와 엄격한 통제로 이어졌고, 결국 성에 차지 않는 아
들을 뒤주에 가두어 죽이는 병적인 부성애로 표출되었다.

숙빈의 극락왕생 발원하는 보광사 중창

영조는 보광사를 소령원 수호 사찰로 지정하면서 절을 대대적으로 중창하고, 절 경내에 숙빈의 위패를 모신 원당을 조성했다. 보광사에는 왕실의 위전이 하사되었고, 절 주변에는 금표가 세워졌다. 현재 보광사에는 숙빈의 위패를 모신 어실각이 남아 있으나, 이는 최근에 복원한 건물이다. 보광사 어실각 옆에는 영조가 심었다고 전해지는 400년 된 향나무가 서 있다.

보광사 어실각의 원래 모습은 지금과는 사뭇 달랐을 것으로 추정된다. 오늘날까지 남아 있는 원당 건물은 그리 많지 않으나 법주사 선희궁 원당, 고운사 기로소 원당은 과거 모습을 그대로 간직하고 있다. 송광사 성수전(관음전)은 전각을 둘러싼 담장이 철거되었으나 건물은 지어질 당시의 모습으로 남아 있다. 또한 최근 복원된 신계사 어실각도 발굴 조사를 통해 과거의 모습을 그대로 재현했다.

이 건물들의 공통적인 특징은 유교식 사당 형태로 건축되었다는 점이다. 즉 세 칸 규모의 작은 본채와 함께 담장과 솟을삼문*을 두어 경내의 다른 건물과 분리해 독립적으로 조성되었다. 이러한 형식은 사당이나 향교, 서원 등에서 자주 사용된 유교적 건축양식이다. 따라서 영조 대에 지어진 보광사의 숙빈 원당도 원래는 이러한 형태였을 것으로 보인다.

---

* 문이 세 칸인 맞배지붕의 대문에서, 가운데 문의 지붕을 대문보다 한 단 높게 세운 대문.

어실각과 영조의 향나무

　건물의 명칭 또한 어실각御室閣이 아니었을 것이다. 어실각은 왕의 위패나 초상화를 모신 건물을 지칭하는 것으로, 왕이나 왕비가 아닌 후궁의 위패를 모신 건물에 임금 어御를 넣은 예는 한 곳도 발견되지 않는다. 숙빈의 묘를 소령원으로 격상하면서 작성한 《소령원지昭寧園誌》에는 "무술년(1718, 숙종 44) 이후에 임금께서 원찰로 윤허하여, 청정한 곳에 위실位室을 봉안하였다"고 기록되어 있다. 이로 볼 때 보광사에 마련된 숙빈 원당의 건물명은 육상궁 원당 내지 위실각이었을 것으로 추정되며, 연수전 같은 별도의 명칭이었을 가능성도 있다.

　조선 후기에 조포사로 지정된 사찰 가운데 위전까지 받은 곳은 보광사와 용주사를 제외하고 거의 없다. 조선 후기에는 승려들의 역이 일종의 세금처럼 부과되었기 때문에, 능이나 원을 수호하는 승려들은 대부분 무상으로 역을 제공해야만 했다. 하지만 보광사는 왕의 생모를 모신 곳이었기 때문에 제사를 위한 전답, 즉 위전이 지급되었고 주변의 산림은 승려들이 관리하는 사찰 재산으로 지정되었다.

문신들이 왕의 환갑을
기념하는 불당

유교적 효치주의 상징 기로소에 원당이라니
유학자 관료들의 불교 인식 변화 보여주는 한 단면

《실록》에서 불교 관련 내용을 시대순으로 읽다 보면 한 가지 특이점이
발견된다. 조선 전기까지만 해도 끊임없이 등장하던 불교 이단 논쟁이
조선 후기에 들어서면 자취를 감춘다는 점이다.

조선 전기에는 불교 이야기만 나왔다 하면 벌떼같이 달려들어 "석씨釋氏
의 도는 제 부모도 몰라보고, 세상을 등지는 이단"이라고 맹렬히 공격하
던 조정 대신들이, 성리학 교조주의가 한층 강화된 조선 후기에 이르러
서는 논쟁 자체를 뚝 그친다.

왜 이런 현상이 나타났을까. 한창 박사 논문을 쓰던 중 이 문제를 끌
어안고 몇 날을 끙끙 앓았던 적이 있다. 필자가 '조선 후기 유학자의 불
교 인식'이라는 문제에 봉착한 이유는 영조 대에 등장한 '기로소 원당'
때문이었다.

기로소耆老所는 정이품 이상의 관직을 역임한 70세 이상 문신들의 친

고운사 연수전 만세문

목 기구로, 왕과 함께 연회를 열며 회원 간 화친하는 곳이었기 때문에 관료들은 기로소 입소를 매우 명예롭게 여겼다. 중국 당송 대부터 조선에 이르기까지 기로소는 경로효친敬老孝親하는 유교 정치, 즉 효치주의孝治主義를 상징하는 기구였다.

조선 시대를 통틀어 기로소에 입소한 왕은 태조와 숙종, 영조, 고종 4명에 불과했다. 27명의 왕 중에서 단 4명만 기로소에 입소한 것은 환갑을 넘도록 생존한 왕이 거의 없었기 때문이다. 따라서 왕의 기로소 입소는 국가적 경사로 간주되곤 했다.

기로소와 원당의 묘한 조합

영조가 기로소에 입사하던 즈음에 갑자기 기로소 원당이라는 사찰이 등장한다. 영조가 기로소에 입소한 것을 기념하기 위해 의성 고운사에 기로소 봉안각이라는 불당을 설치한 것이다. 유교적 효치주의에 기반을 둔 기로소가 사찰에 원당을 설치하다니, 참으로 특이하면서도 이율배반적인 행위가 아닐 수 없다.

일반적으로 왕실 원당이 지정될 때에는 왕비나 대비가 내탕금을 출연해 절에 원당을 설치하는 것이 관례였다. 그런데 기로소 원당은 기로소 대표인 당상관 이상의 관리가 직접 원당 설치를 명했다. 또한 조정에서 내린 돈과 물자로 유교식 사당 형태의 건물을 짓고, 그 안에 왕의 어첩과 전패를 모셨다. 기로소 대표는 공문을 내려 사찰에서 가장 지위가 높은 승려들을 원장과 판사로 각각 임명하고, 원장과 판사에게 직접 왕의 만수무강과 국가의 안녕을 발원하라 지시했다. 기로소 원당은 왕을 상징하는 공간이었기 때문에 사찰 경내는 물론 금표 안의 산림에조차 잡인들의 출입을 엄격히 금지했다.

기로소 원당이 설치된 것은 영조와 고종 대 두 차례로, 1744년 의성 고운사에 영조의 기로소 봉안각을 설치한 게 최초, 1902년 순천 송광사에 고종의 성수전을 설치한 게 두 번째다.

영조의 원당은 고운사에만 설치되었지만, 고종의 원당은 송광사와 고운사 두 곳에 설치되었다. 원래 고종의 기로소 원당은 송광사에만 설치되었는데, 고운사 스님들이 한성으로 올라가 "우리 절이 원조 기로소 원당"이라고 주장하면서 "송광사 대신 고운사에 원당을 설치해달라"고 항의했다. 그 바람에 고운사에도 고종의 전패를 모셔도 좋다는 기로소의 허가가 내려졌다. 그리하여 고종의 기로소 원당이 두 곳이 된 것이다.

고운사 스님들이 한성까지 쫓아가 원당 설치를 요청한 것은 기로소 원당으로 지정되는 사찰에 상당한 특혜가 주어졌기 때문이다. 지방관아나 서원 등의 모든 잡역을 면제받으며, 왕의 전패를 모신 특수한 공간이라는 이유로 잡인들의 출입도 막을 수 있었다. 게다가 기로소라는 조선에서 가장 영향력 있는 기구의 관리들과 직접 통할 수 있는 연줄이 생기는 만큼 왕실 원당 그 이상의 특혜를 얻게 되는 것은 자명한 일이었다.

조선 후기 지식인 사회의 기류 변화

고운사에서 기로소 원당으로 기능하던 건물은 연수전延壽殿이다. 영조 대에 건립된 기로소 봉안각이 화재로 전소된 후 1902년 고종의 기로소 원당으로 지정되면서 재건립된 것이다. 송광사의 기로소 원당은 대웅전 왼쪽에 위치한 관음전이다. 관음전의 본래 이름은 성수전聖壽殿이었다.

기로소 원당은 '사찰 내 왕의 사당'이었기 때문에 사찰 건축양식이 아닌 왕실 사당의 형태로 지어졌다. 기로소 원당 주변에는 담장이 둘러져 있고, 정면에는 솟을삼문을 갖추었다. 현재 고운사 연수전은 원형 그대로 남아 있으나 송광사 성수전에는 담장과 솟을삼문이 철거되고 전각만 남아 있다.

영조 대의 기로소 원당에 관한 자료는 거의 남아 있는 것이 없지만 고종 대 기로소 원당에 관한 문서는 일부 남아 있어 관련 내용들을 유추해볼 수 있다. 이에 따르면 기로소 원당에서는 매일 아침저녁으로 왕을 위해 축원 기도를 올렸다. 사찰의 최고 책임자인 주지가 기로소 원당을 직접 관리하며, 정기적으로 한양에 있는 기로소에 찾아가 보고해야 했다. 조정에서는 기로소 원당 운영비로 성전답과 불량답을 하사했고, 임금의 축수를 비는 절이므로 관아의 관리나 잡인들의 침탈을 금지했다.

이 모든 조항은 기로소에서 작성되어 해당 도의 관찰사와 지방 수령,

고운사 연수전

그리고 사찰의 책임자에게 전달되었다. 기로소의 대표자는 정승 이상을 역임한 고위 관료 출신의 유학자이고, '기로소 장정章程'을 작성한 실무자도 조정에 속한 관료이다. 이들이 사찰 주지에게 직접 글을 내려 하루도 빼먹지 말고 왕을 위해 축원 기도를 올리라고 명했다는 것이 매우 흥미롭다.

영조 대 기로소 원당의 설치는 조선 후기 지식인의 불교에 대한 인식 변화를 보여주는 대목으로 풀이된다. 조선 후기 사대부들은 학승들과 깊은 교유를 맺고 있었으며, 고승의 비문은 최고의 문장가로 꼽히는 유학자들에 의해 작성되었다. 불교를 배척하기 위해 조정 내에서 격렬히 이단 논쟁을 벌이던 조선 전기와 달리 후기에 들어서면 불교의 사회경제적 기여를 인정하고, 불교계와 협력하는 분위기가 조성되고 있었다.

여기에는 임진왜란 당시 승군들의 활약과 전쟁 복구 사업에 승려들이 적극적으로 참여한 공로 등이 크게 영향을 미친 것이 사실이지만, 조선 후기에 이르러 주자학 이데올로기가 더욱 공고해지면서 불교를 핍박해야 할 이유가 사라졌다는 점도 크게 작용했다. 이에 따라 조선 후기 지식인들은 승려들과 지적·문화적 교류를 확대해 갔고, 불교계 또한 유교와의 융합과 공존을 위한 접점들을 모색했다.

영조 대 고운사에 설치된 기로소 원당은 조선 사회에서 불교가 더 이상 배척 대상이 아닌 공존의 대상으로 받아들여지던 시대 변화의 한 단면을 보여준다.

국민 성금으로 세운
용주사

정조 즉위 직후 사도세자의 아들임을 공표
유교식으로는 추존할 수 없어 원당 사찰 창건

사도세자는 왜 뒤주에 갇혀 죽었을까. 한국사에서 수백 년간 풀리지 않는 수수께끼다. 사도세자의 죽음이 미궁에 빠진 가장 큰 이유는 혜경궁 홍씨와 정조의 증언이 극명하게 엇갈리기 때문이다.

사도세자는 심각한 정신병을 앓았고 그로 인해 영조의 미움을 받아 죽었다는 것이 그동안 역사학계의 통설이었다. 이는 혜경궁이 남긴 생생한 증언에 근거한 이야기이기도 하다. 《한중록閑中錄》에 따르면 사도세자는 열아홉 살 무렵부터 정신 질환 증세를 보이더니, 나중에는 영조까지 죽이려 들 정도로 광기를 드러냈다. 이를 보다 못한 세자의 생모 영빈 이씨가 아들의 상태를 영조에게 숨김없이 전하면서 세자가 죽게 되었다는 것이 《한중록》의 설명이다.

하지만 정조가 남긴 《현륭원기顯隆園記》에 등장하는 사도세자는 무예에 뛰어나고 매우 명석한 인물이며, 요순堯舜에 버금갈 정도로 제왕의 면

모를 지니고 있었다. 그토록 훌륭한 인물이었음에도 정치적 노선이 달랐던 노론 벽파의 모함을 받아 억울하게 죽었다는 것이 정조의 증언이다.

서로 다른 기억을 간직한 모자

사도세자의 아내 혜경궁과 아들 정조의 증언이 왜 이토록 극과 극을 달리게 된 것일까.

우선 정조는 자신의 왕위 계승을 줄기차게 반대하고 동궁 시절 침실에 자객까지 보낸 벽파* 세력을 숙청해야 했다. 이를 위해서 사도세자의 죽음은 필히 억울해야만 했다. 반면 혜경궁은 아들 정조에 의해 친정이 멸문되다시피 하는 모습을 손 놓고 지켜보아야 했고, 정조가 죽고 난 후 손자인 순조가 친정의 명예를 되찾아주기를 바랐다. 이를 위해서 임오화변의 진실은 이러했다고 한탄하면서 호소해야 했다. 그 기록이 바로 《한중록》이다.

정조가 《현륭원기》를 쓴 것도, 혜경궁 홍씨가 《한중록》을 쓴 것도 각자의 정치적 목적이 담긴 행위였기에 진실 여부를 가리기가 매우 어렵다. 하지만 분명한 사실은 사도세자가 불안정한 정서와 심각한 충동 조절 문제를 보였으며, 그 원인은 영조의 빗나간 부성애 때문이었다는 것이다.

사도세자가 자신의 후궁과 내시를 죽일 정도로 예민하고 폭력적이었던 것은 사실이지만, 그것 때문에 뒤주에서 죽을 수밖에 없었다는 가설에 대해서는 선뜻 그렇다고 말할 수가 없다.

---

* 숙종~영조 대의 정국을 주도한 노론 세력은 사도세자의 죽음을 계기로 벽파와 시파로 나뉘어졌다. 벽파는 사도세자의 죽음에 가담하거나 이를 자업자득이라 여긴 부류를, 시파는 사도세자의 죽음을 안타깝게 여기고 정조의 탕평책에 협력한 부류를 지칭한다.

사도세자가 십여 년간 대리청정을 하는 동안 조정에서 크게 문제되는 행동을 하거나 잘못된 판단을 한 사례는 발견되지 않는다. 그가 분노발작 증상을 보인 것은 항상 영조를 대면하고 난 직후였다. 영조를 만나고 나면 분노를 참지 못해 물건을 부수고, 심지어 주변 사람을 죽이기까지 했던 것이다.

뒤틀린 부자 관계의 책임은 '아버지'

사도세자와 영조의 관계가 엉망이 된 결정적 원인은 영조에게 있었다. 평생 무수리의 아들이라는 콤플렉스와 경종을 죽였다는 누명에서 벗어나지 못한 영조는 아들만큼은 후궁의 아들이 아닌 제왕의 후예로 키우고 싶었다.

그래서 갓 백일이 된 아이를 어미에게서 떼어 세자궁에서 홀로 자라게 했다. 하필 사도세자의 양육을 맡은 궁녀들이 죽은 경종을 보필하던 나인들이었다. 여기에는 영조의 음흉한 정치적 계산이 숨어 있었다. 영조는 아들을 경종의 궁인들 손에 크게 함으로써 자신의 떳떳함을 드러내 보이고 싶어 했다. 그만큼 경종 독살설에서 벗어나고 싶었던 것이다.

하지만 소론 편 궁인들에 둘러싸여 성장한 사도세자는 점점 노론보다 소론의 견해에 귀를 기울였고, 자신의 아버지가 경종을 죽였다는 소론의 말을 곧이곧대로 믿기까지 했다. 그래서 열 살이 되었을 무렵 영조에게 아버지가 경종을 죽였냐고 묻기까지 했다. 이때 새파랗게 질린 영조는 아들에게 독설을 퍼부었고, 그 다음부터 세자를 만날 때마다 역정을 부렸다고 한다.

영조와 사도세자는 학문적 취향도 정반대였다. 영조는 아들이 뛰어난 유학자로 성장하여 왕권 강화의 기틀을 다져주기를 기대했다. 성리학에 조예가 깊었던 영조는 스스로 '군사君師', 즉 '만백성의 스승인 임금'을 자처했고, 신하들에게 자신의 유학 강연을 들으라 강요했다. 유교적 덕치를 강조했던 영조와 달리 사도세자는 무예와 잡문, 도교 서적을 더 좋아했다. 이런 아들이 마음에 들지 않았던 영조는 아들만 보면 화를 내고, 꾸지람을 퍼부었다. 그럴수록 세자는 아비의 눈을 피해 궁궐 구석진 곳을 찾았고 영조에 대한 분노를 조절할 수 없는 지경에 이르렀다.

영조와 사도세자의 갈등은 세자의 대리청정 시기에 폭발했다. 영조는 노론과 손을 잡고 왕위에 오른 임금이었다. 그런데 세자는 노론과 사사건건 반목했고 오히려 소론과 정치적 견해를 같이했다. 이에 노론 대신들은 세자가 궁에서 저지른 문제와 저잣거리에서 일으킨 사건들에다, 항간에 떠도는 소문까지 보태 영조에게 고해바쳤다.

화가 머리끝까지 오른 영조는 아들을 불러 자결을 명했다. 영조는 사도세자에게 다음과 같이 말했다.

"내가 죽으면 300년 종묘사직이 망한다. 네가 죽으면 종묘사직은 보존할 수 있다. 그러니 마땅히 네가 죽어야 한다."

어린 세손이 제 아비를 살려달라 울며불며 매달렸지만 영조는 세자를 뒤주에 가둔 채 8일간 버려뒀다. 사도세자의 장인 홍봉한을 비롯한 조정의 대신들은 침묵을 지켰고, 심지어 생모 영빈 이씨와 부인 혜경궁 홍씨조차 죽어가는 세자를 외면했다.

나는 사도세자의 아들이다

사도세자가 뒤주에 갇혀 죽을 당시 정조의 나이는 열한 살이었다. 이때까지만 해도 그 아이가 영조의 뒤를 이어 왕위에 오를 것이라고는 아무도 생각지 못했다. 하지만 신하들의 예상을 깨고 영조는 손자를 다시 불러들여 동궁으로 삼았다.

단, 여기에는 두 가지 조건이 붙었다. 첫째는 영조가 죽은 뒤에도 아비의 일을 들추지 않을 것, 둘째는 죽은 효장세자의 양자가 되어 대통大統을 이을 것이었다. 효장세자는 영조의 후궁 정빈 이씨의 소생으로, 사도세자의 배다른 형이었다.

아비의 죽음, 그를 둘러싼 모든 사건을 목도한 정조는 그 기억들을 꽁꽁 묶어 마음 한편에 숨겨두었다. 그리고 15년간 그에 대해 입도 벙긋하지 않은 채 할아버지와 노론의 안심시키는 데 성공했다.

영조가 세상을 떠난 지 6일 뒤인 1776년 3월 10일, 경희궁 숭정문에서 즉위식을 치른 정조는 대신들과 처음 대면한 자리에서 다음과 같이 말했다.

"과인은 사도세자의 아들이다."

온갖 음모와 살해 위협을 감내하며 15년간 왕위에 오르기만을 기다린 정조는 드디어 가슴에 품고 있던 칼을 꺼냈다. 가장 먼저 자신의 외가이자 노론의 핵심 세력인 풍산 홍씨 가문에 대한 복수가 시작되었다. 세자를 죽이라고 주청을 올린 외조부의 동생 홍인한도 예외가 될 수 없었다. 이어 자신의 아비에 대해 온갖 소문들을 전해 바친 노론 대신들과 동궁 시절 침소에 자객을 보낸 벽파들에 대한 숙청이 줄줄이 이어졌다.

이로써 아비의 복수는 일단락되었다. 그럼에도 정조는 아버지를 부왕父王이라 부를 수 없었다. 정조는 영조의 명을 받들어 효장세자의 뒤를 잇는 형식으로 왕위에 즉위하고, 효장세자를 진종眞宗으로 추존하여 그의 위패를 종묘에 배향한다. 사도세자도 함께 추존하여 장헌세자莊獻世子라는 존호를 올리고 그의 사당을 경모궁景慕宮으로 격상시켰다. 하지만 여기까지가 끝이었다. 사도세자를 왕으로 추숭한다면 이는 자신의 종통을 부정하는 행위이자, 영조에 대한 배신이기 때문이었다.

유교식으로는 더 이상 생부를 추존할 수 없었던 정조의 차선책은 불교식 추숭, 즉 원당 설치였다. 정조는 1789년 현륭원을 화성으로 이전하고, 현륭원 바로 곁에 용주사를 세웠다. 정조는 이미 동궁 시절부터 의왕 청계사, 금강산 신계사 등을 아버지의 원당으로 삼았는데, 용주사 창건은 그와는 비할 수 없는 규모였다.

아비를 위한 눈물의 모금 운동

정조는 용주사 창건을 위해 대국민 모금 운동을 벌이기로 결심하고, 장흥 보림사의 보경 스님에게 대화주승大化主僧이 되어 줄 것을 부탁했다. 보경 스님은 전국 방방곡곡을 찾아다니며 고위 관료부터 일반 백성에 이르기까지 전 국민들의 보시를 받아 용주사 창건 기금을 마련했다.

전국 팔도의 승려들이 화주승으로 참여했고, 관료 96명이 물자 조달에 동참했으며, 8만 7,000냥에 달하는 보시금이 모였다. 용주사 불화는 당대 최고의 화가 단원 김홍도가 감독했다. 용주사 경내에는 《부모은중경父母恩重經》을 판화로 새긴 그림들이 안치되었다.

정조가 왕실의 내탕금 대신 국민 성금을 통해 용주사를 조성한 것은 신료들의 비난을 피하기 위함이기도 했지만, 자신이 사도세자의 아들임을 온 나라에 천명하려는 정치적 의도가 강하게 내포되어 있었다. 생부의 원당을 짓는 일에 범국민적 참여를 유도하여 아버지의 존재를 만천하에 떳떳하게 드러낸 것이다. "내 아버지는 정치적 모함에 휘말려 무고

입체적 음영법으로 그려진 용주사 대웅보전 후불탱화

하게 죽었다. 나는 죄인의 아들도, 정신병자의 아들도 아니다"라는 의미
까지 담겨 있었다.

세상 사람 모두가 미치광이라 손가락질했지만 정조에게 사도세자는
평생토록 안타깝고 그립기만 한 아버지였다. 아들이 왕이 되어 아버지
를 위해 할 수 있는 일은 온 백성들에게 아버지의 억울한 죽음을 알리
고 함께 애도하는 것밖에 없었다.

국민 성금으로 조성된 용주사에 사도세자의 위패를 모심으로써 정조
는 아비의 원혼을 달래고자 했다. 이는 아비가 뒤주에서 죽어가는 모습
을 지켜봐야 했던 스스로를 위로하는 길이기도 했다.

사도세자의 원당, 호성전

용주사에 가면 대웅전 바로 곁에 호성전護聖殿이라는 건물이 있다. 이 전각이 바로 사도세자의 위패를 모신 원당이다. 정조가 지은 호성전은 한국전쟁 때 전소되었고 지금의 호성전은 최근에 중건한 것이다. 호성전의 원래 모습은 지금과는 사뭇 달랐을 것으로 보인다. 현재의 호성전은 일반 전각의 모습으로 세워졌지만, 건립 당시에는 왕실의 사당 형태로 지어졌을 것으로 추정된다.

용주사는 일반 사찰들에서는 볼 수 없는 독특한 특징들이 여럿 있다. 그중에 하나가 홍살문이다. 홍살문은 왕릉이나 종묘, 서원 등 유교식 사당이 위치한 곳에 세우는 상징물이다. 홍살문을 지나면 솟을삼문이 나타나고 삼문과 요사채가 연결되어 담장의 역할을 하는데, 이는 경복궁이나 창경궁 등에서 흔히 볼 수 있는 궁궐 건축양식이다. 또한 용주사로 들어가는 입구에는 대전 앞에서 볼 수 있는 박석이 깔려 있다. 이는 정조가 용주사를 능침사의 수준을 넘어 '왕의 공간'으로 조성했음을 보여준다. 현재 호성전 내에는 사도세자(장조)와 혜경궁 홍씨(헌경왕후), 정조와 효의왕후의 위패가 모셔져 있다.

정조는 조선의 역대 왕 중에서도 참배를 가장 자주 했던 왕으로 유명하다. 대부분의 왕들은 5~6년에 한 번 정도 참배를 갔던 반면 정조는 거의 매년 현륭원을 찾았다.

용주사에서 걸어서 약 20분 거리에는 사도세자의 능인 융릉(현륭원)

호성전에 모셔진 사도세자 부부 위패(좌)와 정조 부부 위패(우)

과 정조의 능인 건릉이 나란히 자리 잡고 있다. 죽어서라도 아버지 곁에
있고 싶은 열한 살 아들의 마음이 고스란히 남아 있는 듯하다.

의빈 성씨와 승가사

못 믿을 게
남자의 순정이라고?

워커홀릭 정조의 유일한 연인 송연이

왕실에선 보기 드문 지순한 사랑

연애 경험이 많은 여자일수록 '남자의 순정'을 믿지 않는다. 술 취한 옛 연인의 전화나 새벽 문자에 흔들리는 여자는 단언컨대, 때 묻지 않은 영혼의 소유자다.

왕실사를 전공하는 학자들도 남자의 순정을 믿지 않는다. 특히 드라마 속에 등장하는 왕의 순정은 절대 믿지 않는다. 왕이 죽을 때까지 한 여자만 사랑하다니, 이건 결코 성립할 수도 성립되어서도 안 되는 공식이다.

조선 시대 왕이 여자를 들이는 목적은 유력 가문과의 결탁, 왕통의 계승이 전부라 해도 과언이 아니다. 간혹 궁녀가 왕의 승은을 입어 신데렐라가 되는 경우가 있다 해도 왕과 왕비, 후궁의 관계는 철저하게 왕실 의례와 법제적 관계 속에서 이루어졌다. 누구도 사랑하지 않기에 모두를 사랑할 수 있는 것, 이것이 바로 왕실을 지탱시키는 힘이었다.

그런데 티브이 드라마에 등장하는 조선의 왕들은 순정남 일색이다.

태조 이성계부터 고종에 이르기까지 드라마에만 나왔다 하면 하나같이 '일편단심 민들레'가 된다. 그중에서도 최고의 순정남은 티브이 드라마 〈이산〉의 정조가 아닐까 싶다. 〈이산〉에서 정조는 첫사랑 송연이(의빈 성씨)를 평생토록 사랑했는데, 실제로 그러했을까. '천만의 말씀'이라는 결론 먼저 내려놓고, 정조 관련 기록들을 뒤지기 시작했다.

그런데 어찌 된 일인지, 사료 속에 등장하는 이 둘의 관계는 '순정'이라는 단어 말고는 설명할 길이 없는 게 아닌가.

정조가 택한 단 한 여인

의빈 성씨는 정조가 유일하게 스스로 선택한 여자였다. 정조에게는 한 명의 왕비와 네 명의 후궁이 있었다. 그중 왕비와 세 후궁은 모두 사대부 집안과 왕실 간의 정략결혼이었다. 하지만 유독 의빈 성씨는 정조가 궁녀 가운데 마음에 든 이를 후궁으로 삼은 경우였다.

의빈은 한미한 출신이라 집안이나 가계가 명확하게 전해지지 않는다. 일설에는 홍봉한(정조의 외조부) 집안의 청지기였던 성윤우의 딸이라고 한다. 어린 시절 궁에 들어와 정조의 후궁인 화빈 윤씨 처소의 나인으로 있었는데, 이곳을 드나들던 정조의 눈에 들어 후궁으로 간택되었다.

정조의 승은을 입은 이후 의빈 성씨는 세 번 회임한다. 1782년 문효세자를 낳고, 1784년에 옹주를 낳으며, 1786년 세 번째 아이를 임신했으나 출산을 한 달 앞두고 갑자기 세상을 떠났다. 의빈이 2년 터울로 아이를 갖는 동안 왕비나 다른 후궁 중에 아이를 낳은 이는 한 명도 없었다. 그만큼 정조가 의빈에게 열중하고 있었음을 의미한다.

의빈이 죽은 직후 정조는 신하들에게 비보를 전하며 "이제부터 국사國事

를 의탁할 데가 더욱 없게 되었다"고 말했다. 정조가 정신적으로 의빈에게 많이 의지하고 있었음을 토로한 것이다. 정조가 자신의 여인에 관해 속내를 비친 것은 이때가 처음이자 마지막이었다.

의빈이 죽은 후 한동안 왕실에서는 아이가 태어나지 않았다. 정조는 더욱더 워커홀릭이 되어 갔고, 이를 보다 못한 정순왕후가 직접 한글 교지를 내려 후궁을 들이라고 명할 정도였다.

사료 속에 등장하는 정조는 매우 주도면밀하고 신중한, 감정을 거의 내비치지 않은 철혈 군주이다. 열한 살에 아버지를 잃고, 온갖 모함과 살해 위협을 이겨내고, 변덕스러운 할아버지의 역정을 견뎌낸 끝에 왕이 될 수 있었던 것은 그의 이러한 성격 때문이었다. 여자에게도 목석같았던, 평생 일밖에 몰랐던 군주의 마음을 녹이고 들어가 깊은 곳에 자리 잡았던 유일한 여자가 바로 의빈 성씨였던 것이다.

의빈 모자의 수호 사찰, 승가사

문효세자와 의빈 성씨의 무덤은 원래 효창공원이 자리한 서울 용산구 효창동에 있었다. 문효세자의 관이 궁에서 나가던 모습을 멀리서 지켜보던 정조는 그날 밤 아무도 몰래 궁을 빠져나가 세자의 묘를 살펴보고 돌아왔다. 문효세자가 요절한 지 4개월 뒤에 의빈 성씨마저 세상을 떠났다. 정조는 문효세자의 무덤 근처 산등성이에 어미를 묻어주었다. 이들 모자의 무덤을 수호하는 사찰로 북한산 승가사가 지정되었다.

효창원 일대에는 문효세자 묘 외에도 의빈 성씨의 묘와 순조의 후궁인 숙의 박씨의 묘, 숙의 박씨의 소생인 영온옹주의 묘가 함께 있었다. 1944년에 일제가 효창원을 도시공원으로 개발하면서 효창원 일대에 있던 왕실 묘들을 일제히 서삼릉 쪽으로 이전했다. 해방 이후 이곳은 독립 운동가들의 추모 공원으로 조성되었다.

효창원의 조포사인 승가사는 효창원과 약 12킬로미터 떨어진 상당히 먼 거리에 위치해 있다. 조포사는 제사 때마다 제수 등을 공급하고 수시로 능묘를 관리해야 하기에 무덤에서 가장 가까운 곳에 있는 사찰로 정하는 것이 보통이었다.

그런데 왜 멀고 먼 승가사가 효창원의 조포사로 지정되었을까. 이에 대해서는 사료가 전무하고 전승되는 설화조차 없다.

추측건대, 정조 대에 문효세자 내지 의빈 성씨의 위패가 승가사에 모셔져 있었기 때문이 아닐까 싶다. 승가사가 약사도량으로 명성이 높았으므로 문효세자나 의빈 성씨가 병이 들었을 때 이곳에서 기도를 올렸을 것으로 짐작된다. 아쉽게도 이에 관한 사료가 없어 실제 내막을 알 수는 없다. 더구나 의빈 성씨의 자식들은 모두 요절했기 때문에 더욱 자료가 빈약하다. 의빈 성씨처럼 직계 후손이 끊어지면 절에서 치러지던 각종 제사마저 단절되었다.

그나마 승가사가 효창원을 수호했다는 사실이나마 알 수 있는 것은 일제강점기에 이왕직에서 작성한 보고서《묘전궁릉원묘조포사조廟殿宮陵園墓造泡寺調》에 기록되어 있기 때문이다. 1910년까지 승가사의 스님들이 효창원의 제사 및 묘소를 관리한 것으로 볼 때, 효창원이 조성되었던 18세기부터 그 인연이 시작되었을 것으로 짐작된다.

북한산 승가사는 서울의 여러
사찰 중에서도 빼어난 절경을
자랑하는 절이다. 승가사 스님
들은 북한산 승가사라고 하지
않고 삼각산 승가사라고 하는
데, 북한산 안에서도 가장 아름
다운 백운대·인수봉·만경봉을
삼각산이라 칭하기 때문이다.
세 봉우리가 바라보이는 참으
로 아름다운 풍광 속에 승가사
가 고즈넉이 자리하고 있다.

승가사 석조승가대사상

　승가사라는 이름은 서역에서
온 스님인 승가대사를 흠모하는 마음을 담고 있다. 승가대사는 당의 유
명한 스님으로 사람들에게 신이한 이적과 자비를 베풀어 '관음보살의
화신'으로 추앙받았다. 승가대사에 대한 존경은 '승가대사 신앙'으로 형
성돼 신라와 일본 등으로 전파되었다. 신라의 수태 스님은 승가대사의
거룩한 행적을 듣고 감화받아 삼각산에 바위를 뚫어 굴을 만들고 돌에
승가대사의 형상을 새겼다고 한다. 이것이 승가사의 창건 설화이다.

　승가사 약사전에는 승가대사의 형상을 본뜬 석조승가대사상(보물 제

1000호)이 봉안되어 있다. 현재의 승가대사상은 고려 시대에 조성된 것이다. 창건 설화에 나오는 신라 때의 승가상이 소실되어 재조성된 것으로 추정된다.

고려 시대에는 주로 '승가굴'이라 불렸는데, 선종과 숙종·예종·의종 등 역대 임금들이 참배를 올 정도로 특별한 사찰로 인식되었다. 이러한 관심과 지원은 조선 시대에도 그대로 이어졌다.

승가사는 무학대사가 한양을 도읍으로 지정할 때 북쪽을 수호하는 비보사찰로 지정할 정도로 중요한 사찰로 인식되었다. 한양의 4대 비보사찰의 하나로 지정된 이래 승가사는 조선 왕실의 불사를 담당하는 대표적인 사찰로 이용되었다.

승가사는 특히 약사도량으로 이름이 높았다. 태종의 병세가 위독해지자 세종은 승가사에 신하를 보내 약사 정근을 하게 했으며, 소헌왕후가 병이 났을 때에도 이곳에 사람을 보내 기도를 올리게 한 후 나았다고 한다. 승가사는 조선 초에 임금의 만수무강을 기원하는 축수재를 지내던 사찰이기도 했다. 세종의 생일날에 원종공신들이 승가사에서 축수재를 지냈다는 기록이 등장한다.

이처럼 승가사는 조선 초기부터 왕실의 불사를 담당한 사찰로 《실록》에 자주 등장하지만 효창원의 조포사로 지정되기 전까지 왕실에서 원당을 설치했다는 기록은 찾아볼 수 없다. 임금의 축수재를 지낸 사찰이었기 때문에 역대 왕의 영정을 봉안한 원당 건물이 지어졌을 것으로 보이나, 수차례의 전화를 겪으면서 절의 역사를 알려주는 기록들은 거의 사라졌다. 절 뒤편에 있는 마애석가여래좌상(보물 제215호)과 바위 곳곳에 남아 있는 글씨들이 이 절의 깊은 역사를 입증하고 있을 따름이다.

승가사 마애석가여래좌상

　승가사와 왕실의 인연은 조선 말까지 계속 이어졌다. 고종 대에는 명
성황후 민씨와 순헌황귀비 엄비의 시주를 받아 대대적으로 중건되었다.
하지만 이 또한 한국전쟁 때 전소되었고, 1957년 비구니 도명 스님의 원
력으로 중창 불사가 이루어져 오늘날의 모습을 갖추게 되었다. 승가사
는 현재 비구니 사찰로 유지되고 있다.

득남,
왕실 여인들의 복권 당첨

왕자만 낳아라,
세상을 얻을 것이니

딸을 낳으면 여자들은 운다. 네 팔자도 나처럼 이렇게 고되겠구나 싶어
서 울고, 시어머니의 싸늘한 눈초리가 서러워서 또 운다.

현대사회에서 '아들'은 시월드로부터 며느리를 보호하는 방패막이 정
도에 불과하지만, 조선 시대에 아들은 한 여자가 인간으로 인정받는 데
필요조건이자 여성의 존재 이유였다. 다시 말해 아들을 낳아야만 사람
으로 대접받을 수 있었다.

'아들=왕'의 등식이 성립하던 조선 후기 왕실의 상황은 더더욱 그러
했다. 조선 후기에 이르면 왕실의 손이 매우 귀해졌는데, 선조부터 순종
까지 열네 명의 왕들 가운데 왕비의 소생은 효종, 현종, 숙종, 헌종, 순종
등 다섯에 불과했다. 후궁의 아들 또한 매우 드물고 대부분 요절해서,
둘 이상의 왕자가 살아남은 경우가 거의 없었다. 상황이 이렇다 보니 나
중에는 강화도에서 농사짓고 살던 무지렁이 도령을 데려와 왕으로 삼거

나(철종), 왕실과 촌수가 수십 촌 떨어진 왕친王親을 양자로 삼아 왕으로 만드는 경우(고종)도 있었다.

조선 전기까지만 해도 왕의 후궁들은 대부분 명문 집안의 여식 중에 간택되었다. 또한 친정 집안의 가격家格이 후궁의 지위를 결정짓는 가장 중요한 요소였다. 하지만 조선 후기에 이르면 왕자를 낳은 궁녀가 가장 높은 첩지를 받았다. 무수리든, 나인이든 출신은 중요하지 않았다. 왕자를 배출하기만 하면 그는 내명부의 정일품 빈嬪의 품계를 받았다.

조선 후기에는 왕의 승은을 입어도 후궁이 되지 못하는 경우가 허다했다. 궁녀가 딸만 낳은 경우에는 첩지를 아예 못 받거나, 후궁이 된다 해도 높은 첩지를 받기는 힘들었다. 하지만 왕자를 낳으면 왕비나 대비에 버금가는 권력과 경제적 보상이 주어졌다.

왕자 탄생 기도처의 증가

이 같은 남아 선호 현상은 왕실 불교에서도 그대로 나타난다. 조선 후기에 들어 왕실 원당에서 발견되는 커다란 변화상 중 하나는 왕자 탄생을 발원하는 원당이 기하급수적으로 늘어났다는 점이다. 조선 전기까지만 해도 왕실에서 원당을 짓는 가장 큰 이유는 죽은 부모나 남편, 요절한 자식의 극락왕생 발원이었다. 그런데 조선 중기를 지나면서 아들 낳기를 발원하는 왕비나 후궁들의 기도처가 훨씬 더 많이 설치되었다. 이는 전술했다시피 조선 전기 구도적 성향의 왕실 불교가 후기에 이르러 기복적으로 변화되는 양상이기도 하다.

왕비가 버젓이 살아 있는데 후궁이 왕자 탄생 발원 기도처를 설치하는 건 조선 전기까지만 해도 상상도 못할 참람한 짓이었다. 하지만 조선 후기에 이르러 왕실의 손이 워낙 귀해지다 보니 아이를 낳지 못하는 왕비는 왕비대로, 후궁은 후궁대로 왕자 발원 기도처를 곳곳에 설치했다. 더구나 왕자를 배출하지 못한 왕비의 발언권은 매우 미약했기 때문에, 왕자 탄생 기도처가 공공연하게 조성되었다.

기도를 올려 왕자가 탄생하기라도 하면 그 기도처는 어마어마한 보상을 받았다. 사찰 인근의 경작지와 산림이 하사되었고, 절 주변에 금표를 쳐 일반인의 출입을 금했으며, 지방관아에 바치던 엄청난 세금과 잡역은 물론 승역까지도 모조리 면제받았다. 게다가 왕자가 왕위에 오르게 되면 그 절은 '왕을 상징하는 공간'으로 성역화되었다. 가장 대표적인 사찰이 영조 탄생 기도처인 파계사와 화엄사, 그리고 순조 탄생 기도처인 남양주 내원암, 고종의 탄생 기도처 화계사다.

그 누구보다 아들이 필요했던 정조

조선의 모든 왕들이 그러했지만, 그중에서도 정조는 누구보다 아들을 갈망했다.

정조가 밑그림을 그린 '화성 프로젝트'에는 반드시 친아들이 필요했다. 정조가 아들을 원했던 가장 큰 이유는 자신이 상왕으로 물러난 다음 아들이 사도세자를 왕으로 추존해주기를 원했기 때문이었다. 정조가 현륭원을 화성으로 옮기면서 그 곁에 백성들의 보시금으로 용주사를 세우고, 신도시 수원성을 건설한 것은 자신이 상왕이 된다는 전제로 진행된 개혁 사업이었다. 정조는 왕위를 물려준 다음 화성 경영에 매진할 계획이었다.

그런데 도무지 아들이 생기지 않았다. 정조는 1782년(정조 6) 의빈 성씨가 아들을 낳자 2년 후 그를 세자로 삼았다. 세 살배기를 세자로 삼은 것만 보아도 정조가 얼마나 다급했는지를 짐작할 수 있다. 그런데 문효세자는 다섯 살이 되던 해에 요절했고, 의빈 성씨마저 넉 달 뒤에 세상을 떠났다. 이후 수년간 왕실에서는 단 한 명의 아이도 태어나지 않았다. 정조의 왕비나 후궁 할 것 없이 전국 방방곡곡에 기도처를 세우고 왕자 탄생을 발원했지만 기다리던 아이 소식은 들려오지 않았다.

정조의 정비 효의왕후는 평생토록 아이를 낳지 못했는데, 얼마나 아이를 갖고 싶었던지 상상임신까지 했을 정도였다. 문효세자가 세상을 떠난 이듬해에 왕비에게 태기가 보였고, 실제로 배까지 불러왔다. 왕실에서는 산실청을 설치하고 왕비의 순산을 기다렸다. 하지만 아무리 기다려도 아이는 나오지 않았고, 결국 임신망상으로 밝혀졌다.

너무 늦게 태어난 아들 순조

정조가 서른아홉이 되던 1790년에 드디어 수빈 박씨에게서 아들이 태어났으니, 그가 후일의 순조이다. 순조의 탄생과 관련해서는 다음의 설화가 전해진다.

왕자 탄생을 학수고대하던 정조는 파계사에 학식과 덕망을 겸비한 용파라는 고승이 있다는 소식을 듣고, 그 스님에게 왕업을 계승할 후손을 얻을 수 있게 기도해달라 부탁했다. 이에 용파 스님은 남양주 내원암에서, 농산 스님은 북한산 목정굴에서 300일 기도를 올렸다. 그러던 어느 날 수빈 박씨는 어느 노스님이 방으로 들어오는 꿈을 꾸었는데, 얼마 지나지 않아 태기를 느끼고 순조를 낳았다고 한다. 이에 정조는 내원암에 칠성각과 사성전을 짓고 어필을 내리는 한편 토지를 하사해 불사에 충

310

당하게 하였다. 또한 기도굴이던 목정굴에 사찰을 세워 오늘날의 금선 사가 창건되었다고 전해진다.

그토록 기다리던 왕자가 태어났지만, 정조는 그 아이가 장성하기도 전에 죽고 말았다. 아들에게 보위를 물려주고 상왕이 되겠다는 꿈도, 사도세자를 왕으로 추존하겠다는 꿈도, 화성 경영을 통해 '강력한 왕권, 찬란한 조선'을 재건하겠다는 꿈도 모두 물거품이 되고 말았다.

정조가 죽을 당시 순조의 나이는 겨우 열한 살에 불과했고, 이후 4년 간 정순왕후 김씨의 수렴청정이 이어졌다. 노론 벽파인 정순왕후는 이 기간에 노론 시파들을 대거 숙청하고, 천주교 금압령을 내려 정약용을 비롯한 남인 학자들을 귀양 보내거나 사사했다. 또한 '정조의 싱크탱크' 규장각을 대폭 축소하고, 친위대 장용영을 해체했다. 정순왕후의 대리청정이 끝난 후 정국의 주도권은 순조의 장인 김조순에게로 넘어갔다. 이른바 '안동 김씨 세도정치'가 시작된 것이다.

결과적으로 볼 때, 정조의 삶에서 가장 큰 실패는 아들을 너무 늦게 얻은 것이라 할 수 있다. 만약 문효세자가 요절하지 않았더라면, 순조가 조금만 더 일찍 태어났더라면 어떠했을까. 아니, 정조가 아들이 장성할 때까지만이라도 살았더라면 조선의 국운은 어떠했을까.

정조가 꿈꾸던 미완의 혁명은 후대인들에게 깊은 아쉬움을 남겼고, 이는 정조를 주인공으로 하는 수많은 소설과 영화, 드라마의 탄생으로 이어지고 있다.

기도처 중의 갑은 단연 내원암

지극히 주관적인 견해지만, 필자가 만난 왕실 원당 중에서도 기도처로서의 갑甲은 단연 남양주 내원암이다. 내원암은 수락산에서도 정상 가까이에 있는데, 과장을 약간 보태 하늘 빼고 온통 바위로 둘러싸여 있다.

절 바로 뒤에도 암벽 봉우리, 절 앞에도 기암괴석, 옆을 둘러봐도 바위 절벽이며, 심지어 절 경내에도 집채만한 바위가 들어서 있다. 절 사면이 바위로 둘러싸여 있다 보니 묘한 에너지들이 절에서 뿜어나오는 느낌이다.

불자들 사이에서 '경기도의 갓바위'로 칭해지는 내원암에는 수많은 영험담들이 전승되고 있다. 다른 곳에서 기도해도 감응이 없었는데 내원암에서 기도를 올린 지 얼마 안 돼 소원이 이루어졌다거나 병원에서 포기한 병이 내원암 기도 후 완치되었다는 등의 신행 체험들이 전해진다.

조선 시대에도 내원암은 수승한 기도처로 이름이 높았다. 이 절은 왕실이 지속적으로 원당으로 삼았던 곳이며, 두 명의 왕을 배태시킨 탄생 기도처이기도 하다.

내원암은 인조 대에 조귀인이 딸 효명옹주와 아들 숭선군의 복을 발원했던 사찰이었다. 앞에서도 언급했듯이 조귀인은 효명옹주의 출합과 숭선군의 혼인을 기념해 내원암에 불상을 조성하고 대대적인 중창 불사를 벌였다.

이 절은 영조의 탄생 설화가 얽혀 있는 곳이기도 하다. 숙빈이 첫아들을 잃고 난 후 숙종의 부탁을 받은 파계사의 영원 스님은 수락산 내원암에서 백일기도를 올렸는데, 기도가 끝날 무렵 연잉군이 잉태되었다. 영조의 증손자인 순조도 이곳에서 기도를 올린 후 태어났으니, 두

명의 왕이 내원암에서 기도를 올리고 태어난 셈이다.

내원암의 또 다른 이름은 성사聖寺이다. 현재 내원암 입구에는 성사라는 현판이 걸려 있으며,《봉선사본말사지》〈내원암〉편에서도 내원암이 성사라는 이름으로 소개되어 있다. '임금을 낳은 절', '성덕을 입은 절'이라는 뜻의 성사라는 이름을 붙여준 이는 정조라고 전해진다. 묘향산에 있던 십육나한상을 모셔와 내원암에 모시면서 성사라는 이름을 내렸다고 한다.

순조 탄생 직후 왕실의 지원으로 칠성각, 사성전이 조성되고 순조 25년(1825)에는 왕실 내탕금으로 지족루가 건립되었다. 또 1880년(고종 17)에도 내탕금이 하사되어 사찰 전체가 중수되었다. 하지만 한국전쟁 당시 수락산 일대가 전쟁터로 변하면서 절이 전소되었다. 이후 비구니 성민 스님이 조금씩 절을 복원하여 오늘에 이르게 되었다. 성민 스님은 어린 시절 궁중의 나인이었다가 한일 합방 후 비구니로 출가한 인물이다.

흥선대원군과 보덕사

조선의 헐크
흥선대원군

'상갓집 개'로 불리면서 20여 년간 와신상담
조선의 자존심인가, 망국의 주범인가

역사학자들에게 흥선대원군은 두 얼굴의 사나이, 헐크 같은 존재다. 헐크는 고질라처럼 파괴 본능만 남은 괴물도 아니고, 그렇다고 슈퍼맨 같은 정의의 수호자도 아니다. 이처럼 애매모호한 성격은 헐크를 한마디로 단정지을 수 없게 만든다. 악당도 아니고 영웅도 아닌 헐크를 무어라 이름 붙일 수 있을까.

흥선대원군은 조선 말의 위대한 정치가라는 평가와 함께 망국의 주역이라는 상반된 평가를 동시에 받고 있는 인물이다. 하지만 그 어떤 역사학자도 그를 악당이라 단정짓지도, 영웅호걸이라 추앙하지도 못한다. 흥선대원군은 한마디로 규정하기 참으로 난해한 인물임이 분명하다.

20년 전까지만 해도 흥선대원군은 조선의 자존심을 마지막까지 지킨 '위인' 중의 한 명이었다. 하지만 근래에 발표된 논문에서는 흥선대원군에 대한 긍정적인 평가를 찾아보기 힘들다.

'홍선대원군의 쇄국정책은 시대를 착오한 최악의 결정이었다', '천주교도 수천 명을 죽인 학살자다', '아들을 앞세워 권력을 전횡하고 국가재정을 파탄케 한 장본인이다', '며느리와의 진흙탕 싸움으로 나라를 말아먹었다' 등 대원군에 대한 혹평은 끝이 없을 정도이다.

그런데 대원군을 신랄하게 평가하는 학자들조차도 인정하는 부분은 그가 집념이나 배짱이라는 측면에서 보통 사람을 훨씬 능가한 인물이었다는 점이다. 또한 조선의 고질적인 병폐들을 직시하고 있었으며, 이를 부수는 데 거침이 없기도 했다.

소싯적 홍선대원군은 '상갓집 개'라는 별명으로 불렸다. 넉살 좋고 수완이 넘쳤던 그는 길거리의 건달들과도 친구로 지냈고, 양반들 앞에서 허리를 굽실거리며 술 한 잔 얻어먹기를 부끄러워하지 않았다. 말이 좋아 왕의 친척이었지, 실제로 홍선대원군은 왕실 직계들과 수십 촌이나 떨어진 인물이었다. 홍선대원군의 아버지 남연군은 사도세자의 서자인 은신군의 양자였지만, 실제로는 인조의 삼남 인평대군의 6대손으로, 홍선대원군이나 그의 아들들은 이미 200년 전에 왕위 계승권에서 멀어져 있었다.

아무도 홍선대원군을 눈여겨보지도, 위험한 인물이라 경계하지도 않았다. 그런데 권력자들의 비위나 맞추던 파락호가 남몰래 왕실의 큰 어른인 조대비에게 줄을 대고 있을 줄이야.

철종이 후사 없이 세상을 떠나자, 조대비는 돌연 홍선대원군의 둘째 아들을 철종의 양자로 삼아 보위에 올리겠다고 선언했다. 그제야 사람들은 홍선군의 비범함에 눈뜨며 20여 년 전 그가 아버지 남연군의 묘를 이장한 사실을 떠올렸다.

절 태우고 마련한 천하 명당

조선 말기의 야담집 《계압만록》에 따르면, 흥선대원군은 1849년(헌종 15) 경기도 안성 청룡산에 있던 부친 남연군의 묘소에 성묘를 가다가 정만인이라는 승려를 만났다. 이 승려는 흥선대원군에게 남연군 묘소의 풍수가 좋지 않다고 하면서, 두 명의 왕이 태어날 명당을 알고 있다고 말했다. 그곳이 어디냐고 묻자, 만인은 흥선대원군을 덕산으로 데려가 가야사의 법당 뒤편을 가리켰다. 그리고 남연군의 이장 날짜를 약속했다.

약속한 날 흥선대원군이 관을 옮겨가니, 정만인은 법당에 불을 질러 태우고, 타지 않는 불상은 쇠망치로 부숴 골짜기에 묻고 있었다. 그로부터 3년 뒤 흥선대원군의 둘째 아들 재황이 태어났으니, 후일의 고종이다.

이 설화가 어디까지 사실인지 확인할 수 없지만, 분명한 것은 남연군 묘가 가야사 절터이며, 그 시기가 헌종과 철종의 교체기 즈음이라는 사실이다. 흥선대원군이 남연군의 묘를 이장한 1849년은 헌종이 죽고 철종이 보위에 오른 해였다. 어쩌면 흥선대원군은 스스로 왕이 되기를 꿈꾸었을 수도 있다. 이미 왕손이 끊어진 왕실에서, 흥선군이 왕위에 오르지 못하리란 법은 없었다.

하지만 이장의 효과는 뒤늦게 나타났다. 남연군 묘를 옮긴 지 20여 년 뒤 아들이 왕위에 오른 것이다. 1871년(고종 8) 흥선대원군은 남연군 묘 인근에 보덕사報德寺라는 절을 세웠다.

절을 세우기 3년 전인 1868년(고종 5) 남연군 묘는 독일 상인 오페르트에 의해 도굴되는 수난을 당했는데, 이때 사람들은 흥선대원군이 절을 태워버린 업보를 치르는 것이라고 수군댔다. 가야사를 불사른 업보를 갚기 위해서였는지, 부처님의 은덕에 보답하기 위해서였는지는 알 수 없지만, 흥선대원군은 남원군 묘가 바라보이는 언덕에 보덕사를 세워 왕기 서린 명당을 내준 부처님에게 고마움을 표시했다.

안으로는 개혁, 밖으로는 보수

고종이 왕위에 오름과 동시에 흥선대원군은 '왕 위의 왕'이 되어 무소불위의 권력을 휘두르기 시작했다. 흥선대원군은 쇄국정책을 펼쳐 조선이 문호를 개방해야 할 타이밍을 놓치게 만든 보수주의자로 알려져 있지만, 사실 그는 곰팡내 나는 성리학 신봉주의와는 거리가 멀었다. 오히려 내정에 과격한 개혁주의자였다.

흥선대원군의 대표 업적인 호포법과 서원 철폐는 당시 기득권층인 양반의 권리를 한꺼번에 무너트리는 정책이었다. 전국 수천 개의 서원들 가운데 500개를 제외하고 모조리 철폐함으로써 양반들의 세력 기반을 붕괴시켰다. 호포법 시행으로 양반들에게 세금을 부과함으로써 그들의 경제적 특권까지 무너트렸다. 이는 이전의 그 어떤 권력자도 시도하지

천하 길지 남연군의 묘

못한 파격적인 정책으로, 홍선대원군이 자신의 목을 담보로 단행한 개혁이었다.

나라 안으로는 과격한 개혁주의자임을 자처했던 대원군은 밖으로는 극보수 쇄국정책을 펼쳤다. 청이 서구에 자의 반 타의 반으로 문호를 개방하고, 일본이 유럽에 유학생을 보내 신문물을 적극적으로 수입하던 시기에 대원군은 커다란 우물을 파 놓고, 우물 안의 제왕을 자처하고 있었던 것이다. 많은 학자들이 대원군을 비판하는 이유는 조선이 가장 위태롭고 어려운 시기에 최악의 선택을 하여 국가와 백성 모두를 불행하게 만들었다는 것이다.

그런데 내정에는 그토록 개혁을 지향한 대원군이 왜 대외적으로는 쇄국정책을 펼쳤던 것일까. 당시 대원군은 청이 아편전쟁을 치르면서 만신창이가 되었다는 정보를 입수했고, 그로 인한 청의 혼란한 정국을 보고받는 상황이었다. 홍선대원군은 통상을 요구하는 서구 열강들이 대포 몇 대로 물리칠 수 있는 상대가 아니라는 것 정도는 파악하고 있었다. 그럼에도 쇄국정책이라는 극약 처방을 쓴 것은 조선의 국력을 비축할 수 있는 시간을 확보하기 위함이었다. 대원군의 판단이 옳았건 옳지 않았건, 대원군의 실각 이후 조선은 최악의 문호 개방 수순을 밟았고, 결국 수십 년 뒤 일본의 식민지로 전락했다.

한 시대의 역사적 책임은 응당 당대의 최고 권력자가 질 수밖에 없다. 그것이 아무리 한 개인이 감당할 수 없는 현실이었다고 해도 말이다. 하수상하던 시절, 쇄국정책을 편 대원군이 망국의 책임을 질 수밖에 없는 이유 또한 여기에 있다.

보덕사의 전신, 가야사

충남 예산 가야산에 있던 가야사 창건 시기는 전해지지 않지만, 그 규모는 근처 수덕사보다 더 컸다고 한다. 1799년(정조 23)에 편찬된 《범우고》에는 "가야사에 금탑金塔이 있는데, 매우 빼어난 철첨석탑으로 탑의 사면에 감실을 만들어 석불을 봉안하고 있다"는 기록이 나온다.

현재 진행되고 있는 발굴 조사 내용에 따르면 절의 가람 배치가 남연군 묘에 얽힌 이야기 그대로 드러나고 있다. 설화가 상당 부분 실제 사실임이 확인된 것이다.

풍수가들은 남연군 묘가 풍수지리에서 말하는 명당의 조건을 모두 갖춘 곳이라고 말한다. 뒤로는 두 바위가 문기둥처럼 서 있는 석문봉이 주산을 이루고, 오른쪽으로는 옥양봉이, 왼쪽으로는 원효봉이 아름다운 병풍처럼 묘를 감싸고 있다. 남연군 묘에서 바라보면 넓은 평야 끝으로 봉수산이 펼쳐져 있다. 또 옥녀폭포의 물과 가사봉 계곡의 물줄기가 남연군 묘 앞에서 만나 임수를 이루고 있다.

남연군 묘에서 왼쪽을 바라보면 나지막한 산들이 마치 왕을 향해 조아리듯이 연결돼 있어 독특한 느낌을 준다. 남연군 묘 앞 비석에는 흥선대원군이 직접 쓴 글씨가, 석등에는 대원군이 그린 난이 새겨져 있다. 흥선대원군은 서예에 조예가 깊었는데, 특히 난을 잘 치기로 유명했다.

남연군 묘에서 도보로 약 10분 정도 거리에 있는 보덕사는 마치 서울 성북구 정릉동에 있는 흥천사를 그대로 옮긴 게 아닐까 싶을 정도로 가

보덕사 대방

람 구조가 유사하다. 정릉 흥천사 또한 흥선대원군이 중창한 사찰이다. 보덕사 입구에는 흥천사와 마찬가지로 큰 대방이 길게 늘어서 있고 극락전을 중심으로 'ㄴ'자 선방과 고방이 붙어 있어, 전체적으로 'ㅁ'자 형 구조를 이루고 있다. 또 건축양식은 전형적인 무출목 이익공 양식*으로, 이는 궁궐의 침전에서 주로 볼 수 있는 형태이다.

---

* 출목이 없는 익공식 구조. 기둥열 밖으로 빠져나온 도리가 없고, 익공이라는 부재가 2개 쓰인 경우를 뜻한다.

누가 그녀를
조선의 표상이라 했는가

참혹한 최후, 조선의 운명과 똑 닮은 명성황후
척족의 부귀영화 집착 끝내 못 버려

명성황후 민씨는 한미한 고아 출신으로 알려져 있다. 외척들의 세도정
치에 진절머리 난 흥선대원군이 고아 처녀를 데려다 며느리로 삼았다는
것인데, 하지만 이는 상당 부분 사실과 다르다.

명성황후의 친정인 여흥 민씨 가문은 한미하다고 말하기에 너무 쟁
쟁한 집안이었다. 비록 세도정치기에 중앙 정계에서 물러나 있기는 했지
만, 이 집안은 숙종 비 인현왕후를 배출한 조선 후기 노론의 핵심 세력
이었다. 이후 경종이 즉위하고 소론이 집권하면서 여흥 민씨 집안은 정
치적 표적이 되었다. 명성황후의 4대조인 민익수는 가솔들을 모두 데리
고 민유중(인현왕후의 아버지)의 무덤이 있는 여주 본향으로 낙향했다.
명성황후의 생가가 여주군에 있는 것은 이 때문이다.

명성황후가 고아라는 말도 반쯤 틀린 이야기다. 그녀가 왕비로 간택될
당시 어머니는 살아 있었고 양오라비인 민승호도 있었다. 하지만 친형제

가 한 명도 없는 데다 아비인 민치록은 민씨가 아홉 살 때 세상을 떠났다. 게다가 여흥 민씨 집안은 안동 김씨가 득세하던 백여 년간 중앙 정계에 발붙이지 못했기 때문에 정치적 영향력도 미미했다. 이는 흥선대원군 입장에서 더할 나위 없이 좋은 사돈의 조건이었다. 노론 핵심에다 왕비까지 배출한 명문가이지만, 외척 정치를 할 만한 형제나 아비가 없는 것이 특히 마음에 들었던 것이다.

여흥 민씨의 집성촌, 경기도 여주군 가남면 안금리에는 인현왕후의 오빠인 민진후와 그 후손들의 묘가 있으며, 명성황후의 아버지 민치록의 묘소도 있다. 안금리에 있는 대법사는 명성황후의 원당으로 전해진다.

미륵님전 치성 공덕 왕비를 낳다

필자는 수년 전 여주 명성황후 생가에서 얼마 떨어지지 않은 곳에 민비의 원당이 있다는 소문을 듣고 대법사와 여주문화원을 찾은 적이 있었다. 하지만 아쉽게도 대법사에 관한 문헌 기록은 전혀 찾을 수가 없었다. 다만 대법사 주지 대원 스님과 마을 사람들의 구술을 전해 들을 수 있었다.

구전에 의하면, 원래 이곳은 절이 아니라 안금리 마을을 수호하는 미륵이 서 있던 곳이었다고 한다. 명성황후의 어머니 한산부부인 이씨는 자식들이 모두 요절하자, 집에서 약 십 리 정도 떨어진 미륵당에서 매일 기도를 올리며 아들 낳기를 발원했다. 하지만 결국 딸을 낳고 말았는데, 그 막내딸이 바로 명성황후이다.

1866년 민씨가 왕비로 간택되자, 어머니 이씨는 "미륵당에서 백일기도를 올려 부처님께서 너를 내려주셨으니 그곳에 절을 지으라" 청했다. 명성황후는 미륵당을 절로 조성하고, 사찰명을 원당사顧堂寺라 칭했다. 이후

1970년대에 들어 비구니 대원 스님이 절을 중창하면서 현재의 이름인 대법사大法寺로 개칭했다.

어머니의 간절한 기도 덕분인지, 시아버지의 계산된 속내 때문이었는지 어쨌든 민씨는 조선의 왕비로 간택되었다. 하지만 대원군의 기대와 달리 민비는 매우 야심만만했고, 고종을 쥐락펴락할 정도로 총명했다.

그녀가 처음 궁에 들어갔을 때만 해도 고종은 이씨라는 궁녀에

대법사 미륵불상

게 빠져 있었다. 하지만 몇 년 새에 민비는 고종의 마음을 완전히 자기 것으로 만들어버렸다. 고종이 직접 쓴 《행록》에는 민비를 일컬어 "착하고 간사한 것을 판별하고, 옳고 그른 것을 밝혀내는 데는 과단성이 있어서 마치 못과 쇠를 쪼개는 듯이 하였고, 슬기로운 지혜를 타고나서 기틀을 아는 것이 귀신같았다"고 전한다. 소심하고 우유부단했던 고종이 민비의 매력에 빠져들었던 것은 바로 그녀 특유의 결단력과 총명함 때문이었던 것으로 보인다.

고종이 성인이 될 무렵 민비는 고종을 부추겨 운현궁에 집중돼 있던 권력 기구들을 모두 와해시키고 대원군을 하야시키는 한편 고종의 친정親政을 끌어냈다. 이후 자신의 친정붙이들과 측근들을 요직에 앉히면서 '민씨 세도정치'를 구축해나갔다.

대원군을 축출하다

명성황후 민씨, 최근 십여 년간 브라운관을 휩쓸고 다니는 그녀의 명대사는 "나는 조선의 국모"이다. 그런데 정말 민비는 조선의 국모로 살다가, 조선의 국모로 죽었을까.

민비는 일본 낭인들의 칼에 죽은 데다, 시신 또한 불태워지는 참혹한 최후를 맞이했다. 민비의 마지막 순간이 마치 조선이라는 나라의 최후와 너무도 닮아, 영화나 티브이 드라마에서는 그녀를 마치 민족의 고통과 슬픔을 담은 아이콘인 양 묘사해왔다. 하지만 그 죽음이 비극적이었다고 해도, 그녀의 삶 전체가 국가에 희생을 바친 것처럼 그려지는 것은 재고할 필요가 있다.

명성황후는 조선 시대, 아니 한국 역사를 통틀어 그 누구와도 비견할수 없을 정도로 막대한 권력을 누린 여성이다. 그녀만큼 왕을 완벽히 손아귀에 넣었던 여성도, 시아버지와 싸워 이길 정도로 힘이 있었던 여성도, 외세를 저울질할 정도로 정사에 깊숙이 관여한 여성도 없었다. 장녹수, 조귀인, 장희빈 등 한때 조선을 치마폭에 담았던 여성들도 그중한두 가지만 가졌을 뿐 그녀처럼 송두리째 소유하진 못했다.

대단한 집안에, 내명부의 수장인 왕비라는 직책에, 왕의 사랑까지 독차지했음에도 불구하고 민비는 그 큰 힘을 오로지 자신의 영달을 위해 사용했다. '경국지색'이라는 시시껄렁한 표현으로 불리는 여인보다 나을것이 없었다.

대원군을 몰아내고 민비가 가장 먼저 착수한 일은 자신의 혈족들을 앞세워 조정을 장악하는 것이었다. 민비는 양오라비인 민승호를 절대적으로 신임했는데, 민승호가 반대파의 폭탄 테러로 사망하자 민씨 집안의 봉사손으로 들어온 민영익에게 그 절대적 신임을 쏟았다. 민규호, 민태호, 민영휘 등 민씨 척족들은 조정의 요직이란 요직을 모조리 독점했다. 이들의 집 앞에는 관직을 사고자 하는 이들로 문전성시를 이루었고, 민씨 척족의 부정부패는 적자에 허덕이던 국가재정을 더욱 악화시켰다.

1876년(고종 13) 강화도조약 이후 일본·프랑스·미국·영국·러시아가 차례차례 한반도에 발을 들이고, 조선이라는 나라가 바람 앞에 등불 신세가 되었음에도 민씨 일족들은 호시절인 양 계속 제 배만 채웠다. 이들 중 일부는 일제강점기에 귀족 작위까지 받으며 호의호식했다. 1930년대 조선 최고의 부자로 꼽히던 민영휘는 '민씨 척족'의 수장이었다. 이 모든 게 민비가 살아생전 만들어 둔 '여흥 민씨 독재 체제'가 있었기에 가능한 일이었다.

세상의 모든 권력자들은 최고 권력이 되고 싶어 하고, 그 권력을 독점하고 싶어 한다. 하지만 그 힘의 향방에 따라 성군이 되기도, 나라를 말아먹은 폭군이 되기도 한다. 을미사변 당시 민비가 고종에게 남긴 마지막 말은 "종묘사직을 보전하시라"였다고 한다. 그녀에게 종묘사직이란 무엇이었을까.

역사학자의 입장에서 가장 안타까운 점은, 민비처럼 명석하고 뛰어났던 여자가 왜 이씨 왕조와 여흥 민씨만을 위해 살았을까 하는 것이다. 그녀는 역사 속의 팜파탈들과 달리, 보다 큰 꿈을 꿀 수 있는 위치에 있었다. 모든 이들이 우러러보는 국모의 자리에서, 그녀의 꿈은 왜 만백성과 함께 누리는 기쁨이 아니었을까.

명성황후가 조선의 표상이 될 수 없는 이유는 바로 여기에 있다.

망각된 마지막 왕비의
불심

500년 조선 왕실 불교의 마지막 등불 지킨,

망국의 멍에 쓰고 역사로부터 외면당한 가련한 국모

기구한 일생 불보살에 의지하며 버티다

우리는 '조선'이라는 나라의 마지막 모습을 기억하려 하지 않는다. 조선이 외세에 의해 멸망했다는 콤플렉스 때문에 어쩌면 조선의 마지막을 우리의 기억 속에서 애써 밀어내는 것인지도 모른다. 그것은 순종과 순종 비에 대한 무관심에서도 극명히 드러난다. 명성황후가 미화되어 망국의 한을 상징하는 것과는 대조적으로, 조선의 마지막 황후였던 순정효황후에 대한 사회적 관심은 미미하다. 명성황후에 대해서는 매년 수십 편의 논문과 저술이 쏟아져나오지만 이에 비해 순정효황후는 일대기를 정리한 짧은 글조차 없는 실정이다.

하지만 불교사의 입장에서 볼 때 순정효황후는 반드시 조명하고 기억해야 할 인물이다. 조선 불교의 마지막 등불을 끝끝내 놓지 않았던 그의 삶은 500년간 이어져 온 조선 왕실 불교의 저력을 보여주는 증거 그 자체이기 때문이다.

순정효황후는 1906년 황태자비로 간택되어, 스무 살 연상인 순종의 두 번째 부인이 되었다. 1926년 순종이 세상을 떠나고 혼자가 된 황후에게는 자식 하나 없었다. 해방 후 이 땅에 봄이 찾아왔지만 황후에게는 더 추운 겨울만이 기다리고 있었다. 한국전쟁이 발발하자 부산으로 피난을 간 황후는 경남도지사 관사에 들었는데, 이승만 대통령에게 밀려나고 말았다. 곧이어 부산의 한 포교당에 방 한 칸을 빌려 살았으나 이마저도 뒤따라 내려온 의친왕에게 내주고, 결국 묘지기 방을 전전해야 했다.

서울 수복 후 상경한 황후에게 이승만 정권은 "창덕궁이 국유재산으로 귀속되었으니 궁에서 나가라" 통보했고, 결국 정릉의 수선재로 내쫓겼다. 1960년에 다시 창덕궁 낙선재로 돌아왔지만, 망국의 죄를 뒤집어쓴 채 유배 아닌 유배 생활을 하면서 지냈다.

용성 스님에게 대지월 법명 받아

순정효황후는 대지월大地月이라는 법명을 받고 불교에 귀의했다. 황후에게 대지월이라는 법명을 내려준 계사는 대각사의 용성 스님이었다. 황후를 모시던 최 상궁과 엄 상궁이 대각사 신도였는데, 이들을 통해 용성 스님을 알게 된 것이다. 현재의 대각사는 최 상궁이 사저私邸를 보시해 조성된 절이며, 용성 스님의 한글 역경 사업 또한 왕실 여성들의 보시에 힘입어 이루어진 것이었다.

순정효황후는 용성 스님에게 법명과 계를 받은 후 비구니와 다름없는 생활을 했다. 황후의 머리맡에는 용성 스님이 한글로 번역한 《화엄경》이 항상 놓여 있었으며, 매일 새벽 3시에 일어나 종일 참선과 염불을 했다고 한다.

순정효황후는 세상을 떠나기 1년 전 다음과 같은 유언을 남겼다.

여생을 오직 불전에 귀의하여 세월을 보내던 중 뜻하지 않은 6·25 동
란을 당하자 한층 더 세상이 허망함을 느꼈던 중 내 나이 70여 세 되
오니 부처님 세계로 갈 것밖에는 없다. (…) 형편에 따라 장례일은 하되
염불 소리 외는 조용히 하며, 소리 내 우는 자는 내 뜻을 어기는 자이
며, 장례 후에는 도인 스님께 영가를 태우고 1주년에 마치게 하길 부탁
한다.

순정효황후가 유언을 남긴 시점은 을사조약이 맺어진 후 꼭 60년이
지난 1965년 을사년이었다. 황후가 남긴 유언에서 불보살에 의지하며
버텨온 고난의 세월이 그대로 묻어나오는 듯하다. 유언에 등장하는 도
인 스님이 정확히 누구를 가리키는 것인지는 확인할 수 없다. 하지만 여
러 스님들의 증언을 종합해볼 때 송광사 향봉 스님으로 추정된다.

백운사 주지 법안 스님에 의하면, 황후가 서거한 직후 국상준비위원
회가 꾸려졌고 창덕궁에서 두 명의 상궁이 직접 강릉 백운사를 찾아와
향봉 스님에게 염불과 천도재를 부탁했다. 평소 향봉 스님을 깊이 존경
했던 순정효황후는 스님을 '탈속도인脫俗道人'이라고 칭송했다고 한다. 그
래서 향봉 스님을 '도인 스님'이라 칭했던 것이 아닐까 추측한다.

향봉 스님 인연 따라 백운사에 위패 봉안

향봉 스님은 1940~1950년경 선학원에 거하고 있었는데, 황후는 청정

하고 엄격한 선기禪氣로 이름 높았던 향봉 스님을 매우 존경했다. 향봉 스님의 상좌인 송은 스님에 따르면, 황후는 선학원으로 상궁들을 보내 향봉 스님의 법문을 받아적어 오게 한 다음 그것을 읽는 것을 큰 낙으로 여겼다. 또한 매년 봄가을마다 향봉 스님에게 약을 지어 올렸는데, 한번은 대만의 장개석 총통이 황후에게 선물로 보낸 한약재로 스님의 약을 지어 보냈다고 한다. 향봉 스님이 정화개혁* 당시 조계사에서 철야 농성을 할 때에는 상궁들을 통해 담요를 보내 스님을 응원하기도 했다.

향봉 스님은 강릉 백운사로 내려가고서도 1년에 한두 번은 서울로 올라와 황후를 친견하곤 했다. 한번은 스님이 상좌를 보내 인사를 전하자, 황후가 낙선재에서 키우던 모란 한 그루를 보내 스님의 방 앞에 심게 했다는 일화도 전해진다.

순정효황후와 창덕궁, 모란

순정효황후는 세상을 떠나기 전까지 창덕궁 낙선재에서 살았다. 황후가 향봉 스님에게 보낸 모란은 당시 창덕궁에 지천으로 피어 있는 꽃이었다. 지금은 창덕궁 인정전 앞이 흰 박석으로 채워져 있지만, 20여 년 전까지만 해도 이곳에는 모란이 그득하게 피어 있었다. 일제가 창덕궁 인정전 앞의 박석들을 들어내고 모란을 심어 꽃밭으로 만들었기 때문이다. 황후가 향봉 스님에게 보낸 모란은 한동안 백운사 경내에 피어 있었지만, 십수 년 전 불사를 하면서 정원을 다시 조성하는 바람에 지금은

---

* 1954년부터 1962년까지 불교계 비구승들이 '왜색 불교 타도'라는 기치를 내걸고 대처승들을 몰아낸 불교 자정 운동. 이를 계기로 조계종과 태고종으로 나누어졌다.

백운사 전경

한 송이도 남아 있지 않다고 한다.

　백운사에는 지금도 순정효황후와 마지막 상궁들의 흔적이 남아 있다. 극락보전에 협시보살로 모셔져 있는 관세음보살은 1959년 순정효황후가 금을 보내 개금 불사를 한 보살상이다. 또 극락보전 오른편에 있는 요사채는 조선의 마지막 궁녀인 성옥염 상궁의 보시로 조성된 건물이다. 성옥염 상궁은 생전에 LA 교민들로부터 500만 원의 성금을 받은 적이 있었는데, 한 푼도 쓰지 않고 백운사로 보내면서 불사에 보태라고 당부했다. 그 돈을 받아 지은 건물이 현재 백운사의 요사채이다.

조선 왕실의 거룩하고 간절한 불심

순정효황후의 유언대로, 향봉 스님은 국상 때 만장 제작 등 장례 의식을 상당 부분 주관했다. 국상이 끝난 직후 스님은 황후의 위패를 백운사로 모셔가 사십구재를 치렀다. 순정효황후의 위패는 지금도 백운사 극락보전 내에 모셔져 있다.

황후가 세상을 떠난 후, 황후를 모시던 상궁들은 모두 낙선재를 나왔다. 이 가운데 박창복 상궁과 김명길 상궁은 친척집으로 갔지만, 막내인 성옥염 상궁은 동대문 밖 보문사의 시자원으로 들어갔다. 원래는 황후의 위패가 안치된 백운사로 가려 했으나, 사정이 여의치 않아 비구니 절인 보문사로 들어간 것이었다.

살아생전 성 상궁과 박 상궁은 매년 백운사에 제사 비용을 보내 황후의 기신재를 부탁했다. 이들은 "죽어서도 황후 마마를 모실 수 있도록 내 위패를 강릉 백운사에 안치해달라"는 유언을 남겼다.

조선의 마지막 황후로, 마지막 궁녀로 평생토록 고단한 삶을 감내했던 이들은 백운사에서 비로소 평온한 휴식을 취하고 있다.

조선 최초의 왕비 신덕왕후로부터 마지막 황후 순정효황후에 이르기까지, 왕실 내의 불교 신앙은 단 한 번도 꺼지지 않은 채 이어져 왔다. 억불 시대에 불교가 왕실에서 500년을 이어올 수 있었던 힘은 무엇일까. 아마 그것은 불교보다 더 커다란 귀의처를 어디에서도 찾을 수 없었기 때문일 것이다.

조선왕조 500년간 불교는 권력이 필요한 왕실 여성에게는 스스로를 통제할 수 있는 내면의 힘을, 위로가 필요한 여성에게는 따뜻한 의지처를, 삶이 막막한 여성에게는 내세에 대한 약속을 선사해주었다. 그리고

순정효황후

그 선물을 받은 여성들은 스스로 불법의 수호자임을 자처하며, 억불 시대에 굳건한 바람막이가 되었다. 비록 그들이 남긴 기록은 거의 없지만, 지금도 불화나 불경의 한 귀퉁이에는 그네들의 흔적이 희미하게 자리 잡고 있다.

참고문헌

|

● 사료

〈諫廢釋敎疏〉(百谷處能)

〈耆老所願堂 完文類〉(고운사 소장)

〈梵窟寺佛粮券〉

〈梵窟寺佛糧施主記〉

〈奉國寺新創記〉(百谷處能)

〈雪峯山釋王寺記〉(休靜)

〈遊金剛內外山諸記〉(申翊聖)

《鷄鴨漫錄》(필자 미상)

《癸丑日記》(仁穆大妃)

《果齋集》(成近默)

《內訓》(昭惠王后)

《拭疣集》(金守溫)

《丹巖漫錄》(閔鎭遠)

《東國輿地勝覽》

《明齋遺稿》(尹拯)

《廟殿宮陵園墓造泡寺調》

《梵宇攷》

《奉先寺本末寺誌》

《奉恩本末寺誌》

《四佳集》(徐居正)

《三國史記》(金富軾)

《三國遺事》(一然)

《省齋集》(柳重敎)

《松沙先生文集》(奇宇萬)

《水陸無遮平等齋儀撮要》

《隨聞錄》(李聞政)

《承政院日記》

《拭疣集》(金守溫)

《瀋陽日記》

《藥泉集》(南九萬)

《燃藜室記述》(李肯翊)

《列聖王妃世譜》

《五山集》(車天輅)

《楡岾寺本末寺誌》

《仁祖長陵山陵都監儀軌》

《林下筆記》(李裕元)

《曹溪山松廣寺史庫》

《朝鮮佛敎通史》(李能和)

《朝鮮王朝實錄》

《推案及鞫案》

《韓國佛敎全書》(權相老)

《響山集》(李晩燾)

● 연구서 및 논문

고은강, 《〈內訓〉연구 : 유학의 여성 윤리》, 《泰東古典研究》 18, 2002

김남윤, 〈소현세자빈 강씨의 심양관 생활〉, 《역사연구》 24, 역사학연구소, 2013

김 범, 《연산군 : 그 인간과 시대의 내면》, 글항아리, 2010

김상영 외, 《龍珠寺 寺誌》, 사찰문화연구원, 1993

_____, 《奉恩寺 寺誌》, 사찰문화연구원, 1997

김영두, 〈단종 충신 追復 논의와 세조의 사육신 인식〉, 《史學研究》 98, 한국사학회, 2010

김영수, 〈근대 한국의 실패와 정치적 리얼리즘(Ⅰ)(Ⅱ) : 조선 말기 興宣大院君의 정치와 정치리더십을 중심으로〉, 《동양정치사상사》 2-1, 2003

김영욱, 《한글》, 루덴스, 2007

김용국, 〈자수궁과 인수궁〉, 《향토서울》 27, 서울특별시시사편찬위원회, 1966

김용흠, 〈인조 대 원종 추숭 논쟁과 왕권론〉, 《學林》 27, 2006

_____, 〈조선 세조 대 정치를 보는 시각과 생육신〉, 《역사와 현실》 64, 한국역사연구회, 2007

김인숙, 〈인조의 원종 추숭〉, 《역사와 담론》 36, 호서사학회, 2003

_____, 〈인조 대의 궁중저주사건과 그 정치적 의미〉, 《朝鮮時代史學報》 31, 조선시대사학회, 2004

_____, 〈인조 경운궁 즉위의 정치적 의미〉, 《한국인물사연구》 15, 2011

김준혁, 〈朝鮮後期 正祖의 佛敎認識과 政策〉, 《중앙사론》 12-13, 1999

남동신, 〈북한산 僧伽大師像과 僧伽信仰〉, 《서울학연구》 14, 서울시립대학교, 2000

대한불교진흥원, 《북한의 사찰》, 대한불교진흥원, 2011

박대윤, 〈朝鮮時代 國王胎峰의 風水的 特性 研究〉, 동방대학원대학교 박사학위논문, 2011

朴尙煥, 〈朝鮮時代의 耆臣政策 : 耆老所의 位相分析을 中心으로〉, 《弘大論叢》 22, 1990

박세연, 〈朝鮮初期 世祖代 佛敎的 祥瑞의 政治的 意味〉, 《사총》 74, 2011

신명호, 《궁녀》, 시공사, 2004

_____, 《조선공주실록》, 역사의아침, 2007

_____, 《조선왕비실록》, 역사의아침, 2009

안승준·유학영, 《〈월인천강지곡〉의 부안 실상사 소장 경위와 그 전래 과정〉, 《장서각》 32, 한국학중앙연구원, 2014

여상진, 〈월산대군 사당의 건립 과정 고찰 : 문헌 사료 분석을 중심으로〉, 《대한건축학회연합논문집》 46, 대한건축학회, 2011

윤 정, 〈18세기 景福宮 遺址의 행사와 의례 : 영조 대를 중심으로〉, 《서울학연구》 25, 2005

_____, 〈太祖代 貞陵 건설의 정치사적 의미〉, 《서울학연구》 37, 서울시립대학교, 2009

윤정란, 《조선의 왕비》, 이가출판사, 2003

이경수 외, 《17세기의 금강산 기행문》, 강원대학교출판부, 2000

이명옥, 《팜므 파탈》, 시공아트, 2008

이성무, 《조선왕조사》, 동방미디어, 1998

이영춘,《朝鮮後期 王位繼承 硏究》, 집문당, 1998

_____,〈英祖의 生母 淑嬪 崔氏의 喪葬禮 :《무술점차일기》를 중심으로〉,《조선시대사학보》52, 조선시대사학회, 2010

이용윤,〈朝鮮後期 寺刹에 건립된 耆老所 願堂에 관한 考察〉,《불교미술사학》3, 2005

이재영,〈朝鮮王陵의 風水地理的 解釋과 計量的 分析 硏究〉, 동방대학원대학교 박사학위논문, 2009

이재형,〈세종의 훈민정음 창제와 신미의 역할〉, 한국불교문화학회 학술발표자료집, 2004

이현진,〈仁祖代 元宗追崇論의 推移와 性格〉,《북악사론》7, 2000

이현희,〈興宣大院君의 政治改革과 結果〉,《人文科學硏究》14, 1995

장서각,《列聖王妃世譜》, 한국학중앙연구원, 2008

_____,《淑嬪崔氏資料集》, 한국학중앙연구원, 2009

전주이씨대동종약원,《朝鮮의 胎室 1》, 全州李氏大同宗約院, 1999

정만조,〈肅宗朝의 死六臣 追崇과 書院祭享〉,《한국학논총》33, 국민대학교 한국학연구소 한문학연구실, 2010

정우영,《《월인천강지곡》의 국어사적 가치와 문헌적 성격에 대한 재조명〉,《장서각》32, 한국학중앙연구원, 2014

정해득,《정조시대 현륭원 조성과 수원》, 신구문화사, 2009

정해은,〈충무공 이순신과 선조 : 호성공신 선정 논란에 대한 검토를 중심으로〉,《이순신연구논총》11, 순천향대학교, 2009

_____,《조선의 여성 역사가 다시 말하다》, 너머북스, 2011

_____,〈조선 후기 宣祖에 대한 현창과 그 의미〉,《조선시대사학보》66, 조선시대사학회, 2013

최승희,〈世祖代 왕위의 취약성과 왕권강화책〉,《조선시대사학보》1, 조선시대사학회, 1997

탁효정,《조선시대 王室願堂 연구》, 한국학중앙연구원 박사학위논문, 2012

탁효정,《대법사지》, 조계종출판사, 2016

한국비구니 연구소,《비구니와 여성불교 : 한국의 비구니와 여성불교》1, 한국비구니연구소, 2003

한명기,《광해군 : 탁월한 외교정책을 펼친 군주》, 역사비평사, 2011

한형주,〈조선 전기 文昭殿의 성립과 그 운영〉,《역사민속학》24, 역사민속학회, 2007

현창호,〈정업원의 치폐와 위치에 대하여〉,《향토서울》11, 서울시사편찬위원회, 1961

황인규,《조선시대 불교계 고승과 비구니》, 혜안, 2011

원당, 조선 왕실의 간절한 기도처

1판 1쇄 인쇄 2017년 11월 20일
1판 1쇄 발행 2017년 11월 27일

지은이 · 탁효정
펴낸이 · 주연선

총괄이사 · 이진희
책임편집 · 최민유
편집 · 심하은 백다흠 강건모 이경란 윤이든 양석한
디자인 · 김서영 이지선 권예진
마케팅 · 장병수 최수현 김다은 이한솔
관리 · 김두만 유효정 신민영

(주)은행나무
04035 서울특별시 마포구 양화로11길 54
전화 · 02)3143-0651~3 | 팩스 · 02)3143-0654
신고번호 · 제 1997-000168호(1997. 12. 12)
www.ehbook.co.kr
ehbook@ehbook.co.kr

잘못된 책은 바꿔드립니다.

ISBN 979-11-962147-0-8 (03910)